A LIBRARY OF DOCTORAL DISSERTATIONS IN SOCIAL SCIENCES IN CHINA

中国
社会科学
博士论文
文库

婴幼儿音位范畴习得的神经网络建模研究

A Neural Network Modeling Study of Infants' Acquisition of Phonemic Categories

曹梦雪 著

导师 李爱军

中国社会科学出版社

图书在版编目（CIP）数据

婴幼儿音位范畴习得的神经网络建模研究 / 曹梦雪著. —北京：中国社会科学出版社，2021.2

（中国社会科学博士论文文库）

ISBN 978-7-5203-8016-4

Ⅰ.①婴… Ⅱ.①曹… Ⅲ.①婴幼儿-音位-语言学习-神经网络-系统建模-研究 Ⅳ.①H09

中国版本图书馆 CIP 数据核字（2021）第 040818 号

出 版 人	赵剑英
责任编辑	张　林
责任校对	朱妍洁
责任印制	戴　宽

出　　版	中国社会科学出版社
社　　址	北京鼓楼西大街甲 158 号
邮　　编	100720
网　　址	http://www.csspw.cn
发 行 部	010-84083685
门 市 部	010-84029450
经　　销	新华书店及其他书店

印　　刷	北京君升印刷有限公司
装　　订	廊坊市广阳区广增装订厂
版　　次	2021 年 2 月第 1 版
印　　次	2021 年 2 月第 1 次印刷

开　　本	710×1000　1/16
印　　张	18
插　　页	2
字　　数	255 千字
定　　价	99.00 元

凡购买中国社会科学出版社图书，如有质量问题请与本社营销中心联系调换
电话：010-84083683
版权所有　侵权必究

《中国社会科学博士论文文库》
编辑委员会

主　　任：李铁映
副 主 任：汝　信　江蓝生　陈佳贵
委　　员：（按姓氏笔画为序）
　　　　　王洛林　王家福　王缉思
　　　　　冯广裕　任继愈　江蓝生
　　　　　汝　信　刘庆柱　刘树成
　　　　　李茂生　李铁映　杨　义
　　　　　何秉孟　邹东涛　余永定
　　　　　沈家煊　张树相　陈佳贵
　　　　　陈祖武　武　寅　郝时远
　　　　　信春鹰　黄宝生　黄浩涛
总 编 辑：赵剑英
学术秘书：冯广裕

总　序

在胡绳同志倡导和主持下，中国社会科学院组成编委会，从全国每年毕业并通过答辩的社会科学博士论文中遴选优秀者纳入《中国社会科学博士论文文库》，由中国社会科学出版社正式出版，这项工作已持续了12年。这12年所出版的论文，代表了这一时期中国社会科学各学科博士学位论文水平，较好地实现了本文库编辑出版的初衷。

编辑出版博士文库，既是培养社会科学各学科学术带头人的有效举措，又是一种重要的文化积累，很有意义。在到中国社会科学院之前，我就曾饶有兴趣地看过文库中的部分论文，到社科院以后，也一直关注和支持文库的出版。新旧世纪之交，原编委会主任胡绳同志仙逝，社科院希望我主持文库编委会的工作，我同意了。社会科学博士都是青年社会科学研究人员，青年是国家的未来，青年社科学者是我们社会科学的未来，我们有责任支持他们更快地成长。

每一个时代总有属于它们自己的问题，"问题就是时代的声音"（马克思语）。坚持理论联系实际，注意研究带全局性的战略问题，是我们党的优良传统。我希望包括博士在内的青年社会科学工作者继承和发扬这一优良传统，密切关注、深入研究21世纪初中国面临的重大时代问题。离开了时代性，脱离了社会潮流，社会科学研究的价值就要受到影响。我是鼓励青年人成名成家的，这是党的需要，国家的需要，人民的需要。但问题在于，什么是名呢？名，就是他的价值得到了社会的承认。如果没有得到社会、人民的承认，他的价值又表现在哪里呢？所以说，价值就在于对社会重大问题的回答和解决。一旦回答了时代性的重大问题，就必然会对社会产生巨大而深刻的影响，你也因此而实现了你的价值。在这方面年轻的博士有很大的优势：精力旺盛，思想敏捷，勤于学习，勇于创新。但青年学者要多向老一辈学者学习，博士尤其要很好地向导师学习，在导师的指导下，发挥自己的优势，研究重大问题，就有可能出好的成果，实现自己的价值。过去 12 年入选文库的论文，也说明了这一点。

什么是当前时代的重大问题呢？纵观当今世界，无外乎两种社会制度，一种是资本主义制度，一种是社会主义制度。所有的世界观问题、政治问题、理论问题都离不开对这两大制度的基本看法。对于社会主义，马克思主义者和资本主义世界的学者都有很多的研究和论述；对于资本主义，马克思主义者和资本主义世界的学者也有过很多研究和论述。面对这些众说纷纭的思潮和学说，我们应该如何认识？从基本倾向看，资本主义国家的学者、政治家论证的是资本主义的合理性和长期存在的"必然性"；中国的马克思主义者，中国的社会科学工作者，当然要向世界、向社会讲清楚，中国坚持走自己的路一定能实现现代化，中华民族一定能通过社会主义来实现全面的振兴。中国的问题只能由中国人用自己的理论来解决，让外国人来解决中国的问题，是行不通的。也许有的同志会说，马克思主义也是外来的。但是，要知道，马克思主义只是在中国化了以后才解决中国的问题的。如果没有马克思主义的普遍原理与中国革命和建设的实际相结合而形成的毛泽东思想、邓小平理论，马克思主义同样不能解决中国的问题。教条主义是不行的，东教条不行，西教条也不行，什么教条都不行。把学问、理论当教条，本身就是反科学的。

在 21 世纪，人类所面对的最重大的问题仍然是两大制度问题：这两大制度的前途、命运如何？资本主义会如何变化？社会主义怎么发展？中国特色的社会主义怎么发展？中国学者无论是研究资本主义，还是研究社会主义，最终总是要落脚到解决中国的现实与未来问题。我看中国的未来就是如何保持长期的稳定和发展。只要能长期稳定，就能长期发展；只要能长期发展，中国的社会主义现代化就能实现。

什么是 21 世纪的重大理论问题？我看还是马克思主义的发展问

题。我们的理论是为中国的发展服务的，绝不是相反。解决中国问题的关键，取决于我们能否更好地坚持和发展马克思主义，特别是发展马克思主义。不能发展马克思主义也就不能坚持马克思主义。一切不发展的、僵化的东西都是坚持不住的，也不可能坚持住。坚持马克思主义，就是要随着实践，随着社会、经济各方面的发展，不断地发展马克思主义。马克思主义没有穷尽真理，也没有包揽一切答案。它所提供给我们的，更多的是认识世界、改造世界的世界观、方法论、价值观，是立场，是方法。我们必须学会运用科学的世界观来认识社会的发展，在实践中不断地丰富和发展马克思主义，只有发展马克思主义才能真正坚持马克思主义。我们年轻的社会科学博士们要以坚持和发展马克思主义为己任，在这方面多出精品力作。我们将优先出版这种成果。

2001 年 8 月 8 日于北戴河

序 一

认知智能是人类独有的认知能力，是人工智能（Artificial Intelligence，AI）的终极目标。新一代人工智能就是让机器像人一样会"思考"、会"理解"。语言是人类认知智能系统的核心，因此让计算机理解人的语言（Language）和言语（Speech），进而解码说话人的意图，就成为新一代人工智能的重要目标之一。

如此，语言学的相关研究在认知智能研究与发展中的重要性便不言而喻。人们对相关理论和应用的探索关乎国家的核心利益，甚至会直接影响社会的发展和安全稳定。在第三次AI浪潮中，全面开展面向认知智能的语言学基础理论研究，已成为语言学研究者的时代使命。当今的语言科学研究已进入一个新的时代，呈现出多学科交叉融合的特点。语言科学逐渐与认知科学、神经科学、生物科学和计算机深度学习等学科紧密结合，并产生出一些新的研究领域。

其中，对婴幼儿语言获得机制的探索就是这样一个富有挑战、引人入胜的多学科交叉领域。我坚信，对婴幼儿语言习得机制的研究，特别是对汉语语音和语言范畴习得的研究，一定可以丰富汉语语言学理论，并可为语音智能系统提供理论支撑。因此，建立一个婴幼儿语音实验室就成为我的一个梦想。非常幸运的是，中国社会科学院和语言所领导，特别是时任所长沈家煊先生非常支持。2008年，婴幼儿语音实验室终于建成。我邀请了加拿大魁北克大学的史如深教授参加我的社科基金项目，协助指导博士生高军和张钊，分别开展普通话婴幼儿声调范畴和词类范畴习得的研究；在荷兰皇科院与中国社科院的合作项目支持下，我们与 René Kager 教授开展合作，对婴幼儿轻重音习得开展跨语言研究；沈家煊先生还让他的博士后乐耀参加了普通话婴幼儿词类范畴习得的实验研究。

这些研究采用的方法都是传统的心理学行为实验范式，而曹梦雪的博士研究弥补了行为实验在实验方法上的局限性，创新地使用神经网络建模方法，模拟婴幼儿语言习得过程中音位范畴的习得机制。他的研究以语言模式的二重性、知觉重组、功能重组、范畴学习、统计学习、社交学习等重要理论为理论依据，以大脑皮层中语言功能区的神经功能、各功能区之间的神经链接等重要生理构造和神经机能为生理依据，以模块化理论和联结主义理论为模型设计依据，在 Kröger 语言处理模型现有框架的基础上，分别提出了联结可扩展的自组织神经网络模型（I-GSOM）和基于语言模式二重性的网络模型（DI-GSOM）。

曹梦雪收集并处理了汉语普通话、标准英语和标准德语的语音及词汇语义数据，深入分析了汉语普通话数据中 23 名婴幼儿自 1 岁至 4 岁的 570 个小时的语料。他提出的语言习得模型将人类对语言信息的处理细分为音位、语素和词汇语义三个层级，模拟了婴幼儿音位范畴习得中知觉重组的过程，注重家长与婴幼儿之间的交互，以及语音网络与语义网络之间的互动关系。婴幼儿对音位范畴的习得需要经历由对音素的普遍感知转向归并音位变体、划分音位范畴的过程。而这一转变，并不是单纯由对声学特征或发音动作等语音知识的习得所决定的。曹梦雪的建模研究使我们更加明确，只有依靠语义层级对语音层级形成的自上而下的约束作用，婴幼儿才能够在意义区辨性的帮助下，于声学特征和发音动作领域中实现对母语音位的归纳。婴幼儿语言习得过程中的知觉重组、功能重组等现象，都与语义知识的约束作用有直接联系。此外，通过在模型中引入声调处理模块，他还探讨了婴幼儿对声调信息的处理及对声调特征知识的存储和表征，弥补了其他模型在声调建模研究上的空白，并在声调语言中实现了对语言模式二重性理论的拓展。

  我相信,曹梦雪的研究对当前深度学习领域所遇到的挑战,例如"可解释性""多语言""低资源"等问题,一定具有启发意义。希望优博论文的出版只是曹梦雪学术道路的一个新起点,最后让我们用吴宗济先生喜欢的这句诗共勉:"蒹葭苍苍,白露为霜。所谓伊人,在水一方。溯洄从之,道阻且长。"

李爱军

2020 年 10 月 31 日

序　二

  基于神经模型的语音产生研究还是一个新生事物。20 世纪 90 年代，美国波士顿大学的 Frank Guenther 教授提出了 DIVA 模型，并在 DIVA 模型的基础上开展了一系列相关研究。DIVA 模型主要是利用已经习得的语音产生模型，来定量解释言语产生相关运动指令的底层的神经指令的计算过程（主要指来自本体感知和听觉感知）。此后，Guenther 和他的团队在 DIVA 模型的基础上开展了一系列言语病理机制的定量研究，在言语产生领域产生了重大影响。21 世纪初，德国亚琛工业大学的 Bernd J. Kröger 教授提出了言语产生与感知的神经计算模型。与 DIVA 模型相比，Bernd J. Kröger 教授提出的模型更关注语音知识的形成过程和内在描述，更加全面地涉及言语产生与感知神经机制的方方面面。

  近年来，神经科学领域不断有新的发现，深度学习等新技术如火如荼。将不同领域的新发现、新方法有机结合，构造出更完善的模型，解释语言习得过程中的种种现象以及各种言语障碍，是一件十分有理论价值和现实意义的事情。机缘巧合，我们和 Bernd J. Kröger 教授共同参加了天津大学党建武教授组织的国家自然科学基金重点项目"言语产生的神经生理建模与控制"。曹梦雪作为项目的主要成员参与了言语产生的神经建模方面的工作。他创新地提出了运用可扩展自组织神经网络描述语音和语义知识的方法，解决了传统自组织神经网络无法有效对知识进行更新和扩展的不足。

如何将概念化的语音产生的神经模型变成实际可计算的模型，如何验证模型的合理性，是此类工作的重要内容和发展方向。曹梦雪的工作以婴幼儿的语音习得为切入点，用模型来复现婴幼儿语音习得现象，为验证模型的合理性提供了一个新的思路。

相信，随着神经科学、机器学习和言语习得等领域研究的不断进步，这种融合各相关领域知识的基于可计算模型的方法会不断发展和完善，并将有助于我们探索言语产生、言语感知、言语习得、言语障碍的规律和本质。

本书比较全面地介绍了现有的语音产生的神经计算模型、自组织神经网络和言语习得等领域的相关知识，以及作者对相关工作的思考。我相信本书的出版有助于国内读者快速、全面地了解这个新兴的研究方向。

方 强

2020 年 8 月 26 日

摘　　要

　　乔姆斯基的语言学理论认为，只有假设人类先天便具备专门为学习语言而定制的神经组织，我们才有可能解释婴幼儿令人惊叹的语言学习能力。在婴幼儿语言习得研究中，音位范畴的习得是十分重要的研究课题。本研究采用神经计算建模的手段研究并探讨了婴幼儿习得语言过程中对语音和语义信息的加工，对相应知识的存储以及建立母语音位范畴的机制。

　　本研究以语言模式的二重性、知觉重组、功能重组、范畴学习、统计学习、社交学习等重要理论为理论依据，以大脑皮层中语言功能区的神经功能、各功能区之间的神经链接等重要生理构造和神经机能为生理依据，以模块化理论和联结主义理论为模型设计依据，在 Kröger 语言处理模型现有框架的基础上，分别提出了联结可扩展的自组织神经网络模型（I-GSOM）和基于语言模式二重性的网络模型（DI-GSOM）。针对语言习得的特点，我们为模型设计了改进的可扩展自组织网络结构及相应的学习算法，模拟了以上所列出的学习机制。

　　本研究共包括两个模拟实验。第一个实验是基于 I-GSOM 模型对标准德语音位习得的模拟。该模拟实验证明了本研究提出的改进的可扩展自组织网络的自组织能力可以帮助模型对听觉范畴和语义范畴进行归类，网络的动态扩展性可以帮助模型应对学习过程中知识的增长。虽然模型有很高的抽象性，但是已经足以描述基本的神经系统原理，并且可以模拟自组织、关联学习、自适应、神经可塑性等生理机制。第二个实验是基于 DI-GSOM 模型对汉语普通话音位习得的模拟。实验分别模拟了婴幼儿对语言与生俱来的普遍感知能力、12—18 个月年龄段婴幼儿对音位范畴的知觉重组过程以及 19—36 个月年龄段婴幼儿对母语音位感知的完善过程。通过对语言模式二重性的模拟并引入基于语义的由高层到底层的加工机制，我们验证了知觉重组和功能重组现象。模拟实验结果表明，在习得语言过程中，婴幼儿由语音处理感知向音位处理感知的转变并不是一个由单一因素（如语音学习）所决定的过程。婴幼儿对母语音位范畴的习得以及对母语音系知识的建立至少需要语义知识学习和语音知识学习的共同参与。语义加工对形成正确的母语音位范畴感知发挥着至关重要的作用。

　　基于语言模式的二重性理论，本研究提出的语言习得模型综合考虑了婴幼儿习得语言过程中语音和语义学习的交互作用，并对语音信息的加工进行了细化。改进的可扩展自组织网络结构及知识学习算法可以较为真实地模拟复杂的学习机制，在语言习得的算法设计上有所突破。此外，模型对声调范畴习得的建模研究具有汉语普通话的研究特色。本研究是结合语言学、心理语言学及神经语言学的跨学科研究，具有开创性，可以填补相关研究的空白。

　　关键词：婴幼儿语言习得；音位范畴化；语言模式的二重性；神经计算建模；可扩展的自组织网络

Abstract

Chomsky's linguistic theory states that only by supposing that human has some innate neural structure built specifically for language learning tasks, could we explain the impressive language learning abilities of infants. Phoneme acquisition is an essential topic among all studies focusing on infant language acquisition. In this study, by using neuro-computational modeling methods, we have explored and discussed the mechanisms of how infants process phonetic and semantic information, store those knowledge and build phoneme categories of their native languages.

Based on theories of Duality of Patterning, Perception Reorganization, Functional Reorganization, Categorical Learning, Statistical Learning and Social Learning, and biological structures and neural functions of language functional cortices and synaptic links, and modeling principles of Modular Theory and Connectionism, we have proposed the Interconnected Growing Self-Organizing Map (I-GSOM) model and the Duality-based Interconnected Growing Self-Organizing Map (DI-GSOM) model, on the foundation of Kröger's language processing model. According to the characteristics of language acquisition task, we have also developed the improved growing self-organizing map structure and corresponding learning algorithms, and further simulated those learning mechanisms mentioned above.

In this study, we have conducted two simulation experiments. In the first experiment, we simulated the phoneme acquisition process of Standard German based on the I-GSOM model. Modeling results prove that the improved growing self-organizing map we proposed has the self-organizing ability to cluster auditory and semantic categories, and its network structure can help the model to handle the knowledge growth during the learning process. Although the model is highly abstract, it is plausible enough to describe basic neural principles, and model biological mechanisms such as self-organizing, associative learning, self-adaptation and neural plasticity. In the second experiment, we simulated the phoneme acquisition process of Standard Chinese based on the DI-GSOM model. We have respectively simulated infants' innate universal language perceiving ability, the perception reorganization process of infants between 12 and 18 months old, and the refining process of native phonemic perception of infants between 19 and 36 months old. By modeling the Duality of Patterning and the semantic-based top-down process, we have verified the phenomenon of perception reorganization and functional reorganization. The modeling results show that the transformation of infants' perception pattern from phonetic perception to phonemic perception is not a single-factor-determined process. Infant's acquisition of native language phoneme categories and native language phonology needs, at least, the cooperation of semantic learning and phonetic learning. Therefore, semantic processing is essential for acquiring correct phonemic perception ability of infants' native language.

Based on the Duality of Patterning theory, the two models we proposed in this study have considered the interactive effects of phonetic learning and semantic learning during infants' language acquisition process, and further detailed the modeling of phonetic processing. The improved growing self-organizing map structure and corresponding learning algorithms are capable of simulating complex learning mechanisms. Therefore, this study is an important breakthrough on language acquisition algorithm design. Moreover, the modeling of tonal acquisition shows the characteristic of Standard Chinese study. As a cross-filed study that covers fields including linguistics, psycholinguistics and neurolinguistics, our work is innovative and fills the gaps of related research areas.

Key Words: Infants' language acquisition, phoneme categorization, duality of patterning, neuro-computational modeling, growing self-organizing map

目　录

第一章　绪　论 …………………………………………（1）
　　第一节　研究问题的提出 ………………………………（2）
　　第二节　理论基础 ………………………………………（4）
　　第三节　婴幼儿音位习得研究综述 ……………………（23）
　　第四节　研究思路 ………………………………………（28）
　　第五节　章节组织结构 …………………………………（35）

第二章　神经计算模型研究概述 ………………………（37）
　　第一节　模块化理论与联结主义理论 …………………（38）
　　第二节　定量的神经计算模型 …………………………（40）
　　第三节　神经计算模型在语言研究中的应用 …………（45）
　　第四节　小　结 …………………………………………（49）

第三章　语言习得模型的构建 …………………………（51）
　　第一节　联结可扩展的自组织神经网络模型 …………（51）
　　第二节　基于语言模式二重性的网络模型 ……………（55）
　　第三节　小　结 …………………………………………（59）

第四章　实验语料及数据表征 …………………………（60）
　　第一节　标准德语模拟实验语料 ………………………（60）

第二节　汉语普通话模拟实验语料 …………………………（63）
　　第三节　数据的表征 ……………………………………………（76）
　　第四节　小　结 …………………………………………………（91）

第五章　神经网络算法设计 …………………………………（92）
　　第一节　自组织网络的基本结构和原理 ………………………（92）
　　第二节　自组织神经网络的生理合理性 ………………………（97）
　　第三节　自组织网络可扩展性算法研究概述 ………………（102）
　　第四节　改进的网络结构及算法设计 ………………………（106）
　　第五节　小　结 ………………………………………………（121）

第六章　标准德语音位习得的模拟实验 …………………（122）
　　第一节　实验的参数设置和训练步骤 ………………………（122）
　　第二节　实验结果及分析 ……………………………………（124）
　　第三节　小结与讨论 …………………………………………（139）

第七章　汉语普通话音位习得的模拟实验 ………………（142）
　　第一节　实验的参数设置和训练步骤 ………………………（143）
　　第二节　实验结果及分析 ……………………………………（146）
　　第三节　小结与讨论 …………………………………………（167）

第八章　结论及展望 …………………………………………（172）
　　第一节　音位范畴习得及语义的约束作用 …………………（173）
　　第二节　神经计算模型及神经网络算法设计 ………………（175）
　　第三节　未来研究展望 ………………………………………（179）

参考文献 …………………………………………………………（183）

附录一　标准德语词汇及语音—语义对 ……………………（207）

附录二　标准德语词汇的语义表征 …………………… （210）
附录三　标准德语词汇语义特征频度排序 ……………… （217）
附录四　标准英语录音词表 ……………………………… （232）
附录五　汉语普通话实验词表 …………………………… （235）
附录六　汉语普通话词汇的语义表征 …………………… （238）
附录七　汉语普通话词汇语义特征频度排序 …………… （246）

索　引 ……………………………………………………… （252）

后　记 ……………………………………………………… （256）

Contents

Chapter 1 Introduction ………………………………………… (1)
  1. Research Questions ………………………………………… (2)
  2. Theoretical Bases ………………………………………… (4)
  3. Review of Infants' Phoneme Acquisition Studies …………… (23)
  4. Research Ideas ……………………………………………… (28)
  5. The Structure of this Book ………………………………… (35)

**Chapter 2 Overview of Neuro-computational Model
          Studies** ………………………………………………… (37)
  1. Modular Theory and Connectionism ……………………… (38)
  2. Quantitative Neuro-computational Models ………………… (40)
  3. Application of Neuro-computational Models in Linguistic
    Studies ……………………………………………………… (45)
  4. Summary …………………………………………………… (49)

Chapter 3 Construction of Language Acquisition Models …… (51)
  1. The Interconnected Growing Self-Organizing Map Model …… (51)
  2. The Duality-based Interconnected Growing Self-Organizing
    Map Model ………………………………………………… (55)
  3. Summary …………………………………………………… (59)

Chapter 4　Experiment Materials and Data Representation ……………… （60）
 1. Materials of Standard German Simulation Experiment ……… （60）
 2. Materials of Standard Chinese Simulation Experiment ……… （63）
 3. Data Representation ……………………………………………… （76）
 4. Summary ………………………………………………………… （91）

Chapter 5　Algorithm Design of Neural Network ……………… （92）
 1. The Basic Structure and Principle of Self-Organizing Map …… （92）
 2. The Biological Plausibility of Self-Organizing Neural Network …………………………………………………………… （97）
 3. Overview of Studies of Growing Algorithms of Self-Organizing Map ………………………………………………………………… （102）
 4. Improved Network Structure and Algorithm Design ………… （106）
 5. Summary ………………………………………………………… （121）

Chapter 6　The Simulation Experiment of Standard German Phoneme Acquisition ……………………………… （122）
 1. Parameter Setting and Training Procedure …………………… （122）
 2. Results and Analyses …………………………………………… （124）
 3. Summary and Discussion ……………………………………… （139）

Chapter 7　The Simulation Experiment of Standard Chinese Phoneme Acquisition ……………………………… （142）
 1. Parameter Setting and Training Procedure …………………… （143）
 2. Results and Analyses …………………………………………… （146）
 3. Summary and Discussion ……………………………………… （167）

Chapter 8　Conclusions and Prospects ················ （172）
　1. Phoneme Acquisition and Semantic Constraint Effect ········ （173）
　2. Neuro-computational Model and Algorithm Design of Neural
　　Networks ·· （175）
　3. Prospects for Future Studies ································ （179）

References ·· （183）

Appendix 1　The Audio–Semantic Pairs of Standard German
　　　　　　　Words ·· （207）
Appendix 2　The Semantic Features of Standard German
　　　　　　　Words ·· （210）
Appendix 3　The Frequency Ranking of the Semantic Features
　　　　　　　of Standard German Words ······················ （217）
Appendix 4　The Wordlist of English RP Recording ············ （232）
Appendix 5　The Wordlist of Standard Chinese
　　　　　　　Experiment ·· （235）
Appendix 6　The Semantic Features of Standard Chinese
　　　　　　　Words ·· （238）
Appendix 7　The Frequency Ranking of the Semantic Features
　　　　　　　of Standard Chinese Words ······················ （246）

Index ·· （252）

Afterword ·· （256）

第一章
绪　论

　　语言是人类普遍具备的一种高级认知系统，它是由许多相互关联的表意层级所共同组成的。而奇妙的是，婴幼儿在短短几年内便可以掌握这样一个复杂系统的核心内容。对于健康的婴幼儿而言，从呱呱坠地时只会啼哭，到早期发音阶段（0—1岁）咿呀学语，再到第一个词语产出后语言的快速发展，他们不需要任何特殊的努力就可以逐渐形成一套像成人一样完善的语言系统。与成人的第二语言学习不同，婴幼儿对语言的习得是自发的。家长并不会像二语老师那样从语言学的角度来指导婴幼儿，而婴幼儿自身也没有能力像二语学习者那样向家长提出明确的语言学方面的问题。婴幼儿需要在与家长和周围环境的交互中，凭借自己的能力和智慧去发现并习得母语（即第一语言）中所存在的各种语言学范畴，以及各个范畴内所包含的语言学知识。在这样的交互过程中，婴幼儿会接触到从不同感知路径反馈所得的信息，例如听觉信息、视觉信息、触觉信息和嗅觉信息。婴幼儿自身并不了解母语中各个语言学维度所具有的特征，而通过逐渐学会综合利用各条路径所反馈的感知信息，他们需要从中探寻母语的语言学规律，并构建母语语言系统。因此，婴幼儿习得语言的过程，具有知识信息来源复杂和知识内容结构不可预测的特点。虽然整个过程是如此的复杂和莫测，但是任何发育正常的婴幼儿，在自然的语言环境中都可以很好地习得自己的母语。研究者对人类语言系统的研究和探索从未停止过，但语言的习得机制却一直是一个尚未被清楚解答的复杂科学问题。婴幼儿语言习得的奥秘也是长久不衰的热点研究问题之一。

第一节　研究问题的提出

目前，研究者主要从三个方面来研究婴幼儿语言习得的相关问题，分别是语言本体研究、心理语言学行为实验研究以及神经语言学实验研究。

在对语言本体的研究中，一方面，通过对语音、语义、词汇、句法、语用等方面的研究，研究者可以对语言系统的基本规律和主要构成因素有所了解；另一方面，通过对语言起源、语言演化等方面理论的探讨，研究者可以通过逻辑推理和理论验证来总结人类语言发展的基本规律。语言学理论既需要其他研究方法（如行为实验或神经观测实验）的验证，与此同时，也可以为其他研究提供理论基础。例如，乔姆斯基学派所提出的"原则和参数"（Principles and Parameters）理论就是支撑婴幼儿语言习得研究的重要理论之一。

行为实验是研究者研究婴幼儿语言习得的重要手段。研究者可以观察婴幼儿对语言刺激的反应、记录和分析婴幼儿的言语产出、观察婴幼儿完成特定语言学任务时的表现，从而真实直观地了解婴幼儿在语言习得中所产生的各种语言学现象。通过总结大量行为实验的研究成果，Kuhl（2004）所描绘的婴幼儿语言能力的早期基本发展路线得到了学界的普遍认可：婴幼儿在出生时便具有对语言的普遍感知能力，而随着年龄的增长，婴幼儿逐渐对自己的语言能力进行修剪，并向所处环境中的语言系统（母语系统）靠拢。这背后的理论支撑便是"原则和参数"理论。基于行为实验研究，研究者们提出了一系列重要的婴幼儿语言习得理论，例如范畴化感知（Categorical Perception）

(Kuhl，2004)、知觉重组(Perception Reorganization)(Werker and Tees，1984)、功能重组(Functional Reorganization)(Stager and Werker，1997)等。通过行为实验，研究者可以观察婴幼儿的行为表现，分析语言习得的机制，并进一步为相关的语言学理论提供验证。

在神经观测实验中，一方面，研究者可以通过生理解剖实验来了解人类大脑的构造，探索与语言功能相关的大脑分区；另一方面，研究者可以通过脑成像实验来观察大脑在处理语言学任务时的神经活动，从而验证各个语言功能区的行为功能。对大脑语言功能区的了解，可以帮助研究者探索人类的语言处理机制，为语言学研究奠定生理基础。

在婴幼儿语言习得研究中，母语音位范畴的习得一直是重要的研究课题。我们发现，在对语音进行感知和习得的同时，婴幼儿会逐渐将声音模式与意义进行联系。通过对周围世界环境及人们行为的观察和感知，婴幼儿会逐渐了解一个事物的特征或者一个动作的效果。Eckers 等(2012)提出的"三角注视模型"(Triangular Attention Model)描绘了婴幼儿在言语交互中习得语言的环境要素——婴幼儿、家长和视野中的事物，以及它们之间构成的三角回路。例如，家长会指着一只皮球说"宝宝看，这是球……皮球……球……"在对语音进行感知和模拟的同时，婴幼儿也在逐渐尝试去理解"球"这个事物的概念。家长提供的语音刺激可以帮助婴幼儿了解母语的语音特点，而婴幼儿对事物的感知可以帮助他们了解概念的语义特征。在这个三角回路中，婴幼儿对语音和语义的感知并不是孤立的。相关研究表明，6 个月大的婴幼儿可以将熟悉的声音(如 Mommy [mæmi])与熟悉的概念(如妈妈的面孔)建立联系(Tincoff and Jusczyk，1999)，又如 7 个月大的婴幼儿可以较好地建立并记忆不熟悉的声音与事物之间的对应关系(Gogate and Bahrick，2001)。因此，在"共同关注"(Joint Attention)作用(Moore and Dunham，2014)的帮助下，婴幼儿逐渐学会将他们听到的声音与所看到或感觉到的事物或动作关联起来，进而建立声音模式与现实意义之间的对应关系。

纵观语言学、心理语言学和神经语言学对相关问题的研究，大多数研究者往往只关注对语音习得或词汇语义习得本体问题的研究，而忽略了语义等多维度信息与语音处理的互动和对音位习得的影响。因此，现有研究大多数是孤立地探讨婴幼儿对语音信息的加工，而很少综合考虑更多语言知识层级（如语义知识）在音位范畴习得中所发挥的作用。在这样的背景下，通过本研究，我们希望了解以下问题：在婴幼儿习得语言的过程中，语音和语义信息所发挥的作用分别是什么？它们之间的交互作用对语言的习得有怎样的贡献和影响？母语音位范畴的习得是建立在怎样的基础上的？

而若想理清上述问题，我们便需要对婴幼儿习得语言的过程进行详细的观察和研究。目前，由于实验方法上的局限性，我们很难通过行为实验了解婴幼儿对语言信息的加工过程（如言语感知和言语产出路径），以及婴幼儿对语言知识的存储和表征机制。相比之下，计算机模拟实验就更具优势。在语言学、心理语言学和神经语言学相关理论和研究的基础上，利用计算机建模手段，我们可以通过数学算法来模拟婴幼儿习得语言的进程中所涉及的复杂神经处理机制，以及婴幼儿对语言知识的存储机制和表征方法。

基于上述讨论，本研究拟采用计算机建模的手段，通过模拟婴幼儿对语音和语义信息的感知和加工过程，探索语音与语义加工在音位习得中的交互作用，并研究婴幼儿习得和建立母语音位范畴的机制。

第二节　理论基础

针对我们所关注的婴幼儿音位范畴习得领域的科学问题，本研究将以语言学、心理语言学和神经语言学方面的理论为构建模型的基础。在这一节，我们将分别从这三个方面介绍本研究的理论基础。对语言学本体的研究，是我们了解人类语言本质属性的基础；通过相关的心理语言学手段所获得的研究成果，是我们了解婴幼儿语言习得和发展过程的基础；而神经语言学的相关理论，是我们构建神经计算模型的生理基础。

一　语言学基础

（一）语言知识

乔姆斯基的语言学理论认为，只有假设人类先天便具备一定的专门为习得语言而定制的神经组织，我们才有可能解释婴幼儿令人惊叹的语言习得能力。乔姆斯基的普遍语法（Universal Grammar）理论提出的"原则和参数"模型指出，人类最基本的语言能力先天便被编码在一些特有的"原则结构"里。而婴幼儿只需要暴露在语言环境中，找到适合自己母语的那套"参数"，便可完成习得语言的任务。"原则"限制了人类语言的变化范围，将自然语言限定在了一定的范围内，从而缩小了学习者的搜索空间。正如 Nowak（2006）所指出的，人类的学习能力是受限的，我们能学会的只是所有可能存在的语法规则的一个子集；而限定这个子集大小和范围的便是普遍语法，也就是与生俱来的"原则"。如果可以找到婴幼儿习得"语言相关参数"（Language-dependent Parameters）的机制，我们便可以窥探婴幼儿语言的发展脉络，了解语言的习得过程。如此一来，语言机制便可以被表示成心智和大脑之间的某种特殊的模型，从而使研究者可以通过对特殊学习机制的建模，来模拟语言交流中所涉及的感知、动作控制以及认知系统的成熟过程。

我们可以从三个角度去审视一门语言：内在的主观知识（内在语言，I-language）、共享的知识以及外在世界的客观知识（外在语言，E-language）。通过对周围世界的感知和记忆，人们可以利用内在的知识对事物进行符号化的编码，从而描述外在的世界。在语言的使用者之间，人们通过内在语言对底层知识进行加工，并利用符号化的表征进行交流。也就是说，内在语言是每位个体构建、表达和理解意思的规则。而习得语言时，不同个体间内在语言的差异，决定了他们在表达内在思想时所携带的个性化色彩。尽管如此，普遍语法的存在，还是保证了语言使用者之间内在语言的稳定性，使人们可以顺利地对彼此交流时的语言表达和语言理解过程进行编码及解码。这也是婴幼儿实现母语习得的必要条件。

我们可以将语言系统粗略地理解为词汇的声音（语音形式）与意义（词汇语义）之间的映射（见图1-1）。语言系统的有效性依赖于声音与意义之间编码和解码的准确程度。任何一门语言都不可能编码所有的意义，任何一门语言也都不可能利用所有的声音。当语言中的某个声音对应多个意义时，就会导致语言歧义，使语言损失部分的交流能力；而当语言中存在一些无法表达的意思时，就会导致语言贫乏，使语言缺失部分意义。因此，在言语交际中，正确地对形式与意义之间的对应关系进行编码和解码，依然是一个非常复杂的过程。这对婴幼儿的语言习得任务是一项巨大的挑战。

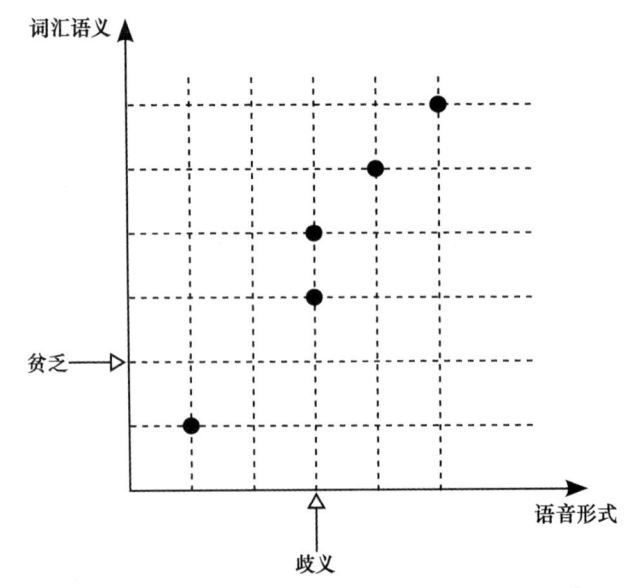

图1-1 语音形式与词汇语义之间关系的示意[①]

注：图中圆点表示语言中声音与意义所构成的对应关系。

---

① 虽然图1-1中所表示的语音形式与词汇语义之间为正交关系，但如正文所述，二者是相互作用、相互影响的。受图形绘制的限制，我们无法在图中所示的层面表达这一层意思，特此说明。

事实上，语言的语音形式与词汇语义之间，并不是简单的形式与意义的对应关系，二者是相互作用、相互影响的。语音系统的知识对于建立大脑词库（心理词典：Mental Lexicon）非常重要，而对词汇语义的学习也会促进婴幼儿对语音知识的理解和掌握。

（二）语言模式的二重性理论

Hockett（1960）通过比较人类语言与动物语言之间的异同，从语言进化和语言演变的角度列出了人类语言 13 个最基本的特征。Hockett（1960）指出，在这些特征中，模式的二重性［Duality of Patterning，又称 Double Articulation（Martinet，1957）］是构建像人类语言这样的复杂交流系统的必备条件。语言模式的二重性是在人类语言进化过程中最后浮现出的特征，是将人类的语言系统与其他灵长类动物的交流系统区分开的关键因素。因此，语言模式的二重性是一种高级的语言特征。已知的动物交流系统基本都不具备类似的特征（Andrew，1999），而已知的人类语言则基本都具备这种特征（Daniel，2012）。

对于任何一种语言来说（无论是自然语言，例如人类语言，还是人造语言，例如计算机语言），构成语言系统的最基本的两个层级都是词汇（如心理词典）和一系列将词汇构成完整表达结构（如句子）的组合规则（如句法）。但是，对于人类语言所特有的复杂性而言，人们必须具备识别和处理更为精细的语言单元的能力。其中，对语言模式二重性的掌握至关重要。相关理论认为，言语可以被分解为一系列具有意义的单元，而这些具有意义的单元又可以被进一步分解为无意义的元素。例如，我们可以将"梯形"这个词分解为两个具有意义的单元——"梯［tʰi⁵⁵］"和"形［ɕiŋ³⁵］"，而它们又可以被进一步分解为更小的无意义的元素——"［tʰ］、［i］、［55］"和"［ɕ］、［iŋ］、［35］"。通过将这些无意义的元素重组，我们又可以得到具有意义的新单元——"停［tʰiŋ³⁵］"和"息［ɕi⁵⁵］"，并构成更高层级的意义单元（如词或词组）——"停息"。也就是说，在物理层面，人们可以产出或者感知独立的声音元素，而这些离散的声音元素（形式）本身并不具有内在的含义。只有将这些声音进行特定组合，人们才可以在更高的层级（词汇语义层级）完成表达或理解的任务。

Ingram（2007）指出，这种形式和意义之间的二重关系在结构上区分了语素（Morpheme）和音位（Phoneme）这两个概念。语素是语言中具有词汇意义或者句法意义的最小单元，而音位则是语言中起到区分意义作用的最小单元，但音位本身并不具有意义。因此我们可以说，一门语言中的声音元素（音位）从本质上讲是无意义的，它们的唯一作用就是组成基本的表意单元（语素）以构建词汇（Hayes，2009）。声音（形式）与意义之间所体现出的这种二重性使人类语言可以利用少数有限的声音元素（音位或者区别特征）来构成无限的词汇意义。而其他具有一定交流能力的动物，则只能将特定的意义和某种特定的表达形式关联起来，而不具备将声音元素进行重组以构建新意义的能力。例如，狗可以用低吼表示让对方后退的意思，但却不能将低吼分解为更细小的声音元素，并通过与其他声音元素的组合来构成新的意思。

语言模式的二重性是语言经济性原则的最佳体现（George，2006）。对于任何一个系统而言，它所能容纳的具有唯一意义的项目的数量（记作 N）是有限的。当系统的 N 值不断增大时，用以承载这些意义的表达形式（如声音）之间就会不可避免地变得越来越相似。这不利于系统使用者（如语言使用者）对表达形式（如声音信号）的传递和对意义的理解。而这种情况在噪声环境中会变得更加严重。但是在人类语言中，基于语言模式的二重性，一方面，人们可以只利用有限的音位来组成无限的具有唯一意义的词、短语或句子[①]；另一方面，人们可以实现对不区分意义的音素的归并，并以音位变体的形式对这些音素进行感知和存储。这大大减少了人脑所需

[①] 当然，我们承认同音异义词，甚至同音异义句的存在，但我们不能就此否认人类语言在音义配合上所表现出的高度经济性。

要单独记忆的项目的数量，从而使人脑可以有能力存储和处理复杂的人类语言系统中所涉及的语言知识，也进而使人类的语言系统具有极为丰富的表意能力。

但是，在一个封闭的语言系统中，模式的二重性是如何产生的呢？Hockett(1960)指出，人类语言中存在一种"混合效应"(Blending Effect)。也就是说，人们在表达意思时，偶尔会在 A、B 两种合理的表达形式之间产生犹豫，而这种犹豫可能使产出的语音既不是表达形式 A，也不是表达形式 B，而是两种表达形式的某种混合效果。例如，我们可能会在"你挑 [tʰiau⁵⁵] 一个"和"你选 [ɕyan²¹⁴] 一个"这两种表达之间产生犹豫，而受混合效应的影响，最终实际产出的可能是"你*[ɕyan⁵⁵]一个""你*[ɕiau⁵⁵]一个""你*[tʰiau²¹⁴]一个"等。此外，我们在生活中还会碰到例如足球解说员将"山东 [tuŋ⁵⁵] 鲁能 [nəŋ³⁵]"说成"山*东 [təŋ⁵⁵] 鲁*能 [nuŋ³⁵]"的情况。这种偏误是发音器官不协调所导致的一种发音现象（称作"唇滑"，Lip Slippery，或者"舌滑"，Tongue Slippery），而这种现象在人类的语言中是广泛存在的，并会促使人们产出自己从未说过或听到过的表达形式。不过需要指出的是，在语义信息的帮助下，这种混合效应极少会导致人们对语音信号产生理解上的偏误。

对于婴幼儿而言，在习得语言的过程中，他们会经历一个由较大的语言感知处理单元向更加精细的语言感知处理单元转换的过程。Foster-Cohen(1999)指出，婴幼儿在语言习得的初期会将整个词或者整个音节视为语言的一个感知单元；伴随着语言系统的发展，婴幼儿才会逐渐将每个音位视为独立的感知单元。Hockett（1960）认为，引起这种感知单元转变的根本原因，就是婴幼儿对语言模式二重性的理解和掌握。当婴幼儿无意间产出从未在输入的语音刺激中接触到的语音时[①]，他们便会意识到言语可以被划分成更小的处理单位，即音位。在这一过程中，我们需要明确的是，模式的二重性

---

① 混合效应是导致这种现象的唯一合理途径。

是语言的本质属性，是在语言系统中客观存在的，而不是通过学习获得的。后天的语言刺激，可逐渐激活婴幼儿感知和应用语言模式二重性的能力。

研究者对语言模式二重性的研究和探讨多以语言进化和语言演变为出发点，重在考察语言模式二重性在所有已知人类语言中的普遍性，以及在所有已知动物交流模式中存在的可能性。语言模式的二重性是否为人类语言所独有且普适的特征，是研究者们争论的重点（Ladd，2013，2012；Blevins，2012；Sandler，Aronoff，Meir and Padden，2011；Sandler and Lillo-Martin，2006）。而目前鲜有研究将语言模式的二重性与婴幼儿语言习得的机制进行联系，并在婴幼儿语言习得的研究中应用语言模式的二重性理论。

我们认为，语言模式的二重性理论揭示了人类语言中形式与意义之间的关系，是婴幼儿习得母语所蕴含的语言学范畴（如音位范畴）的重要途径。从言语产出的角度来看，该理论描述了语言表达中所涉及的语音规划（如对音位的配列组合）与意义表达之间关键的交互机制，以及记忆提取的机制。从言语感知的角度来看，该理论描述了语音感知与语义理解之间关键的交互处理机制，以及语音知识和语义知识的存储机制（如对音位的归并）。因此，音位、语素和词汇语义所构成的层级结构，可以很好地反映大脑对语音信息和语义信息的加工机制。在本研究中，我们将以语言模式的二重性为重要的理论基础和建模依据，通过模型结构反映不同的语言加工层级，并利用构建的模型模拟婴幼儿音位范畴习得的机制。

二　心理语言学基础

婴幼儿逐渐形成的语言理解和产出能力是他们对周围环境中的自然语言输入为期数月的感知和分析的结果，是他们对输入语言中相关知识习得的体现。这些知识包括母语语音系统的基本元素：

音位系统（如辅音音位、元音音位和声调调位）和音位配列关系（如音节结构，以及辅音、元音和声调的搭配规则）。不同语言的音位系统和音位配列关系也不尽相同。语音系统的知识对大脑词库的建立及句法的学习都非常重要；而词汇语义的知识则会促进婴幼儿对语音知识的理解和掌握。

Werker 和 Logan（1985）通过研究语音感知的机制提出了语音感知的三个要素，分别是听觉处理（Auditory Process）、语音处理（Phonetic Process）和音位处理（Phonemic Process）。这三个感知要素是递进式的分布关系，恰好反映了婴幼儿语言发展所经历的不同阶段。听觉处理是对声音最基本的感知能力，不需要借助语音或者音系的相关知识，是对言语声和非言语声的普遍感知能力。语音处理则是针对言语声的感知处理，是基于语音特征（如声学特征）的感知，对语音学上的范畴边界具有敏感性，是由底层到高层（Bottom-up）的加工感知。而音位处理则是语言相关的感知，涉及语义知识的约束，是由高层到底层（Top-down）的加工感知。Yang（2010）的研究就明确指出，由于声调在汉语中有区别意义的作用，因此语义加工对正确地感知声调范畴发挥着十分重要的作用。

对婴幼儿语言习得的研究，离不开基于心理语言学理论开展的行为实验研究。研究者普遍认为，自出生以后，婴儿就对语言特征具有很强的敏感性。Kuhl（2004）认为，婴幼儿先天便具有一种对语言的基本感知能力，所以他们可以胜任语言处理任务。这种基本的感知能力使刚出生的婴幼儿对语音的范畴边界十分敏感，进而可以对语言（甚至是从未听过的语言）中的声音（语音单元）进行区分（Eimas，Siqueland，Jusczyk and Vigorito，1971；Kuhl et al.，2006）。Kuhl（2004）将这种感知能力称作范畴化感知（Categorical Perception）。婴幼儿可以区分世界上大多数语言（无论是母语，还是非母语）中的对立音位，但成人却不具备这种能力（Miyawaki et al.，1975），成人只对母语中的语音对立表现出敏感性。婴幼儿的这种普遍感知能力与 Werker 和 Logan（1985）所描述的语音处理感知相对应。这种感知能力对语言习得至关重要。正因为婴幼儿具有这种普遍的感知能力，所以无论他们降生在世界的哪一个角落，也无论周围环境中通行的是哪一种语言，他们才都可以轻松地习得自己的母语。

即便此时的婴幼儿具有很强的语言能力，但他们在语言习得的初始阶段就会遇到巨大的挑战。对婴幼儿而言，他们所接触的语言环境充满诸多未知因素，他们并不知道所接触到的语言中存在多少个维度的知识（如语音维度、语义维度、句法维度、词汇维度等），更不知道每一个维度中都包含多少语言学范畴（如元音范畴、辅音范畴、动词名词等词类范畴等）。在婴幼儿进行进一步的词汇和句法学习之前，他们必须先理清母语中所存在的音位数量，以及每一个音位所对应的语音特征。Kuhl（2004）认为，在探索母语音位特征的过程中，婴幼儿所采用的是一种统计计算策略（Statistical Computational Strategy）。Lacerda（1995）、Lisker 和 Abramson（1964）的研究指出，不同语言之间在语音上的区别主要体现为语音分布模式的不同。因此，语言中的声音分布模式可以为婴幼儿了解该语言的语音结构提供重要线索（Kuhl，1993；Maye，Werker and Gerken，2002）。Kuhl 等（1992）通过行为实验证实，6 个月大的美国婴幼儿可以将英语中 /i/ 的不同刺激音归并到同一个范畴中，而对瑞典语中 /y/ 的不同刺激音的感知则没有体现出明显的范畴化现象；而 6 个月大的瑞典婴幼儿与美国婴幼儿的表现则恰好相反。Kuhl（2004）认为，在母语语音分布模式的作用下，婴幼儿对母语中元音的感知会体现出"磁体感知效应"（Perceptual Magnet Effect），使他们形成范畴化的学习（Category Learning）。

在习得语言的过程中，婴幼儿在另一项重要任务中也需要利用统计计算策略，那就是分词。在没有任何语言学知识的情况下，我们很难想象，婴幼儿是如何将语流中的短语和词切分出来的。事实上，婴幼儿对相邻音节序列（Adjacent Syllables）的出现概率十分敏感。通过对语言中相邻音节序列出现概率的感知，婴幼儿可以预测音节结构和词汇边界（Saffran，2002）。Saffran 等（1996）的研究表明，8 个月大的婴幼儿，便可以依靠音节之间的转移概率（Transitional Probability）学会类词单元（Word-like Unit）了。此外，对重音位置和重音模式等韵律信息的感知，也可以帮助婴幼儿划分音节和词汇的边界（Johnson and Jusczyk，2001；Saffran and Thiessen，2003）。

与对声音的感知相伴的是对发音的探索。从第一声啼哭开始，婴幼儿就可以产出各种各样的声音。婴幼儿在 3 个月之前产出的大多是尖锐的噪音，即非言语声（Non-speech Sounds）。李宇明（2004）将 0—20 天称作非自控期；杨先明（2010）认为 0—3 个月大的婴幼儿的发声以非自主发声为主，属于无语言意识期。而在 3 个月之后，随着婴幼儿对口腔中的发音器官开始有所知觉，他们开始慢慢产生与元音类似的乐音（Vowel-like Sounds）。自 6 个月起，婴幼儿就开始步入言语产出学习的第一个重要阶段——咿呀学语（Babbling）期。在咿呀学语期，婴幼儿的自控性逐渐增强，模仿成人发音的能力也逐渐提高（李宇明，2004）。婴幼儿试探性地操控口腔中的发音器官，使其产生随机运动，从而逐渐摸索触觉反馈[①]、动作控制和声音产出三者之间的关系。

有了声音的产出，婴幼儿就有了表达自己思想（如想尿尿、想吃奶、热了、冷了等）的媒介。这时的婴幼儿，不再只是被动地接受环境中的语音刺激。从某种程度上讲，他们在表达自己思想和诉求的同时，正有意识地学习着与母语关系更为密切的声音的特征，从而使他们对声音的感知和产出逐渐向母语语言系统靠近。支撑这

[①] 这里的触觉反馈主要指口腔内的发音器官在运动时所产生的触觉反馈。

种学习模式的，是婴幼儿所具备的社交学习（Social Learning）能力。Kuhl 等（2003）在研究中将 9 个月大的美国婴幼儿分为两组，实验员使用汉语普通话现场面对面地向其中一组婴幼儿讲述故事，而另一组婴幼儿则接受的是由电视播放的相同内容。实验结果表明，接受实验员当面讲述的一组可以学会对汉语普通话中声调的区分，而接受电视演示的那一组则不能区分。此外，相关研究表明，社会剥夺（Social Deprivation）会对婴幼儿的语言发展造成十分严重的负面影响，以至于他们无论如何都无法达到正常人的语言水平（Fromkin, Krashen, Curtiss, Rigler and Rigler, 1974）。因此，互动交流或者说社会交际对婴幼儿习得语言的过程是十分关键的（Kuhl, 2004）。正如 Eckers 等（2012）所提出的"三角注视模型"中描绘的那样，家长所持或者所指的物体往往可以帮助婴幼儿形成共同关注（Moore and Dunham, 2014；Mundy and Gomes, 1998），进而促进婴幼儿对语言的学习。

伴随着交互过程中家长对婴幼儿的语音输入，与咿呀学语阶段交错进行的，是言语产出学习的第二个重要阶段——模仿发音（Imitation）期。顾名思义，在模仿发音期，婴幼儿会尝试去模仿家长的各种语音，通过不断的摸索，逐渐找到触觉反馈、动作控制和声音产出之间的正确关系，使他们咿呀的模糊语音逐渐向母语中的标准语音形式靠近。

随着母语输入刺激的不断影响，在第一年的最后阶段（10—12 个月），婴幼儿对语音特征的感知能力会表现出较强的母语倾向。这与 Werker 和 Logan（1985）所描述的音位处理感知相对应。这一阶段，母语的语义信息在婴幼儿对语音的感知过程中起到十分重要的作用。一方面，词汇意义可以帮助婴幼儿将不同音素归并为同一个音位。例如，在日语中，[l] 与 [r] 不区分词汇意义，因而日语婴幼儿会逐渐将这两个音素归并为同一个音位（Miyawaki et al., 1975；Tsushima et al., 1994）。另一方面，词汇意义上的差异可以帮助婴幼儿区分不同音位。例如，汉语普通话中的最小对立对"扒

[pa⁵⁵] —趴 [pʰa⁵⁵]",可以帮助汉语普通话婴幼儿将 [p] 和 [pʰ] 分立为两个不同的音位。Werker 和 Tees（1984）将此类对语音感知能力的转变称为知觉重组（Perceptual Reorganization）。在知觉重组的过程中，婴幼儿对母语语言系统中不存在对立的语音差异的感知能力逐渐减弱，而对母语中存在对立的音位的感知能力则可以继续保持甚至逐渐加强。词汇语义对音位感知表现出修剪作用。

随着 12 个月左右婴幼儿产出第一个词，他们便逐渐步入语言习得的更高级阶段，面临词汇习得、句法习得以及对词汇和句子的产出等更加复杂的语言任务。其中，对于词汇及词汇意义（语义）的学习与母语音系知识的形成密不可分（Eckers, Kröger and Wolff, 2012）。

以上所简述的婴幼儿的语言早期发展过程，是根据大量行为实验研究得出的观测结果，能较为真实地反映婴幼儿在语言习得早期所存在的普遍现象。婴幼儿对语音的感知和对母语音位范畴的建立，是习得母语更高层级知识的基础。因此，我们将以婴幼儿对母语音位范畴的习得作为研究的切入点。我们对婴幼儿音位范畴习得过程的模拟，以及对相应模型算法的设计，也将以上述理论为重要参考。知觉重组、功能重组、范畴学习、统计学习、社交学习等重要理论都是本研究中模型算法设计的重要理论依据。关于心理语言学领域更为详细的介绍，可参看杨玉芳（2015）的研究。

三　神经语言学基础

（一）语言与脑

语言是人类文明的产物，对语言信息的处理在我们的生活中无处不在。例如，在向别人说话或听别人说话时，我们的大脑都在实时高效地进行着各种复杂的语言处理任务。虽然我们对整个过程毫无察觉，但实际上语言是一个高度复杂的系统，涉及语言理解、记忆存储、生理机能、运动控制等多个方面的协同工作。

传统的研究并不把语言学看作一门跨学科的科学，其他学科的研究与语言学的研究一度是分离的。例如，对失语症的研究通常由传统的神经生理学家主持，他们主要从脑损伤和脑功能分区等方面来开展研究，但他们许多并不具备足够的语言学知识。而语言学家则主要通过观察和分析健康人所产出的语言学现象，来推测语言处理背后所蕴含的复杂机制，但他们却很少去思考像失语症这类病症所表现出的现象对语言处理机制的启示。直到 1971 年，Whitaker（1971）提出了神经语言学（Neurolinguistics）的概念。他指出，要想准确而充分地理解语言系统的工作机制，就必须将各个领域的信息和知识结合起来，深入了解语言和人脑的结构及功能，而这一过程至少需要神经科学和语言科学的协作。而在当今时代，认知科学（Cognitive Science）也应是其中必不可少的一部分（Ingram，2007）。

人类大脑的体积在过去的不到 100 万年里已经扩大了一倍，而增长区域则主要集中在大脑皮层部分。在大脑皮层中，额叶以及顶叶、枕叶和颞叶三个脑叶的交汇区域（这些区域与语言功能直接相关）的增长最为显著。Deacon（1998）提出的共同进化假设（Co-evolution Hypothesis）指出，由于处理像语言这样复杂的符号系统需要耗费大脑大量的计算资源，所以随着人类语言能力的进化，人脑的生理结构也发生了巨大的变化；而相辅相成的，随着人脑的进化，人类的语言能力也不断增强。Van Essen 和 Drury（1997）的研究指出，人类大脑皮层的绝对面积是猕猴的 5 倍。其中，人类额叶的面积更是大大超出猕猴额叶的面积；而与语言相关的布罗卡区正位于额叶。综合而言，语言与大脑在人类的进化过程中彼此密不可分。

神经语言学的研究可以帮助我们了解语言与大脑结构之间的关系，进而为本研究对语言习得过程的建模提供生理基础和依据。下面我们将概述大脑皮层的基本功能分区，以及与语言处理相关的重要语言功能区的结构和功能。

（二）大脑皮层及语言功能区

1. 大脑皮层

在大脑结构中，与语言关系最为密切的就是大脑皮层。大脑皮层左右半球的生理结构是基本相同的（Ingram，2007），但在功能分工上却存在左右半球的不对称性（Hellige，1993；Chiarello，1998）。人类对语言的处理显示出了很强的左脑优势，并且这种左脑的语言处理优势早在儿童5—7岁时就已经十分明显了（Gaillard, Balsamo, Ibrahim, Sachs and Xu, 2003）。研究指出，对于95%惯用右手的人和70%惯用左手的人，与语言处理相关的布罗卡区和韦尼克区都分布在左半球的大脑皮层（Griggs，2006）。

左右半球的大脑皮层都包含四个脑叶（Lobe），分别是额叶（Frontal Lobe）、顶叶（Parietal Lobe）、枕叶（Occipital Lobe）和颞叶（Temporal Lobe），如图1-2所示。其中，初级视觉皮层（Primary Visual Cortex）位于枕叶的后部，负责处理视觉信息。大脑外侧裂（Sylvian Fissure）将下方的颞叶与上方的额叶和顶叶分开。在大脑外侧裂的中部，分布着初级听觉皮层（Primary Auditory Cortex）。该区域主要负责接收来自听觉系统的信号。将额叶和顶叶分开的沟壑被称为中央沟（Central Sulcus）。额叶中紧邻中央沟部分的脑回称为中央前回（Precentral Gyrus），顶叶中紧邻中央沟部分的脑回称为中央后回（Postcentral Gyrus）。中央前回又被称作运动皮层（Motor Cortex），负责向另一侧的躯体传送运动控制指令。中央后回又被称为躯体感觉皮层（Somatosensory Cortex），负责接收来自另一侧躯体各部位的感觉信号。通过使用电极刺激运动皮层和躯体感觉皮层的相应区域，Calvin和Ojemann（1994）得出了运动控制皮层和躯体感觉皮层各区域所对应的人体结构，其示意可参见图1-3。

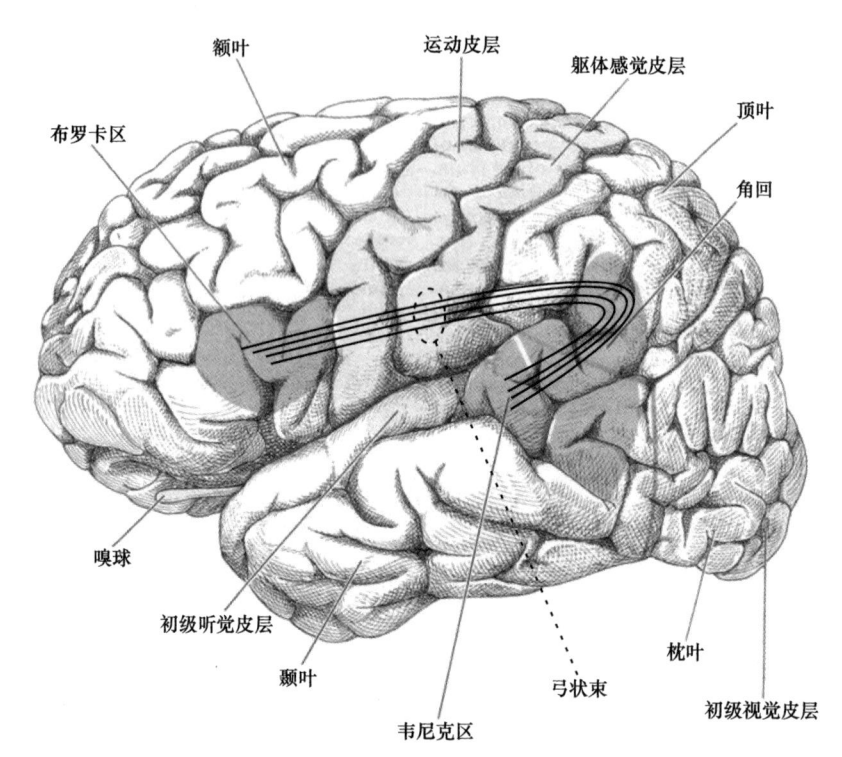

图 1-2　大脑皮层左半球的结构示意（Ingram，2007）

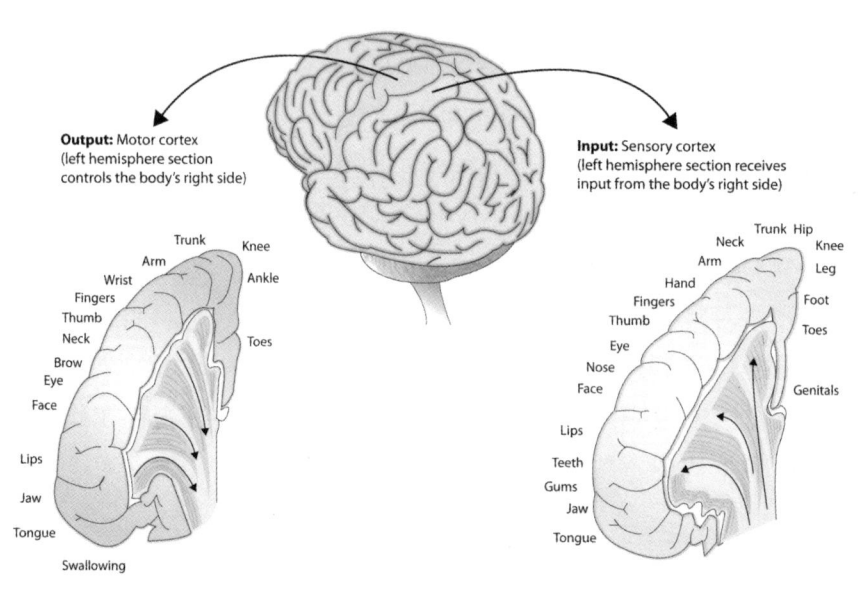

图 1-3　运动控制皮层和躯体感觉皮层分工示意（Charles，2015）

在过去的20多年里，随着认知神经科学的发展，特别是正电子断层扫描（PET）、功能磁共振成像（fMRI）、脑磁图（MEG）等脑成像技术的应用，研究者得以直接观察人们在产生言语行为时的大脑活动，且关于语言功能脑区以及语言障碍机制的研究也取得了巨大进展。不过，人们对大脑皮层功能分区的传统认识依然是支撑本研究的重要理论基础。首先，大脑皮层是根据不同模态和运动区域在空间上的映射关系来组织各个功能区域的。其次，围绕着这些主要的感觉和运动区域，分布着许多联络皮质（Association Cortex），这些联络皮质负责及时地联结大脑皮层中被共同激发的模态或者神经活动（Ingram，2007）。以上两点，是神经计算模型结构中所采用的处理模块和映射链接（或神经路径）的重要生理依据。

2. 语言功能区

（1）布罗卡区

对大脑语言功能分区的早期研究，主要源于对语言障碍患者的病理分析。法国外科医生布罗卡（Broca，1861）在对其患者的病症进行研究时，率先发现大脑左侧额叶的一部分皮质区域对语言的产出具有关键作用。这片区域后被称作"布罗卡区"。布罗卡区受损的患者在语言理解方面不存在明显困难，但是他们在进行语言表达时却阻碍重重。一方面，他们无法有效地协调和控制自己的发音器官，表现为运动性失能。不过这种对发音器官控制能力的缺失，只限于语言有关的运动；与语言无关的运动（如吞咽、咀嚼等），虽使用与言语产出过程相同的肌肉，但并不受影响。另一方面，重度患者还伴有语法失能，通常只能使用简单的名词或动词，而无法使用语法结构。这种病症被称作"布罗卡失语症"，人们又将这种现象称作"电报语言"（Pick, 1973）。后续研究进一步指出，布罗卡失语症患者在口语和书面语层面均会存在语法表达困难。综合而言，布罗卡区与语言表达过程中的动作控制，以及语言表达过程中的语法加工存在紧密的联系，是语言的运动控制中枢。

（2）韦尼克区

同样是在对失语症的研究中，德国解剖学家韦尼克（Wernicke，1874）发现，位于颞叶和枕叶交汇处的一部分皮质区域对语言的理解和词汇的识别具有关键作用。这片区域后被称作"韦尼克区"。韦尼克区受损的患者可以产出连贯的语言表达，但表达的内容却无法令人理解。同时，他们也无法理解他人和自己的语言表达。这种病症被称作"韦尼克失语症"。韦尼克失语症患者的主要困难是无法分辨语音，不能理解语义。综合而言，韦尼克区与语音词典的存储，以及语义的通达密切相关，是语言的感觉中枢。

（3）弓状束

布罗卡区与运动皮层相近，而韦尼克区与初级听觉皮层相近，它们各司其职，分别负责语言的产出和感知。在解剖生理上，它们是两个独立的皮质区域，中间有中央沟和大脑外侧裂相隔。但是，在它们之间大脑皮层下的脑组织中，存在着被称为弓状束（Arcuate Fasciculus）的神经纤维束。弓状束可以将布罗卡区和韦尼克区联结起来（如图1-2中的曲线所示）。如果弓状束受损，会导致传导型失语症（Conduction Aphasia）。传导型失语症患者可以正确理解句子的意思，但却很难跟随引导者进行复读。也就是说，语言的感知与产出之间的联系被截断了。综合而言，弓状束在语言系统中的作用十分重要，它保证了语言的感知理解和产出控制之间可以进行有效的信息交换。

（4）角回

角回（Angular Gyrus）位于顶叶、枕叶和颞叶的交汇处，与躯体感觉皮层、初级视觉皮层和初级听觉皮层相连，可以接收并处理来自触觉、视觉和听觉的刺激信号，完成对多模态信息的加工。由于角回所处位置的特殊性，它与方位认知、记忆提取、心智能力、注意能力等多方面的能力关系密切。因此，在人类大脑皮层进化的过程中，角回这部分区域的扩展最为明显。如果角回受到损伤，将可能导致失读症（Alexia）、失认症（Agnosia）、忘名症（Anomia）

等多种病症。Geschwind（1974）通过对忘名症病例的研究指出，人们对词汇意义的描述有很大一部分都是由多模态的信息复杂交汇而成的。综合而言，语言认知是一个涉及多模态信息的交互过程，而角回则是该过程中最重要的一个处理单元。

3. 语言类型对语言功能区的影响

人们对于语言功能区的了解主要来自国际上对法语、德语和英语的研究。西方语言的加工主要涉及左脑额下回、左脑颞枕区和左脑颞中上回这几个脑区。然而对汉语的加工除了依赖以上这些脑区以外，还涉及左脑额中回、左脑顶上回、右脑颞中上回这三个西方语言加工所不需要的关键脑区（Siok，Perfetti，Jin and Tan，2004；Siok，Spinks，Jin and Tan，2009）。其中，右脑颞上回对汉语的声调加工具有重要作用。因此，主管汉语的大脑中枢和主管西方语言的大脑中枢既有共同处，又有显著区别（Gandour et al.，2004；Luo et al.，2006；Liu et al.，2006）。

此外，汉语母语者的阅读区在大脑中所处的位置与印欧语言（如英语）母语者相比也有明显的不同。负责工作记忆和视觉空间加工的左脑额中回主管汉语，而主管英语的左脑后部颞顶区在汉语加工中作用很小。如果左脑额中回活动异常，则会造成汉语的阅读障碍，而左脑后部颞顶区的异常并不影响对汉语的加工（Siok，Perfetti，Jin and Tan，2004；Siok，Niu，Jin，Perfetti and Tan，2008；Siok，Spinks，Jin and Tan，2009）。

综合以上研究我们可以看出，不同的语言类型对大脑中语言的功能分区有显著的影响，大脑对声调语言和非声调语言的处理机制有所差异。因此，对语言机制的研究一定离不开语言学家和神经生理学家的协同合作。对于汉语普通话而言，对声调调位的习得是婴幼儿音位范畴习得过程中必不可少的一部分。

（三）短时记忆与长时记忆

对知识的掌握（如对语言的习得）与大脑对知识的存储密不可分，而记忆是大脑存储知识的核心手段。人们对记忆机制的探索最早可以追溯到 Ebbinghaus（1885）的研究。Ebbinghaus（1885）通过研究自己对无意义音节的记忆过程发现，在学习的开始阶段总会有一段短暂的掌握期，或者称作瞬时记忆（Immediate Memory），但是这种短暂的对知识的掌握并不能保证知识被记住并在之后被回忆（Recall）起来。James（1890）将记忆划分为初级记忆（Primary Memory），即在当前意识下形成的对少量信息的掌握，以及高级记忆（Secondary Memory），即对大量信息的长期掌握。其中，James（1890）所描述的初级记忆与 Ebbinghaus（1885）所描述的瞬时记忆类似。

在 Atkinson 和 Shiffrin（1968）提出的双重存储理论（Dual-store Theory）中，他们将记忆划分为短时记忆（Short-term Memory）和长时记忆（Long-term Memory）。他们将短时记忆看作一个缓存器（Buffer），将长时记忆看作知识的长期存储器。当一个知识出现时，它会首先被存储在短时记忆中。但由于缓存器在记忆空间和存储时间上的限制，当新知识出现时，短时记忆中的旧知识就会被新知识所替代。在这一过程中，知识每一次在短时记忆中的出现都会强化它与长时记忆存储之间的联系；类似的，知识在短时记忆中存在的时间越长，它与长时记忆存储之间的联系也会越强。基于 Atkinson 和 Shiffrin（1968）的研究，Cowan（2008）进一步指出，短时记忆和长时记忆的区别主要包括时长（Duration）和容量（Capacity）两方面。时长方面的区别是指，随着时间的推移，短时记忆中所存储的知识会逐渐地衰减（Decay）；容量方面的区别是指，短时记忆所能存储的知识的数量是有限的，当存储空间不足时，旧知识就会被新知识所替代。关于短时记忆和长时记忆之间的关系，学界并未形成定论。Waugh 和 Norman（1965）认为，人们对短时记忆和长时记忆的存储是相互独立的，而 Baddeley 和 Warrington（1970）则认为二者是相互支撑的。

在本研究中，我们将通过神经计算模型模拟婴幼儿在语言习得初期对语言知识的存储和表征。虽然研究者们对短时记忆和长时记忆之间的关系以及大脑对记忆存储的机制还有许多争议，但我们认为这其中有两点内容可以达成共识。第一，婴幼儿在习得语言的过程中必定要应用到短时记忆和长时记忆的加工和存储机制；第二，长时记忆的形成是源自大脑对短时记忆的处理和学习。基于以上共识，我们会将短时记忆和长时记忆的基本机制应用到对语言习得的建模中。对记忆机制等相关问题更为详细的探讨，可参看 Cowan（2008）的研究。

第三节　婴幼儿音位习得研究综述

一　音位范畴习得研究

人们对婴幼儿语言习得机制的了解大多来自行为实验和跟踪研究。研究者通常采用长期跟踪的方法，纵向跟踪婴幼儿的整个语言发展过程。婴幼儿对音位的习得主要涉及辅音和元音，刘文理等（2008）很好地总结了经典研究中对婴幼儿习得母语辅音和元音音位范畴的研究情况。除此以外，对于汉语普通话这样的声调语言来说，对声调的习得也是语言习得中十分重要的一环。汉语的声调可以区别词汇的意义，与辅音和元音音位的对立一样，也存在调位的对立。人们对音位习得的研究热点主要集中在音位的辨认区分能力、习得的顺序以及产出的偏误等方面。李嵬等（2000）指出，婴幼儿对声调的习得>音节尾辅音/元音的习得>音节首辅音的习得（">"代表早于）。下面我们将分别介绍声调习得、元音习得和辅音习得研究的基本现状。

（一）声调的习得

Mattock 等研究者（Mattock, Molnar, Polka and Burnham, 2008; Mattock and Burnham, 2006）通过对泰语的声调感知研究发现，周围语言环境为英语和法语的 6 个月大的婴幼儿可以区分声调对立，例如升调和降调的对立、高调和低调的对立。Lei（2007）指出，

6—8个月大的粤语母语婴幼儿可以区分粤语中的阴平［55］（高平调）和阳去［22］（低平调）两个调位。在语言习得初期，即便婴幼儿不能胜任对所有语言中所存在的调位的感知任务（Harrison，2000），但是他们对语言中存在的声调还是具有普遍的感知能力。

对汉语普通话母语者的声调研究表明，词汇声调信息的表征对母语者而言是独立的，不依附于声母、韵母等音段信息（周晓林、汪默、庄捷，2001；武宁宁、舒华，2003）。因此，从语言模式二重性的角度来看，我们可以将声调看作一个与元音和辅音类似的不具有独立意义的元素单位，实现对该理论在声调语言中的拓展。

在对汉语普通话婴幼儿语言发展的大量研究中，研究者普遍认为婴幼儿对声调的习得要早于对元音和辅音的习得（李嵬，等，2000；Zhu，2002）。李嵬等（2000）观察了129名1岁半至4岁半的普通话婴幼儿的口语语料，他们的发现，婴幼儿在1岁半时就已经很少产生声调偏误了。因此，李嵬等（2000）认为，普通话婴幼儿对声调的习得在1岁半以前就已经基本完成。张云秋（2014）通过对单个婴幼儿的长期跟踪观察发现，婴幼儿在1岁半时就已经习得了普通话的四个声调。而刘春燕（2004）通过跟踪观察上海地区10名18—23个月的普通话婴幼儿的语音产出情况指出，在观察单独发音时，可以认为婴幼儿的声调习得完成较早，但如果在连续音节和语流中进行考察，则发现婴幼儿在2岁时仍会出现许多声调替代偏误。Gao和Li（2018）也指出，2岁的婴幼儿仍然存在13%的声调偏误，而声调的稳定习得要推迟至3岁半以后。我们认为，普通话婴幼儿对声调的习得受多方面因素的制约，除声调本身的声学特点以外，还与声调的协同发音（Chen，2000）以及普通话中的连读变调、轻声等声调现象有关。张云秋（2014）也指出，婴幼儿要到接近5岁时才能完全自如地运用普通话中的连读变调。

关于汉语普通话声调的习得顺序，研究者普遍认为阴平和去声较早，阳平和上声较晚。Li和Thompson（1977）通过对1岁半至3岁的婴幼儿的语音产出进行跟踪研究，发现阴平和去声的习得比较容易，要早于阳平和上声的习得。Zhu（2002）通过跟踪研究指出，婴幼儿最先习得阴平，之后是去声，最后是阳平或上声，其中婴幼儿对上声的习得最为困难。杨娎（2006）通过观察 12—25 个月的汉语普通话婴幼儿的语音产出发现，阴平最早习得，然后是去声和阳平，最后是上声。张云秋（2014）指出，阴平最容易习得，上声最难习得，阳平习得发展不稳定，而去声习得发展较为稳定。Gao 等（2017）通过对约 4000 名 1 岁半至 6 岁儿童的研究（Gao, Li, Xiong, Shen and Pan, 2013）指出，去声最易习得，阴平和阳平次之，上声最难习得。

综合来看，受连读变调等复杂因素的影响，在语言习得早期，婴幼儿对单字词中声调的掌握程度要好于多字词或句中词汇的声调。

（二）元音音位的习得

通常情况下，婴幼儿对元音的习得略早于辅音。Kuhl 和 Miller（1982）利用高振幅吮吸法（High-Amplitude Sucking，HAS）证明，4—16 周大的婴幼儿就可以对语言中的元音对立进行区分，例如 [a] — [i]、[i] — [u]，以及 [i] — [ɪ]。但是在 6—9 个月大时，婴幼儿对母语中不存在的元音对立的区分能力会逐渐下降（Polka and Werker, 1994）。Kuhl 等（1992）认为，婴幼儿在 6 个月大时就已经开始以母语系统的特性对元音进行组织了。也就是说，在 6 个月大时，婴幼儿对元音音位的感知就已经开始在一定程度上体现出成人母语的内部结构特点了。

关于元音的习得顺序，研究者普遍认为单元音和双元音的习得要早于多元音的习得。李嵬等（2000）指出，1 岁半的婴幼儿就已经可以基本正确地发出普通话中主要的单元音了，但他们却经常会将三合元音缩减为二合元音，将二合元音缩减为单元音。张云秋（2014）指出，婴幼儿在 2 岁左右习得单元音，3 岁左右习得二合元音，而婴幼儿对卷舌元音 [ɚ] 的习得要到 3 岁半左右，对舌尖元音（[ɿ]、[ʅ]）的习得则要到 5 岁以后。刘春燕（2004）指出，舌面元音的习得>舌尖后元音［ʅ］的习得>卷舌元音［ɚ］的习得>舌尖前元音［ɿ］的习得（">"代表早于）。综合上述研究，元音习得的基本顺序为舌面元音>卷舌元音>舌尖元音（司玉英，2006）。基于以上研究情况，在语言习得早期，婴幼儿对舌面单元音的掌握程度要优于其他元音。

（三）辅音音位的习得

婴幼儿辅音感知的研究以 Eimas 等（1971）为开端。他们使用高振幅吮吸法，观察了新生儿（1 个月）对［ba］和［pa］的范畴化区分能力。其研究结果证明新生儿具有区分辅音范畴的能力。在该研究之后，相关实验研究表明，2 个月左右的婴幼儿既可以区分发音部位不同的辅音对立（Levitt，Jusczyk，Murray and Carden，1988），也可以区分发音方法不同的辅音对立（Miller，1983）。综合来看，婴幼儿在出生后不久便可以感知人类语言中的许多辅音对立。

李嵬等（2000）指出，在婴幼儿对辅音的习得中，有一些辅音从第一次产出到被熟练掌握几乎是同步的（如［t］、［m］和［p］），而有些辅音则需要较长的时间才能稳定下来（如［tɕ］、［tɕʰ］和［s］）。据李嵬等（2000）观察，婴幼儿大概在 1 岁半至 2 岁之间就可以习得［t］和［m］，在 2 岁至 2 岁半之间习得［n］，2 岁半至 3 岁之间习得［p］、［tʰ］、［f］、［x］和［ɕ］，3 岁至 3 岁半之间习得［k］、［kʰ］，3 岁半至 4 岁之间习得［pʰ］，而更多的塞擦音则需要在 4 岁以后才能逐渐被习得。张云秋（2014）的个案研究表明，婴幼儿在 2 岁习得［m］和［t］，2 岁半习得［p］、［pʰ］、［tʰ］和［ɕ］，3 岁习得［tɕ］、［k］和［kʰ］。司玉英（2006）和张云秋（2014）共同指出，由发音方法来看，塞音的习得最早，塞擦音的习得最晚，不送气音早于送气音；由发音部位来看，双唇音最早，舌尖音和舌尖后音最晚；由音节位置来看，音节尾辅音（辅音韵尾）的习得要早于音节首辅音（辅音声母）。基于以上研究情况，在语言习得早期，婴幼儿对塞音的掌握程度要优于其他辅音。

二 音位范畴的建立与母语音系的形成

在语言习得初期，婴幼儿的语言习得重点是语音，他们采用的是 Werker 和 Logan（1985）提出的听觉处理和语音处理机制。在语音学习之后开始并与语音学习同时进行的，是对词汇语义的学习。随着音位感知处理机制的介入，词汇学习对婴幼儿音位范畴的建立具有十分重要的影响。当婴幼儿在语音和语义知识之间建立充分联系之后，他们的母语音系便逐渐形成（Eckers, Kröger and Wolff, 2012）。

行为实验研究表明，18—20 个月大的婴幼儿有能力区分语音形式相近的陌生词（Werker, Fennell, Corcoran and Stager, 2002）。Mills 等（2004）通过脑电研究从神经处理机制层面进一步验证了 Werker 等（2002）的行为实验研究。Mills 等（2004）使用脑电实验分别研究了 14 个月和 20 个月大的婴幼儿对语音上相似的词的感知情况。研究结果显示，14 个月大的婴幼儿在听到熟悉的词"bear"（熊）时与听到假词"kobe"时的脑电信号模式是不一样的；但当他们听到语音形式与"bear"相近的假词"gare"时，却显示出与听到"bear"时相似的脑电信号模式。这说明 14 个月大的婴幼儿在处理词汇意义信息时并不会注意语音层面的细节信息，所以将语音形式相似的假词（gare）当作熟悉的词（bear）了。而面对同样的任务，20 个月大的婴幼儿在听到这三个词的时候所反映出的脑电信号模式各不相同。这说明 20 个月大的婴幼儿可以利用语音上的细节信息来区分词汇的意义。

相关的研究表明，7—9 个月大的婴幼儿在分词（Word-segmentation）任务（Jusczyk and Aslin, 1995）和词汇区分（Word-discrimination）任务（Stager and Werker, 1997）中可以轻松地区分语音形式相似的词；类似的，17 个月大的婴幼儿在词汇学习任务（Plunkett, Bailey and Bryant, 2000）或误读检测（Mispronunciation-detection）任务（Swingley and Aslin, 2000; Swingley, Pinto and Fernald, 1999）中也都可以轻松地区分词汇间在语音上的细小差异。

然而就在这两个年龄段之间，婴幼儿在学习词汇的过程中会混淆语音上相似的词（Eilers and Oller，1975；Stager and Werker，1997）。Werker 等（2002）认为，在这一时期，婴幼儿正处在逐渐由识别词向将词与物体或事件进行联系的转变过程中，是一个与知觉重组类似的功能重组（Functional Reorganization）过程（Stager and Werker，1997）。

综合考虑以上研究，我们认为，婴幼儿在语言发展中的这一段对语音细节的不敏感期恰是他们形成母语音系的重要时期。在这个时期，婴幼儿将精力放在学习词汇本身的意义上，而忽略了语音的细节（Stager and Werker，1997），是由语音处理向音位处理转变的过渡期。当婴幼儿逐渐开始将词汇的意义与环境中的语音和事物进行关联时，他们便可以建立语义和语音信息之间稳定的对应关系，形成基于母语的音位处理感知能力，进而可以区分语音上相近但意义不同的词。也就是说，语义加工对正确感知音位范畴发挥着十分重要的作用。当婴幼儿将词汇的语义知识与语音知识充分且正确地联系起来时，他们便会形成语言相关的音位处理感知能力，习得母语的音位范畴，进而形成母语音系。由此来看，基于语言模式二重性理论所确立的音位、语素和词汇语义的层级结构，恰好可以合理地关联各语言处理层级，并很好地反映大脑对语音信息和语义信息的加工机制。

第四节 研究思路

一 研究方法的选择

通过以上对婴幼儿音位习得研究的梳理，我们发现在相关研究中，研究者主要采用行为实验的方法来探究婴幼儿的母语习得机制及婴幼儿语言系统的发展过程。行为实验的数据源自真实场景，研究者可以通过观察婴幼儿对语言刺激的反应、记录分析婴幼儿的言语产出、观察婴幼儿完成特定语言学任务时的表现等方式，真实直观地了解婴幼儿在语言习得中所产生的各种语言学现象。但是，由于研究者很难通过行为观察手段直接了解婴幼儿的思维和感受，行为实验存在一些局限性。首先，行为实验不容易反映婴幼儿对信息的加工过程，即思维过程。在行为实验中，研究者观察到的往往是婴幼儿对信息的加工结果。一方面，研究者很难观察到婴幼儿从接受语言刺激到产出行为之间所经历的信息处理过程；另一方面，研究者很难观察到婴幼儿从想表达某个意思到最终产出语言之间所经历的信息处理过程。其次，行为实验不容易反映婴幼儿对知识的存储和提取机制，即记忆过程。一方面，研究者很难观察到婴幼儿在语言习得过程中对语言知识的存储机制，以及相应知识在婴幼儿大脑中的表征形式；另一方面，研究者也很难观察到婴幼儿在言语产出过程中对语言知识的提取机制。

借助脑电（如事件相关电位，ERP）、脑磁等先进的脑成像技术，研究者第一次有机会真正地观测到大脑的"思维"活动。虽然国外的一些研究者已经率先采用脑成像技术开展婴幼儿语言习得研究（Mills et al.，2004；Rivera-Gaxiola，Silva-Pereyra and Kuhl，2005），并取得了具有说服力的研究成果，但受设备条件和被试条件的限制，将脑成像技术广泛应用到婴幼儿实验中还有很长的路要走。

随着语言学研究由单一学科向交叉性学科转变的趋势，计算机模拟技术已被越来越多地运用到语言习得的研究中。在语言学、心理语言学和神经语言学相关理论和研究的基础之上，利用计算机建模手段，研究者可以通过数学算法来模拟婴幼儿习得语言过程中所涉及的复杂神经处理机制，以及婴幼儿对语言知识的存储机制和表征方法。通过控制特定的实验参数或模型算法，研究者可以十分方便地模拟婴幼儿对特定任务的感知处理过程，进而探索该过程中所涉及的相关机制。与行为实验相比，计算机模拟实验具有高时效性和高可控性的特点，在婴幼儿语言习得研究中具有很强的理论和应用价值。

当然，计算机模拟实验也有一定的局限性。模拟实验能否较为真实地反映现实世界中的现象，依赖于人们对现实世界基本属性的了解程度。所以从这个角度来讲，语言学对语言本体的研究、心理语言学实验对婴幼儿语言习得现象的研究，以及神经语言学对语言系统与大脑构造和思维机制的研究，都是构建神经计算模型的必备基础。因此，计算机建模研究必须基于一定的假设。我们首先必须接受以上三方面研究中的一些事实并以相关理论作为基础，才有可能构建相对合理的神经计算模型。这看上去似乎是一个"鸡生蛋，蛋生鸡"的问题，实则不然。如前文所述，以上三方面研究的优势在于它们所提出的理论和所取得的研究成果都是基于对客观世界和真实现象的直接观察，这恰可作为神经计算建模研究的理论基础；而行为实验很难观测到的人脑思维机制和知识表征机制，又恰是神经计算建模研究可以利用算法去模拟实现和验证的内容。

综上所述，本研究将采用神经计算建模的方法来研究婴幼儿音位习得的问题。受现有理论认识的限制，本研究不求完全真实地模拟婴幼儿语言习得的过程。但是通过合理地利用语言模式的二重性等语言学理论，知觉重组、功能重组、范畴学习、统计学习、社交学习等心理语言学理论，以及大脑皮层的语言功能分区、各功能区之间的神经链接等神经语言学理论，我们希望借助计算建模的优势，在婴幼儿对语音和语义信息的加工过程以及对相应知识的存储和提取机制等方面获得新的发现。

目前比较成熟的神经计算模型主要有 DIVA 模型（Guenther，2006；Guenther, Ghosh and Tourville，2006；Guenther and Vladusich，2012）和 Kröger 语言处理模型（Kröger, Birkholz and Neuschaefer-Rube，2011；Kröger, Birkholz, Kannampuzha, Kaufmann and Neuschaefer-Rube，2011）。DIVA 模型中的前馈控制系统和反馈控制系统形象地描述了语音产出过程的神经机制，有助于研究者揭示婴幼儿习得发音运动控制的机制。但是，DIVA 模型主要关注对言语产

出机制的描写，没有涉及言语感知的模块和路径，也没有相应的对语音知识的存储模块。所以 DIVA 模型缺少对语音感知部分的系统性建模。此外，DIVA 模型也没有模拟婴幼儿对语义知识层级的加工和处理，忽略了语音加工和语义加工之间的协同作用。而 Kröger 语言处理模型则较好地模拟了言语感知和言语产出这两个过程在大脑中的工作机制，以及语言知识的存储机制。Kröger 模型通过语音模块、语义模块以及两个模块之间的映射链接，阐述了婴幼儿对语音知识和语义知识的习得机制以及两者之间的关联关系。但是在现阶段，Kröger 模型中对语音—语义接口的模型构想还停留在理论层面，并没有通过实际的建模实验予以验证。

本研究将采用计算机建模的手段研究和探讨婴幼儿习得和建立母语音位范畴的机制。我们将以 Kröger 语言处理模型的框架为基础，分别以标准德语和汉语普通话为目标语言，同时考虑婴幼儿习得语言过程中对语音信息和语义信息的感知和处理，以及对相应知识的存储，通过构建相应的语言习得模型，重点对音位（包括元音音位、辅音音位和声调调位）范畴的习得进行建模研究。通过对习得过程中语音信息和语义信息之间交互作用的模拟，我们将重点探讨语音信息和语义信息在婴幼儿音位习得过程中所发挥的作用，以及它们与建立母语音位范畴之间的关系。

二 研究目标

本研究的主要研究目标是探索语音信息和语义信息在婴幼儿音位习得过程中所产生的交互作用，以及二者与建立母语音位范畴之间的关系。本研究将以 Kröger 语言处理模型的框架为建模基础，构建婴幼儿语言习得的神经计算模型并设计相关的学习算法。为了能够较为真实地反映婴幼儿习得语言的基本情况，本研究对模型结构和学习算法的设计将以语言模式的二重性、知觉重组、功能重组、范畴学习、统计学习、社交学习等重要理论为理论依据，并以大脑皮层中语言功能区的神经功能、各功能区之间的神经链接等重要生理构造和神经机能为生理依据。通过采用神经计算模型模拟婴幼儿在习得语言过程中对语音信息和语义信息的处理以及两者之间的交互作用，我们希望利用模拟实验来探究婴幼儿音位范畴习得中的相关问题。

三 研究对象的界定

语言是一个十分复杂的系统，习得一门语言需要掌握多方面的能力，例如对发音器官的控制和感受、对语音信号的感知和处理、对语义信息的加工和理解、对句法知识的掌握、对句子结构和篇章结构的分析等。婴幼儿对语音的感知和对母语音位范畴的建立是习得母语更高层级知识的基础。因此，本研究重点关注的是婴幼儿在语言习得早期建立母语音位范畴的过程。在这个过程中，我们只关注婴幼儿对语音声学信息和词汇语义信息的加工处理，该过程所涉及的对其他信息（如发音动作控制）的学习不在本研究的讨论范围之内。我们需要特别强调的是，在语言习得早期，婴幼儿并不具备利用母语音系知识区分语音对立的能力，因为音系知识是早期语言习得的结果，而不是早期语言习得的前提或基础(Eckers, Kröger and Wolff, 2012)。因此我们不会将音系特征（区别特征）作为描写语音特征的基础。

我们可以将语言系统分解为三个维度，即意义维度、结构维度和形式维度（如图1-4中坐标系所示）。结构维度可以包含音位、音节、词、句子等，形式维度可以包含声学特征、发音特征、字形特征等，意义维度可以包含词汇语义、句子语义、篇章语义等。本研究对音位范畴习得的探讨并未覆盖整个维度空间，我们将以由音节（结构）、声学特征（形式）和词汇语义（意义）所构成的三角平面（如图1-4）为切入点，通过对特定对象的研究来初探婴幼儿音位范畴习得的机制。

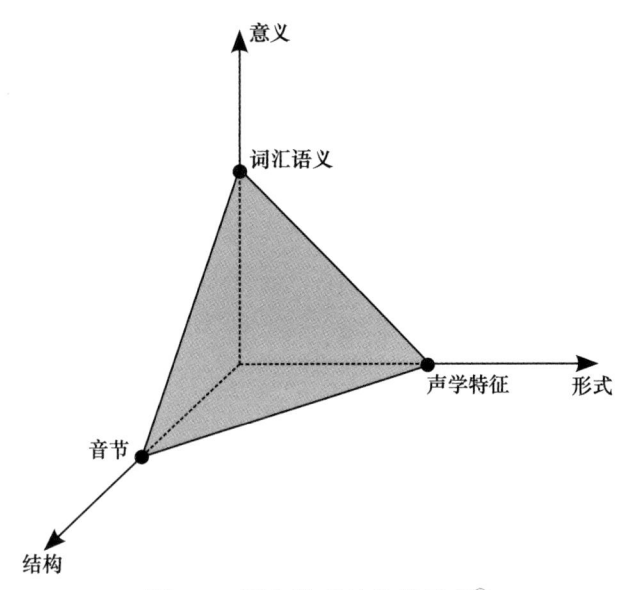

图 1-4　语言体系结构的示意①

在结构维度，我们将音节作为研究单位，因为音节是最小的表意单元，既可满足我们模拟语音信息和语义信息处理的建模需求，又具有最简单的结构，可以简化建模任务。本研究所采用的音节全部是单音节结构，以 CV 音节为主（其中 C 代表辅音，V 代表元音）。如本章第三节所述，在语言习得早期，婴幼儿对塞音的掌握程度要优于其他辅音，对舌面单元音的掌握程度要优于其他元音，而对单字调的掌握程度要优于连读调。因此在建模研究中，音节的辅音构成以塞音为主，元音构成为舌面元音，声调构成则为普通话的四个声调。在形式维度，我们将原始的声学特征作为音节语音形式的体现，因为在言语感知中，语音的声学特征是最基础也是最重要的刺激输入。本研究所采用的声学特征包括辅音和元音的频谱特征以及声调曲线的基频值。在意义维度，我们将词汇语义作为音节意义的

---

① 虽然图 1-4 中所表示的语言形式、意义和结构之间为正交关系，但我们认为，在语言系统中，语言的形式、意义和结构之间并非简单的对应关系，三者是相互作用相互影响的。受图形绘制的限制，我们无法在图中所示的层面表达这一层意思，特此说明。

体现。一个语音音节（或多个语音音节）的意义对应的是词层面的词汇语义。由于本研究采用的是单音节结构，而真实语言中并不只包含单音节词，所以在模拟过程中，我们将在音节的形式和意义之间做一些必要的匹配工作。

本研究采用的语音—语义关系是最基本的对应关系，既不涉及多音词，也不涉及多义词。不涉及多音词是指，实验语料中的每一个词只对应唯一的语音形式（如"路"—[lu^{51}]），而"露"—[lu^{51}]/[lou^{51}]这种可能同时对应多个语音形式的多音同义词，则不在本研究的考虑范围之内。不涉及多义词是指，实验语料中的每一个词只对应一个核心意义，即我们将每个词的基本义作为该词所对应的语义。例如"打"[ta^{214}]在《现代汉语词典》（第七版）中作动词讲有24个义项，作介词讲有1个义项，而我们只选择基本义项，即"用手或器具撞击物体"，作为"打"[ta^{214}]所对应的核心语义。

四 研究步骤

首先，我们将在Kröger语言处理模型的基础上对语音—语义接口的模型思想进行建模实现，构建联结可扩展的自组织神经网络模型（I-GSOM）。在I-GSOM模型的基础上，我们将对语言模式的二重性理论进行建模实现，构建基于语言模式二重性的网络模型（DI-GSOM）。在建模过程中，我们将同时设计相关的自组织网络结构及训练算法，使模型可以较好地模拟音位习得过程。

本研究共设计了两个模拟实验。第一个实验是标准德语音位习得的模拟实验，基于I-GSOM模型。这一模拟实验以Kröger的相关研究为基础，因此实验采用标准德语的语音和语义材料作为模型的训练数据。该模拟实验的主要目的是检验I-GSOM模型的合理性，并初探语音信息和语义信息与音位习得之间的关系。第二个实验是汉语普通话音位习得的模拟实验，基于DI-GSOM模型。这一模拟实验将采用标准英语（Received Pronunciation）的语音材料和汉语普通话的语音及语义材料作为模型的训练数据。实验中，我们将利用标准英语数据和部分汉语普通话数据构建一个普遍模型,以模拟在语音刺激的激活下,婴幼儿出生后所具备的对语言的普遍感知能力[①]。我们选择标准英语是因为:标准英语中存在元音的长—短(或紧—松)对立,而汉语普通话中则没有;标准英语中存在爆发音的清—浊对立,不存在爆发音的送气—不送气对立,而汉语普通话则恰好相反。因此,一方面,采用标准英语和汉语普通话数据构建的普遍模型可以在一定程度上反映婴幼儿对语言的普遍感知能力;另一方面,我们预期,经过对母语(汉语普通话)的学习,模型可以反映出知觉重组的过程,即婴幼儿对元音长—短和辅音清—浊的区分能力减弱,对辅音送气—不送气的区分能力继续保持甚至增强。

第五节 章节组织结构

本书共分为八章。在这一章,我们首先介绍了研究背景,提出了研究问题。我们拟采用计算机建模的手段,研究并探讨婴幼儿习得和建立母语音位范畴的机制。之后,我们按本研究所涉及的三个领域(语言学、心理语言学和神经语言学)综合介绍了相关的理论基础。本研究对模型和学习算法的设计将以语言模式的二重性、知觉重组、功能重组、范畴化学习、统计学习、社交学习等重要理论为理论依据,并以大脑皮层中语言功能区的神经功能、各功能区之间的神经链接、记忆的存储和加工机制等重要生理构造和神经机能为生理依据。我们还概述了婴幼儿音位习得的相关研究。基于行为实验研究所得出的音位习得顺序,我们将本研究所涉及的辅音音位主要限定为塞音,元音音位限定为舌面单元音,声调调位限定为

[①] 本研究中,我们所模拟的婴幼儿对语言的普遍感知能力,是对标准英语和汉语普通话中所含部分音位的感知能力。受实验数据和条件所限,我们只以婴幼儿对这两种语言的普遍感知能力来模拟他们对世界大多数语言的感知能力。在以后的研究中,我们可以加入更多语言的数据,以模拟更加普遍的感知能力。

普通话的四个单字调。最后，我们提出了本研究拟采用的研究方法，阐述了本研究的主要研究目标，界定了本研究的研究对象，并说明了拟采用的研究步骤。

　　第二章，将综述与语言处理相关的神经计算模型研究，着重介绍本研究的模型基础——Kröger 语言处理模型，并指出现有模型研究的空白。第三章，将阐述本研究所提出的语言习得模型的设计思路和模型的结构框架，详细介绍联结可扩展的自组织神经网络模型（I-GSOM），和在 I-GSOM 基础上构建的基于语言模式二重性的网络模型（DI-GSOM）。第四章，将主要介绍标准德语及汉语普通话音位习得模拟实验的语料信息，并对语料数据进行分析，提出语音和语义特征的表征方法。第五章，将在自组织网络（SOM）的基础上详细介绍改进的可扩展的自组织网络算法，以及模拟相关学习机制的思路。第六章，将采用 I-GSOM 模型对标准德语音位的习得进行模拟实验。该实验一方面将实现并验证 Kröger 模型的语音和语义处理模块，检验 I-GSOM 模型框架的合理性，以及相应自组织网络训练算法的有效性；另一方面，将初步探究语音和语义之间的交互作用对音位范畴习得的影响。第七章，将采用 DI-GSOM 模型对汉语普通话的音位习得进行模拟实验。该实验将分三个阶段详细模拟婴幼儿语言习得早期的发展过程，探讨知觉重组、功能重组以及语义知识对音位范畴习得的约束作用。第八章为结论及展望部分，将总结本研究的主要结论并对未来的研究方向提出展望。

第 二 章

神经计算模型研究概述

通过第一章对婴幼儿音位习得研究的梳理，我们发现在相关研究中，研究者主要通过行为实验来探究婴幼儿的母语习得机制以及婴幼儿语言系统的发展过程。由于实验方法的局限性，研究者很难了解婴幼儿对语言信息的加工过程（包含感知和产出路径）、婴幼儿对语言知识的存储和表征，以及知识的提取机制。然而，利用计算机建模手段，在一定的语言学、心理语言学和神经语言学理论和研究的基础上，我们可以通过数学算法来模拟婴幼儿习得语言过程中所涉及的复杂神经处理机制，以及婴幼儿对语言知识的存储机制和表征方法。通过控制特定的实验参数或模型算法，我们可以十分方便地模拟婴幼儿对特定语言学任务的感知处理过程，进而探索相应过程中所涉及的相关处理机制。

在这一章中，我们将详细介绍神经计算建模在语言学研究中取得的研究成果，并提出本研究建立语言习得模型的切入点。我们将首先介绍模块化理论和联结主义理论，它们是构建神经计算模型的基本依据。然后，我们将简述现有研究所提出的神经计算模型在语言处理应用中的研究情况，并介绍目前比较成熟的DIVA模型和Kröger语言处理模型。通过分析现有建模研究的空白，我们将提出本研究在建模过程中重点关注的问题。

第一节 模块化理论与联结主义理论

在乔姆斯基语言能力理论（Chomsky，1957，1965，1981）的影响下，传统的认知语言学派将大脑视为处理符号表征（Symbolic Representations）的机器（Newell，1980）。这种将人脑比作机器的思想与模块化理论（Modular Theory）不谋而合。人们对大脑功能模块化的研究最早可以追溯到 19 世纪初。Gall 和 Spurzheim（1809）提出的颅相学（Phrenology）尝试将颅骨表面的凸起和凹陷同大脑功能的分区进行对应。但这种思想显然是缺乏科学依据的。直到 20 世纪中后期，Fodor（1983）对模块化理论做出了详细的阐述。该理论被认为是对乔姆斯基理论的完备解释。Fodor（1983）认为大脑是由许多功能模块构成的，这些模块可以被看作是调节外围知觉信息与高级语言处理之间的处理器或感受器。Fodor（1983）指出，每个模块只负责特定领域的功能且相互独立。模块化理论限定了各个模块之间不能同时互动，并且模块化理论对语言信息处理的描述是一个由底层到高层的顺序处理过程，即语音、语义、句法等模块之间不能相互作用（李平，2002）。Ingram（2007）则更是把模块化理论的语言处理流程比作巧克力工厂的生产线。然而，大脑对信息的处理所采用的显然不是简单的串行工作模式，对多维信息的综合并行处理能力（如角回对多模态信息的处理能力）是使人脑有别于机器的根本。在这方面，Rumelhart 和 McClelland（1981，1986）提出的联结主义理论（Connectionism Theory）是对模块化理论最直接的挑战。

联结主义理论认为，对知识的描述应采用分布式的表征（Distributed Representation）。也就是说，一个概念是由多个特征元素联合进行表达的。例如用语义特征项来表征词汇的意义，用共振峰特征、基频值、时长等语音特征项来表征词汇的语音特性等。因此，在联结主义所描绘的神经网络结构中，神经元节点所存储的知识是一系列用于表征概念的特征，而不是具体的概念本身。神经网络对知识的掌握体现在特征到概念的映射关系上，而不是对概念的一对一存储。因此联结主义理论认为，神经网络中并不存在对知识的明确表征，知识是通过网络中神经元所学到的特征浮现出来的。

　　联结主义理论与模块化理论的另一点不同在于对知识学习过程的认识。联结主义理论认为乔姆斯基提出的规则系统可以有效地描写知识本身，但却不能描写知识的学习过程（李平，2002）。联结主义理论把对知识的学习看作是学习分布式表征的过程。也就是说，学习不是基于规则的过程，而是通过调节神经网络中神经元之间的权值（Weight）关系来实现的。神经元的权值决定了该神经元对所有分布式特征的激活程度，而特征激活程度的不同则综合决定了神经元所表征的不同概念。学习过程中，网络中的神经元通过调整权值，最终学到恰当的分布特征表征模式，达到学习知识的目的。与传统的认知理论相比，联结主义理论有较强的"生理合理性"（Biological Plausibility）[①]，神经元节点、神经元的激活、神经元的抑制、神经元网络的联结、权值的调整等概念，都能在人脑中找到直接的对应（李平，2002）。

　　通过对模块化理论的讨论，我们认识到，在语言处理模型中，我们可以运用处理模块去模拟大脑中相应的语言处理功能，例如运用语义模块模拟大脑对语义信息的处理，运用听觉模块模拟大脑对听觉信息的处理等。与此同时，联结主义理论告诉我们，各模块之间应该协同工作，并且模型应采用分布式的表征去描写知

---

　　① 李平在原文中将 Biological Plausibility 译为"生理可解性"。我们认为译成"生理合理性"更为恰当。

识的特征，并通过习得表征和概念的映射关系来习得知识，而不是对概念进行直接的一对一存储。因此我们认为，模块化理论和联结主义理论并不是截然相对的，它们之间应该是互相补充的关系。模块化理论和联结主义理论是我们构建神经计算模型共同的设计基础。

第二节　定量的神经计算模型

为了探讨大脑中不同功能区在言语产出和言语感知中所发挥的作用，相关研究者进行了多方位的研究。例如，Wise 等（1999）对大脑中控制发音器官的区域进行了研究；Riecker 等（2005）借助 fMRI 手段揭示了在大脑皮层中实际存在两个控制言语产出动作的区域；Hickok 和 Poeppel（2007）研究了语言处理所涉及的大脑皮层区域。然而，人们对于各个大脑区域在语言习得、言语感知及言语产出中所发挥的神经生理机能的了解还十分有限。在模块化理论和联结主义理论的启发下，相关研究者提出了许多定量的神经计算模型，并尝试通过模拟实验从一定程度上解释语言处理的神经机制。McClelland 和 Elman（1986）提出的 TRACE 模型模拟了言语感知过程中大脑对语音信号的实时处理机制，揭示了词汇识别的时间效应、词汇对音位感知的作用以及词汇对分词断句的作用。Li 等（2004）提出的 DevLex 模型模拟了儿童早期的词汇发展。Garagnani 等（2008）和 Wennekers 等（2006）的研究在 Hebbian-learning 模型的基础上模拟了语言习得早期，婴幼儿学习在言语动作控制和言语感知之间建立联系的过程。在众多模型中，综合涉及语言处理和语言习得的并不多，以 DIVA 模型（Guenther，2006；Guenther，Ghosh and Tourville，2006；Guenther and Vladusich，2012）和 Kröger 语言处理神经模型（Kröger，Birkholz and Neuschaefer-Rube，2011；Kröger，

Birkholz，Kannampuzha，Kaufmann and Neuschaefer-Rube，2011）最具代表性。

一 DIVA 模型

DIVA（Directions Into Velocities of Articulators）模型是一个自适性神经网络（见图2-1）。通过训练学习，模型可以掌握如何通过控制发音器官的运动来产生语音（如音位、音节或词汇的语音形式）。模型由前馈控制系统（Feedforward Control System）和反馈控制系统（Feedback Control System）两部分组成。前馈控制系统控制语音产出的指令，而反馈控制系统则负责错误纠正。因此，DIVA 模型同时涉及由高层到底层的处理和由底层到高层的处理。在言语产出过程中，模型中语音网络（Speech Sound Map）内的神经元首先被激活，然后由此产生的动作控制信号通过前馈控制系统到达发音运动控制网络（Articulator Velocity and Position Maps），控制发音器官产出语音。这一过程模拟了语言运动控制中枢布罗卡区对发音动作的规划，以及运动皮层对发音动作的控制。语音产出以后，模型会通过反馈控制系统捕捉到声学和发音状态，再通过与声学目标和发音目标的比对找出声学误差和发音误差。之后，模型再将这些误差输入至反馈控制网络（Feedback Control Map），通过反馈控制系统对发音器官的运动进行纠正。这一过程模拟了语言感觉中枢韦尼克区对声音的感知、躯体感觉皮层对发音器官触觉反馈的感知，以及弓状束在韦尼克区和布罗卡区之间所发挥的联结作用。通过重复上述过程，模型最终会使产出的语音尽可能地向语音目标靠近，从而习得发音动作的控制参数。DIVA 模型中的前馈控制系统和反馈控制系统形象地描述了语音产出过程的神经机制，具有较强的生理合理性。

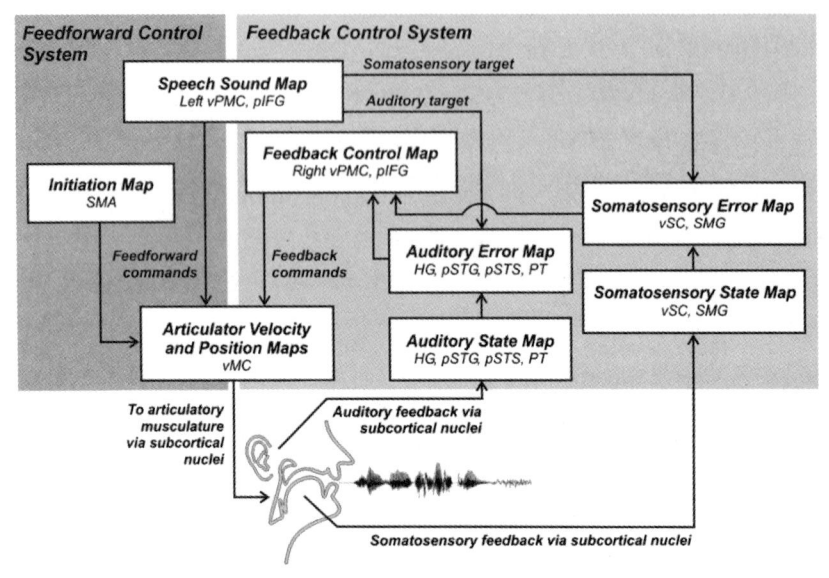

图 2-1　DIVA 模型的结构和各组成模块的示意
（Guenther and Vladusich，2012）

但是，DIVA 模型并没有涉及语音感知的模块和路径（如对外界语音刺激的感知和加工），也没有相应对语音知识的存储模块（如对音位知识的存储），所以 DIVA 模型缺少对语音感知部分的系统性建模。此外，DIVA 模型也没有模拟婴幼儿对语义知识的加工和处理，因而只局限于对语音和发音机制的研究，忽略了语音加工和语义加工之间的协同作用。因此，DIVA 模型的贡献更多的是对语音产出机制的描写，但尚不能模拟婴幼儿在习得语言过程中对语音刺激的感知机制、对语音知识的加工和存储机制、对词汇语义信息的加工机制以及语音加工和语义加工之间的交互作用。

二　Kröger 语言处理模型

与 DIVA 模型不同，Kröger 语言处理模型（见图 2-2）更关注知识的学习过程及存储方式。Kröger 模型借鉴了 DIVA 模型的前馈控制系统和反馈控制系统结构,同时也通过加入外部说话者（External Speaker）的输入以及各模块之间的双向通路,填补了 DIVA 模型在模拟感知路径方面的不足。另外,Kröger 模型引入了语义知识的存储和处理模块,模拟了语音感知和产出在更高层级（语义层级）的加工。

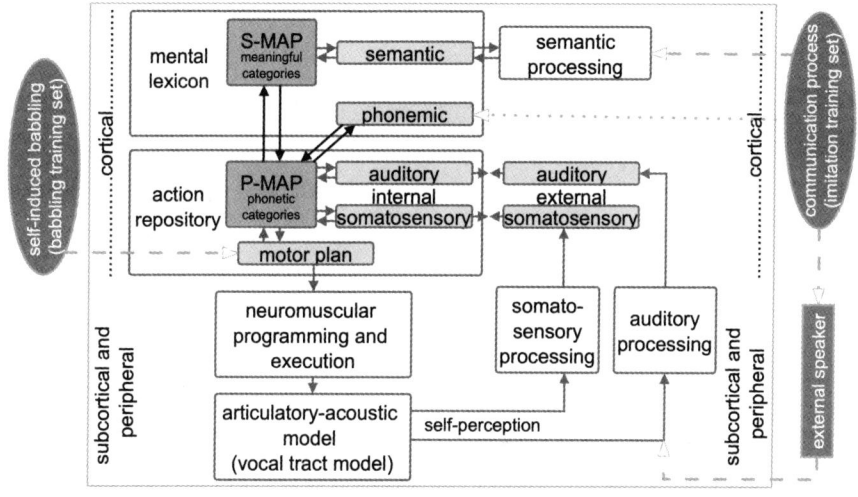

图 2-2　Kröger 语言处理模型的结构和各组成模块的示意
（Eckers,Kröger and Wolff,2012）

Kröger 模型可以被划分为两个主要部分,分别是感觉运动（Sensorimotor）部分和认知词汇（Cognitive Lexical）部分。

感觉运动部分由语音运动知识库（Action Repository）、发音声学控制模型（Articulatory-acoustic Model）以及这两部分之间的前馈和反馈路径组成。模型采用神经网络来模拟语音运动知识库的核心部分。网络中的模型神经元（Model Neuron）用来抽象地模拟大脑皮层中处在同一范围内的神经元[①],而每一个模型神经元都代表了所学目标语言中的语音知识。Kröger 模型将感觉运动部分的核心神经

---

① 相关内容请参看第五章第二节对自组织神经网络生理合理性的讨论。

网络定义为语音网络（P-Map）。该神经网络负责存储和处理语音相关的知识（如声学、发音等），是对学习结果和长时记忆的表征。语音网络与内在的（Internal）听觉（Auditory）特征网络、体感（Somatosensory）特征网络和运动规划（Motor Plan）模块通过映射链接彼此联结。在这些网络中，相应的听觉表征、体感表征和运动规划表征只会在特定的时间窗内被激活（受到语音刺激时；对于单音节而言约为几百毫秒）。这些网络中所存储的表征被认为是短时记忆的一部分。在习得语言的过程中，通过对外在的（External）语音表征和体感表征的学习，模型会调整语音网络与内在的听觉特征网络、体感特征网络和运动规划网络之间映射链接的权值，以对语音网络的知识表征进行调整，进而学会相应的语音知识。在此模型框架的基础上，Kröger 等（2009，2007）分别对语音的习得和发音动作的习得进行了建模研究，验证了模型中相应模块的合理性。关于 Kröger 模型中各模块验证性实验研究的介绍，可参看 Kröger 等（2014）以及 Kröger 和 Bekolay（2019）的相关研究。

  认知词汇部分的核心同样由一个神经网络构成，被称为语义网络（S-Map）。语义网络中的模型神经元代表所学到的词汇的语义特征，并且同样是长时记忆的一部分。语义特征网络通过映射链接与语义网络直接相连。语义特征网络用于表征所有用来定义词汇意义的语义特征。习得语义的过程中，语义特征网络首先被激活，在映射链接的作用下，语义网络中相应的语义模型神经元随即被激活，通过学习和调整映射链接的权值来掌握相应词汇的语义表征。

  在 Kröger 模型中，感觉运动部分的语音网络与认知词汇部分的语义网络之间通过双向的映射链接相互联结。也就是说，在习得语言的过程中，模型同时接收和处理语音及语义刺激，同时激活语音网络和语义网络。因此，语音网络和语义网络共同对词汇的语音和语义进行表征，联合构成模型对一个词的认知。两个网络之间的双向链接使语音知识特征的分布表征与语义知识的分布表征相互影响，形成相互关联的知识体系。Kröger 模型对认知词汇部分以及语音—语义接口的构想目前还停留在理论层面，并没有通过实际的建模实验予以验证。在本研究中，我们将在 Kröger 模型已有框架的基础上，同时考虑婴幼儿习得语言过程中对语音信息和语义信息的感知和处理，以及对相应知识的存储和表征。而且，我们将重点关注语音信息和语义信息之间的联结关系，并模拟二者之间的交互作用。

第三节　神经计算模型在语言研究中的应用

以上介绍的 DIVA 模型和 Kröger 模型是对语言处理过程较为全面的建模，注重从全局视角整体性地模拟语言处理机制，描写言语感知及言语产出过程所涉及的神经模块及神经路径。与此同时，许多研究者也利用神经计算模型来解决实际的语言学问题，他们的模型往往都只关注某一项或某几项具体的语言学任务，而并非对语言系统的完整模拟。

Zinszer 和 Li（2010）利用级联的自组织网络模型（见图 2-3）模拟并研究了二语习得中母语的词汇磨蚀（Lexical Attrition）现象。该模型中，音系网络（Phonological SOM）负责储存和处理音系知识，语义网络（Semantic SOM）则负责储存和处理词汇的语义知识，两个网络之间通过双向的 Hebbian 链接相连，从而使两个网络在学习知识的过程中相互作用。模型采用的自组织网络可以模拟学习过程中知识的自组织过程，但受网络结构的限制，知识网络不能随着学习的进程动态扩展。该模型的结构与 Kröger 模型中对语音—语义接口的设计有异曲同工之处，同样重视语言学习过程中各模块之间的相互作用。

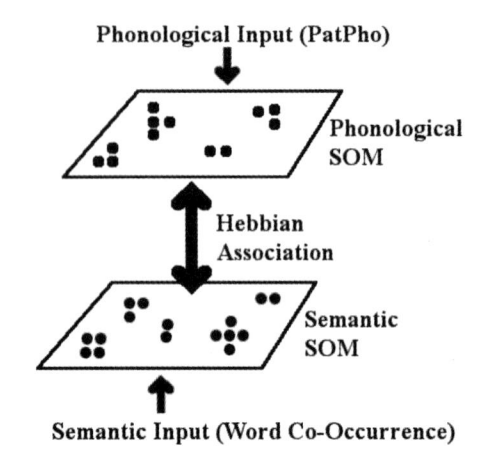

图 2-3　级联的自组织网络模型的结构示意（Zinszer and Li，2010）

Li 等（2004）提出了 DevLex 模型（见图 2-4），并对儿童早期的词汇发展进行了研究。DevLex 模型的结构框架与 Zinszer 和 Li（2010）提出的级联模型基本相同，但是 DevLex 采用了可扩展的自组织网络（GMAP），使知识网络可以随着学习的进程动态地扩展，更具生理合理性。其中，P-GMAP 负责对字形信息（音系信息）的加工，S-GMAP 负责对字义信息（语义信息）的加工，两个 GMAP 网络之间由 Hebbian 学习链接双向相连。

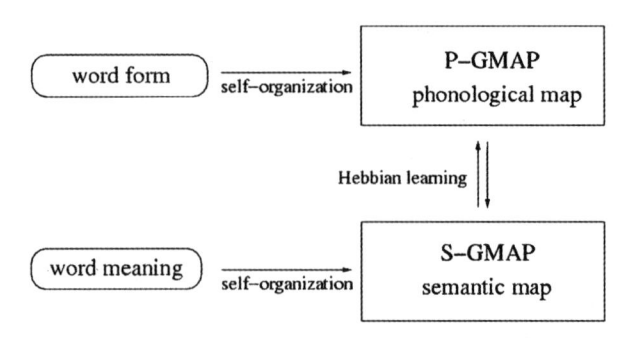

图 2-4　DevLex 模型的结构示意（Li，Farkas and MacWhinney，2004）

在 DevLex 模型的基础上，Zhao 等（2005，2007）提出了 DevLex Ⅱ 模型（见图 2-5），用于模拟词汇的产出过程。与 DevLex 模型相比，

DevLex Ⅱ除了保留用于处理词汇音系信息的网络（Input Phonology Map）和用于处理语义信息的网络（Semantic Map）以外，还加入了一个输出序列网络（Output Sequence Map），用于处理词汇所对应的语音信息。三个网络之间通过 Hebbian 学习链接相连。

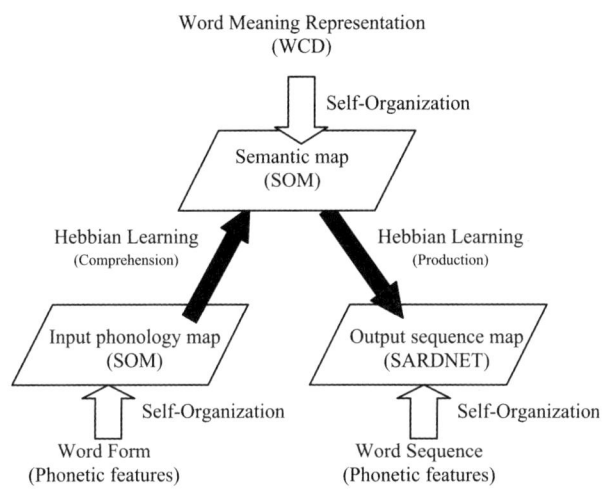

图 2-5　DevLex Ⅱ模型的结构示意
（Li，Zhao and MacWhinney，2007）

在 DevLex 和 DevLex Ⅱ模型算法的基础上，Li 和他的团队开展了许多与词汇习得和发展有关的研究。例如，词汇习得中的词汇混淆现象和习得年龄（Age-of-Acquisition）的现象（Li，Farkas and MacWhinney，2004；Hernandez and Li，2007）；词汇爆发期、词频和词长对词汇习得的影响（Li，Zhao and MacWhinney，2007）；双语词汇的表征（Zhao and Li，2007；Zhao and Li，2010）；一语和二语的词汇竞争（Li，2009；Zinszer and Li，2010）；英语和汉语词汇发展的比较（Zhao and Li，2008）；英语中体的习得（Zhao and Li，2009a，2009c）；语义信息的表征（Zhao，Li and Kohonen，2011）等。DevLex 和 DevLex Ⅱ模型结构的合理性得到了较为充分的验

证。不过，模型中音系网络的存在限定了该模型只能模拟较大年龄段儿童的语言发展状况，而并不适用于对婴幼儿语言习得早期的建模。因为在语言习得早期，婴幼儿并不具备母语音系知识，母语音系知识的建立是早期语言习得的结果，而不是早期语言习得的前提或基础（Eckers, Kröger and Wolff, 2012）。

邢红兵（2002）及邢红兵等（2007）以 DISLEX 自组织网络模型（Miikkulainen, 1993, 1997）为基础，研究了小学儿童对汉语形声字的学习过程，探究了汉语字形和字义的表征。王建勤（2005）基于 DISLEX 模型和 SARDNET 模型（James and Miikkulainen, 1995）构建了汉字部件识别模型（CRCC 模型，见图 2-6），研究了外国学生汉字构形意识的发展，揭示了汉字结构类型对汉字构形知识获得的影响。CRCC 模型同样由两个神经网络构成，输入层的网络负责对汉字的整字进行加工，对具有相似特征的汉字进行聚类；输出层的网络负责将汉字分解为部件，加工部件序列；两层之间通过 Hebbian 学习链接相连。

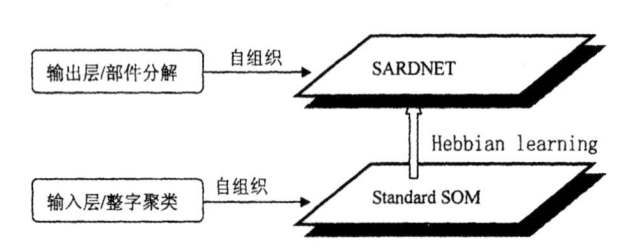

图 2-6　汉字部件识别模型（CRCC）的结构示意（王建勤，2005）

陈默（2009, 2011, 2012）利用生长型树形结构自组织映射模型（GTS-SOFM，见图 2-7）研究了无声调语言母语者对汉语声调的认知发展，证明了汉语声调的发展是基于声调特征的自组织，指出"不同声调+不同音节"的声调教学策略效果最好，为对外汉语的声调教学提供了指导。GTS-SOFM 模型的网络可随训练的进程动态生成新的神经树层级，其中第 i 层包含 i + 1 个神经元节点。此外，陈永朝（2007）还利用 WCD 语义抽取神经网络模型（Farkas and Li, 2001）研究了现代汉语及中介语的复合语义提取聚类，探讨了留学生对复合词的习得情况。

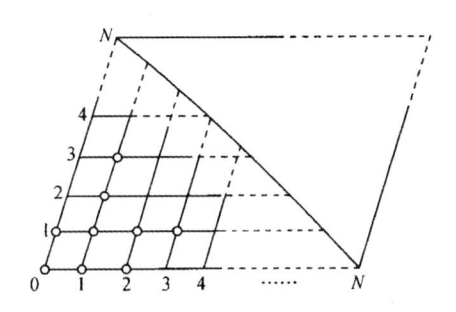

图 2-7　GTS-SOFM 输出层神经元排列方式的示意（陈默，2011）

第四节　小　　结

在这一章中，我们介绍了语言处理神经计算模型的框架结构和相关模型在语言研究中的应用。通过以上回顾，我们可以看出，目前国内的研究主要集中在第二语言习得和教学方面，国际上针对儿童语言习得的建模研究也较为有限。我们将各个模型所涉及的研究领域总结在图 2-8 中。虽然 Kröger 模型提出了认知词汇层级，并且在语义网络和语音网络之间构建了双向的映射链接，但这一模型思想尚未被应用到真正的建模研究中。综合来看，目前针对语音—语义接口的建模研究还属空白。因此本研究对语音—语义接口的建模研究具有前瞻性，可以填补现有研究的空白，有助于推动婴幼儿语言习得建模研究的发展。我们将在第三章详细介绍本研究所构建的语言习得模型以及相关的学习算法。

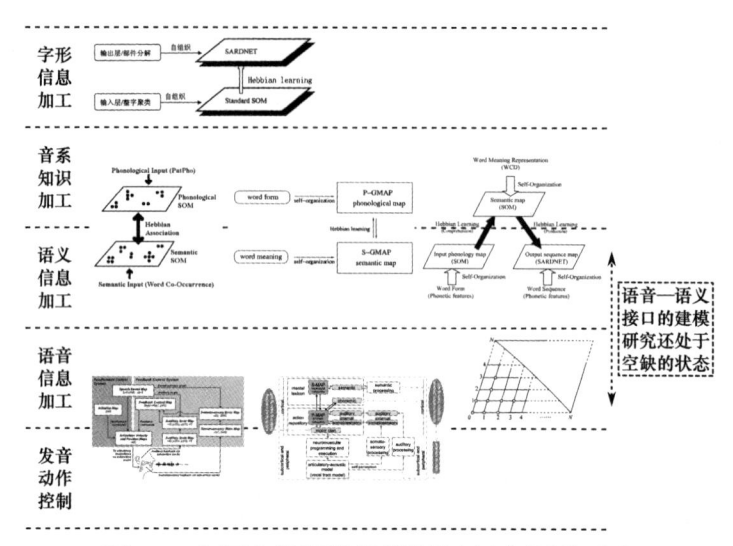

图 2-8　各语言处理模型所涉及研究领域的示意

第 三 章

语言习得模型的构建

在第一章和第二章中,我们分别介绍了本研究所依托的理论基础和模型基础。这一章,我们将详细介绍本研究所提出的联结可扩展的自组织神经网络模型(I-GSOM),以及在 I-GSOM 基础上提出的基于语言模式二重性的网络模型(DI-GSOM)。I-GSOM 模型是对 Kröger 模型中语音和语义处理模块及语音—语义交互作用的实现。该模型将重点模拟语言习得过程中婴幼儿对语音信息和语义信息的综合处理机制。而 DI-GSOM 模型则在 I-GSOM 模型框架的基础上对语言模式二重性理论做了建模实现。该模型将婴幼儿对语言的处理分为三个层级,即音位层级、语素层级和词汇语义层级。通过这种层级关系,我们可以模拟婴幼儿对语音信息的详细加工,以及语义信息在音位习得中所发挥的约束作用。

第一节 联结可扩展的自组织神经网络模型

一 语音信息和语义信息的关联性

在婴幼儿习得语言的过程中,尤其是在模仿发音阶段,婴幼儿与家长之间的交互对语言的习得十分重要。通过交流互动,婴幼儿和家长可以形成共同关注,而共同关注使婴幼儿可以逐渐将词汇的语音信息和语义信息关联起来。正如 Eckers 等（2012）所提出的三角注视模型所示（见图 3-1），在交互过程中，婴幼儿、家长和视野中的事物构成一个三角回路。通过这个三角回路，婴幼儿可以逐渐学会将他们听到的声音及发音时所产生的发音动作与他们看到或者感觉到的事物或动作的特征（如本研究所指的语义特征）关联起来。因此，在婴幼儿习得语言的过程中，语音信息（如某个词的语音形式或发音动作控制）和语义信息（如某个词的意义）是密不可分的。

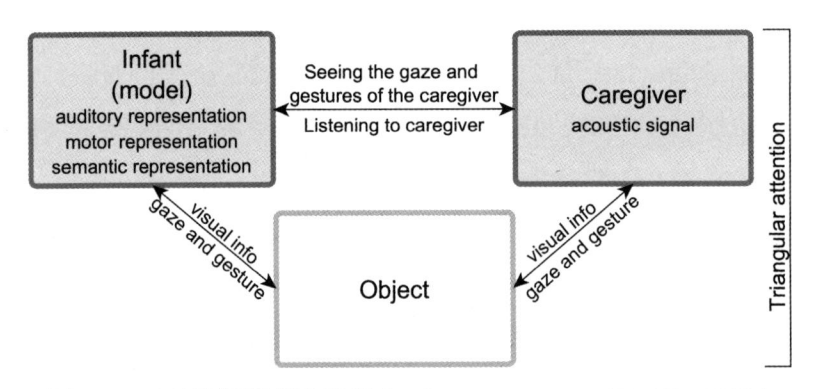

图 3-1 三角注视模型的示意（Eckers，Kröger and Wolff，2012）

在 Werker 和 Logan（1985）提出的语音感知三要素中，听觉处理是对声音最基本的感知能力，不需要借助语音或者音系的知识，是对言语声和非言语声的普遍感知能力；语音处理则是针对言语声的感知处理，是基于语音特征（如声学特征）的感知，对语音学上的范畴边界具有敏感性，是由底层到高层的感知加工；而音位感知则是语言相关的感知，涉及语义知识的约束作用，是由高层到底层的感知加工。Yang（2010）的研究明确指出，由于声调在汉语中具有区别意义的作用，因此语义加工对正确感知声调范畴发挥着十分重要的作用。类似地，我们认为，语义加工对正确感知音位范畴至关重要。因此，从感知路径来看，语言习得不是一个简单的由底层到高层的加工过程，由高层到底层的加工也同样重要。McClelland 和 Rumelhart（1981）就曾指出，由高层到底层（或者说基于概念）的加工过程与由底层到高层（或者说基于数据）的加工过程是同时进行的，它们共同决定了我们所感知到的信息。在语言习得发展初期，婴幼儿的语言学习重点是语音，采用的是听觉处理和语音处理。词汇语义学习在语音学习之后开始，且与语音学习同时进行。这时起，婴幼儿对语言的感知便开始由语音处理向音位处理进行转变。随着音位处理的介入，婴幼儿所获得的语义知识也会对语音的感知产生影响。而由于语音与语义的对应关系通常是语言相关的［语言的任意性，Arbitrariness（Hockett，1960）］，所以我们可以推断，对词汇的学习有助于婴幼儿建立基于母语的音位范畴感知。

综上所述，我们认为，在语言习得早期，婴幼儿对母语音位范畴的习得离不开语义信息的约束作用。因此，一个对婴幼儿早期音位范畴习得进行合理描写的模型，至少应具备语音和语义两个层级，以及两个层级之间的双向处理路径。本研究重点关注的是婴幼儿对音位范畴的习得，因此，在 Kröger 模型的现有基础上，我们主要对习得过程中语音信息和语义信息的处理建模，以填补现有模型对语音—语义接口实现的空白。此过程中，我们并不涉及发音动作控制部分。有关婴幼儿对发音动作控制习得的建模研究可以参见 Kröger 等人的研究成果（Kröger，Kannampuzha and Neuschaefer-Rube，2009；Kröger，Birkholz，Kannampuzh and Neuschaefer-Rube，2006a，2006b；Kröger and Birkholz，2007；Warlaumont，Westermann，Buder and Oller，2013）。

二 模型设计

在 Kröger 模型所提出的语音—语义联结建模思想的基础上，我们针对音位范畴习得任务构建了本研究的基础模型：联结可扩展的自组织神经网络模型（I-GSOM），模型的结构如图 3-2 所示。I-GSOM

模型模拟了习得语言过程中婴幼儿对语音信息和语义信息的加工，对语音—语义对应关系的学习，以及对语音知识、语义知识和语音—语义对应关系的存储。

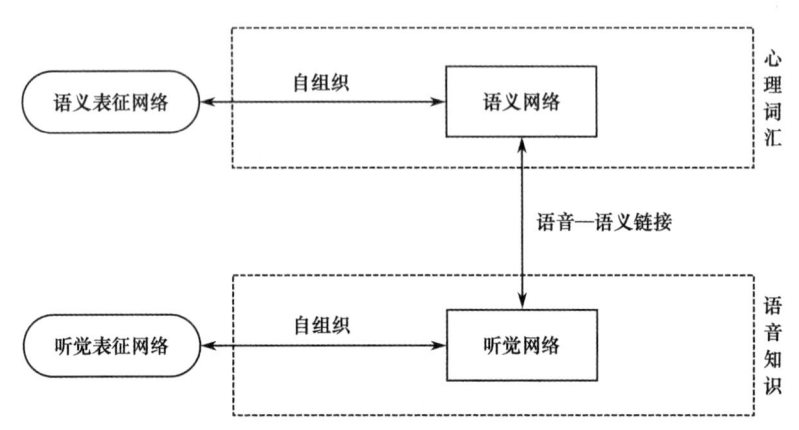

图 3-2　联结可扩展的自组织神经网络模型（I-GSOM）的结构示意

I-GSOM 模型由两个知识层级构成，分别是心理词汇层级和语音知识层级，它们分别与 Kröger 模型中的认知词汇层级和感觉运动层级相对应。心理词汇层级由语义网络构成，语音知识层级由听觉网络构成，两个网络之间通过双向的语音—语义链接相连。

心理词汇层级的核心由自组织网络构成，称作语义网络。语义网络是长时记忆的一部分，负责存储目标语言中词汇的语义表征（词汇的意义特征）。网络中的每一个模型神经元都代表一个由一系列语义特征所构成的词汇语义。语义网络通过自组织映射链接（长时记忆存储与短时记忆存储之间的链接）与语义表征网络相连。语义表征网络用于表征所有用来定义词汇意义的语义特征，是短时记忆的一部分。只有当受到词汇语义输入的刺激时，语义表征网络才会被激活。语义表征网络中被激活的语义特征（短时记忆的知识）会通过自组织映射链接传递至语义网络，最终在语义网络中形成语义知识，并作为长时记忆储存起来。

语音知识层级的核心同样由自组织网络构成,称作听觉网络。听觉网络同样是长时记忆的一部分,用于存储目标语言中语音音节的听觉表征(声学特征)。网络中的每一个模型神经元都代表一个由一系列听觉特征所表征的音节的语音形式。语音网络通过自组织映射链接与听觉表征网络相连。听觉表征网络用于表征词汇(语音音节)听觉维度的特征,是短时记忆的一部分。只有当受到语音输入的刺激时,听觉表征网络才会被激活。听觉表征网络中被激活的听觉特征会通过自组织映射链接传递至听觉网络,最终在听觉网络中形成语音知识,并作为长时记忆储存起来。

听觉网络和语义网络都是可扩展的自组织网络[①],两个网络的结构和对知识的表征可以随着学习的进程自由地扩展。听觉网络和语义网络之间由语音—语义映射链接相连,因此两个网络在学习的过程中同时被激活并相互作用。在模拟语言习得的过程中,词汇的语音信息和语义信息会被同时输入模型,同时激活听觉网络和语义网络中相应的模型神经元。听觉网络会通过调节其与听觉表征网络之间映射链接的权值学习新的听觉表征;与此同时,语义网络也会通过调节其与语义表征网络之间映射链接的权值学习新的语义表征。在两个网络各自学习新知识的同时,两个网络中的模型神经元通过网络之间的映射链接相互关联,在词汇的语音形式与意义之间建立对应关系。

第二节 基于语言模式二重性的网络模型

一 语言模式的二重性

"语言模式的二重性"理论最早由 Hockett(1960)提出。该理

---

① 关于可扩展自组织网络的基本结构和训练算法,请参看第五章第三节的介绍。

论指出，言语可以被分解成一系列具有意义的单元（语素），而这些具有意义的单元又可以被进一步分解为一系列不具有意义的元素（音位）。这种形式和意义之间的二重关系是语言模式二重性理论的核心思想。声音（形式）与意义之间所体现出的这种二重性揭示了人类语言形式与意义之间的关系，是婴幼儿习得母语中所蕴含的语言学范畴（如音位范畴）的重要途径。从言语感知的角度来看，该理论描述了语音感知和语义理解之间关键的交互处理机制，以及语音知识和语义知识的存储机制（如对音位的归并）。因此，音位、语素和词汇语义所构成的层级结构，可以很好地反映大脑对语音信息和语义信息的交互加工机制。

受语言模式二重性的启发，我们认为应该将婴幼儿对语音信息的感知和处理进一步划分为两个层级，即音位层级和语素层级。在母语习得中，音位层级的处理对应的是婴幼儿对母语音位系统（如辅音音位、元音音位和声调调位）的感知和加工；语素层级的处理对应的是婴幼儿对母语音位配列关系（如音节结构、辅音元音及声调三者的搭配规则）的感知和加工。不同语言的音位系统和音位配列关系也不相同，因此以上两方面是母语语音系统的重要组成部分。此外，以 Kröger 为代表的语音习得建模研究并没有涉及声调语言的相关问题。在本研究中，基于语言模式的二重性理论，我们将声调看作与元音和辅音类似的不具有独立意义的元素单位。因此我们在模型的音位处理层级加入了声调处理模块，以模拟婴幼儿对声调信息的处理和对声调特征知识的存储。这可以补足现有模型对声调处理模块的缺失，并在声调语言中实现对语言模式二重性理论的拓展。

二 模型设计

以语言模式的二重性为核心理论基础，以 I-GSOM 的模型框架为结构基础，我们对语音知识层级的模型结构和语音知识的加工处理模块进行了细化，提出了基于语言模式二重性的网络模型（DI-GSOM），模型的结构如图 3-3 所示。在 I-GSOM 模型的基础上，DI-GSOM 模型同时还模拟了语言习得中婴幼儿对语音信息的分层加工模式，以及对音位知识和音位配列关系的存储，进一步阐述了语音学习和语义学习之间的关系。

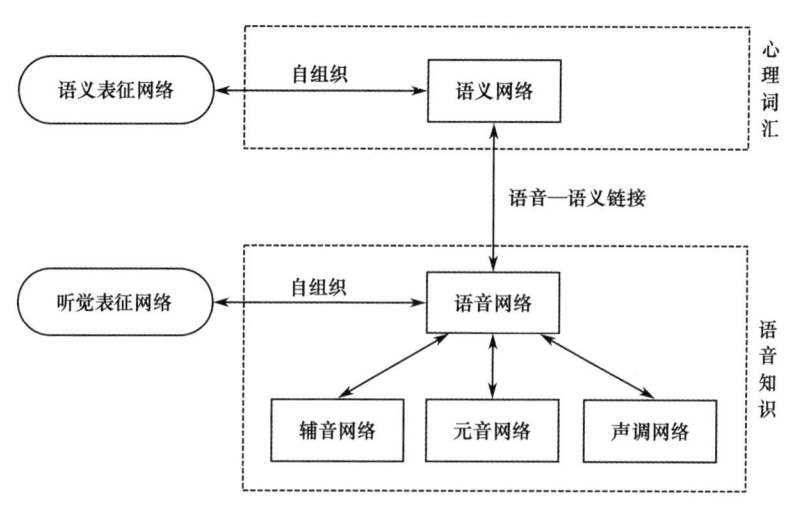

图 3-3 基于语言模式二重性的网络模型（DI-GSOM）的结构示意

DI-GSOM 模型与 I-GSOM 模型的框架结构基本相同，但是在语音知识层级，我们将语言模式的二重性理论作了建模实现。我们将语音知识层级细分为音位层和语素（音节）层。音位层由辅音网络、元音网络和声调网络构成；语素层则由语音网络构成。

在音位层，辅音网络、元音网络和声调网络分别负责处理和存储辅音音位、元音音位和声调调位的语音特征。这三个网络都是可扩展的自组织网络，网络中的每一个模型神经元都代表目标语言中相应音位的语音表征，是长时记忆的一部分。

在语素层，与音位层中的自组织网络有所不同，语音网络在模型中扮演的是一个语音中央处理单元的角色，它负责存储音位配列规则以及音位序列（音节结构）与词汇语义之间的对应关系。也就是说，语音网络中的每一个模型神经元，一方面存储的是目标语言中相应的辅音特征、元音特征和声调特征三者之间的配列组合关系，另一方面存储的是相应组合与语义网络中相关联的语义特征之间的对应关系。在语音知识层级中，只有处在语素层的语音网络与听觉表征网络相连，因为语素（对应汉语中的音节）是语言中最小的表意单位，单一音位形式的语音刺激很少孤立地存在于实际的语言交际中。

在模拟语言习得的过程中，词汇的语音信息和语义信息同时被输入模型。语义信号的刺激会激活语义表征网络中的语义表征，进而激活语义网络中的模型神经元；语义网络通过调节相应神经元与语义表征网络之间映射链接的权值来学习新的语义表征。而语音信号的刺激会激活听觉表征网络中的听觉表征，进而激活语音网络中的模型神经元。语音网络通过对音节结构的分析将辅音特征、元音特征和声调特征分开，并通过映射链接将辅音特征传递至辅音网络，将元音特征传递至元音网络，将声调特征传递至声调网络，从而使处于音位层的各自组织网络通过语音网络的中继作用来调节与听觉表征网络中被激活的相应听觉表征之间映射链接的权值，以实现对相应语音音位表征的学习。与此同时，语音网络通过语音—语义映射链接在词汇的语音形式与意义之间建立对应关系。综上所述，语音网络是"音位特征—音节语音—词汇意义"层级关系中重要的中枢控制模块。

在 DI-GSOM 模型中，我们将声调网络设置在音位层面并不表示我们认为声调是音段特征。基于语言模式的二重性理论，我们将声调看作与元音和辅音类似的不具有独立意义的元素单位，也就是汉语普通话研究中所定义的调位。调位是超音段特征，但它本身并不具有意义。调位对意义区分功能的体现需要以与音段音位所组成的带调音节为基础。因此，从声调在语言系统中的属性角度出发，我们将声调处理模块设置在音位层面；而从声调的功能性角度出发，我们通过语素层面的语音网络来体现声调在超音段上对意义的区分作用。

第三节 小　　结

　　这一章中，在 Kröger 模型现有的语音—语义关联模式思想的基础上，我们提出了本研究的基础模型 I-GSOM 模型。该模型模拟了语音和语义层级之间的交互关系，是对 Kröger 模型思想的实现。在第六章中，我们将通过对标准德语音位习得的建模实验来验证 I-GSOM 模型的合理性，并初探音位习得与语义信息之间的关系。在 I-GSOM 模型的基础上，通过引入语言模式的二重性理论，我们对语音层级的模型结构进行了细化，进一步提出了 DI-GSOM 模型。在第七章中，我们将通过对汉语普通话音位习得的建模实验来探讨语音信息和语义信息在音位范畴习得中所发挥的作用。而在第五章中，我们将详细介绍模型中各处理模块的神经网络结构及相应的训练算法。

第 四 章

实验语料及数据表征

在第三章中,我们分别介绍了联结可扩展的自组织神经网络模型(I-GSOM)和基于语言模式二重性的网络模型(DI-GSOM)。利用本研究提出的这两个模型,我们将分别进行两个模拟实验以研究音位范畴的习得机制:第一个实验采用 I-GSOM 模型模拟标准德语婴幼儿对标准德语音位范畴的习得;第二个实验采用 DI-GSOM 模型模拟汉语普通话婴幼儿对汉语普通话音位范畴的习得。在这一章中,我们将详细介绍这两个实验所用到的语料,以及我们对相应语料数据特征的分析。其中,在汉语普通话的模拟实验中,我们除了选用汉语普通话数据,还选用了部分标准英语数据,以初步模拟婴幼儿对语言与生俱来的普遍感知能力。同时,为了尽可能地减少发音人之间的差异,我们在采集标准英语和汉语普通话的语音数据时,选用了年龄相同的发音人。而为了模拟妈妈的语音特点,我们在采集标准德语、标准英语和汉语普通话的语音数据时,均选用了女性发音人。

第一节 标准德语模拟实验语料

标准德语音位习得的模拟实验所采用的数据由两部分构成,分别是词汇语义数据和语音数据。词汇语义数据中的词汇条目选自《标准德语儿童图书语料库》,而语音数据则来自语音录音。

一 词汇语义数据

实验所采用的词汇选自《标准德语儿童图书语料库》(Kröger, Birkholz, Kannampuzha, Kaufmann and Neuschaefer-Rube, 2011)。语料库由从 40 本面向 1—6 岁儿童的标准德语读物中提取出来的词汇构成,共计 6513 个句子、70512 个词。在该语料库中,同一个词的不同形态被列为不同的条目,例如:"Kind"(孩子)和"Kinder"(孩子们,Kind 的复数形式)被列为两个不同的条目。因此,语料库中实际共有 8217 个词汇条目,这与一个 6 岁儿童的词汇量大致相当(Anglin, Miller and Wakefield, 1993)。在本研究中,我们只选用了语料库中词频排在前 70 位的名词作为实验训练数据。表 4-1 列举了词频排在前 10 位的名词,完整词汇列表请参见附录一。

表 4-1 《标准德语儿童图书语料库》中词频排在前 10 位的名词

频度排序	标准德语词汇	中文翻译
1	Mama	妈妈
2	Bär	熊
3	Papa	爸爸
4	Mond	月亮
5	Kinder	孩子们
6	Katze	猫
7	Frau	女人
8	Bett	床
9	Mädchen	女孩
10	Wasser	水

二 语音数据

由于《标准德语儿童图书语料库》中的词汇全部来自文字语料，并不包含语音数据，所以在本实验中，我们单独进行了语音数据的录制。为了简化模拟实验的复杂程度，我们在录音时只选用了单音节的结构；录音完成之后，我们会将语音和词汇进行匹配（详见下文说明）。实验采用的单音节结构包括 5 个 V 音节（[i]、[e]、[a]、[o]、[u]）、5×9=45 个由以上 5 个元音与 9 个辅音（[b]、[p]、[d]、[t]、[g]、[k]、[m]、[n]、[l]）相拼构成的 CV 音节，以及 5×4=20 个由 5 个元音与 4 对辅音丛（[bl]、[pl]、[gl]、[kl]）相拼构成的 CCV（[ClV]）音节（其中 V 代表元音，C 代表辅音）。在标准德语中，单独念元音时，常会在元音前增加一个喉塞音 [ʔ]，例如 [a] 实际读作 [ʔa]。利用以上列出的音位，我们共组成 70 个音节作为录音材料。

录音由一位 26 岁的讲标准德语的德国女性发音人完成。该发音人身体健康，没有任何语言或听力障碍。录音过程使用负载句以保证每一个词都处在相同的语境下。录音时我们要求发音人每一个音节朗读 3 遍，声音的采样率为 44.1 kHz。

三 构建语音—语义对

在婴幼儿习得母语的过程中，语音信息与语义信息是互相关联的。因此在模型训练的过程中，语音信息和语义信息应该匹配且同时输入模型网络。但是由于在标准德语实验中所采集的语音数据是单音节而并非真实的词汇，所以我们需要在语音数据和语义数据之间建立一定的对应关系。本研究中，我们通过建立模型语言（Kröger, Birkholz, Kannampuzha, Kaufmann and Neuschaefer-Rube，2011）人为地将语音数据的声学表征与语义数据的语义表征进行匹配，构建语音—语义对。

在标准德语的实验中，我们共采用 70 个名词的语义数据以及 70×3=210 个音节的语音数据。在配对时，我们采用的基本原则是语音相似原则。例如，我们将声音 [ma] 作为词语"Mama"（妈妈）的语音实现形式，进而将［ma］和"Mama"进行配对，构建［ma］—"Mama"语音—语义对。尽管如此，还是难免会有少数词找不到语音相似的声音进行配对。不过，由于词汇的语音与语义特征之间的联系是语言相关的［语言的任意性（Hockett，1960）］，所以在构建的模型语言中，我们可以将剩下的未完成配对的词和声音进行任意的组合，构成语音—语义对。对于 70 个语音数据中每个音节的 3 次语音实现而言，它们共享同一个语音—语义对，即［ma］的第 2 次和第 3 次语音实现也同样与"Mama"相匹配，以此在一定程度上体现真实言语交流中语音实现的多样性。最终，我们共构成 210 个由语音表征和语义表征组成的语音—语义对，作为标准德语音位习得模拟实验的训练和测试数据。因此，在标准德语的实验中，我们所使用的数据是基于标准德语音节语音和词汇语义而构成的模型语言，该模型语言的音位范畴及语义表征与标准德语一致。最终所构建的全部语音—语义对请参见附录一。

第二节　汉语普通话模拟实验语料

在汉语普通话音位习得的模拟实验中，我们采用的数据有标准英语语料和汉语普通话语料两部分。我们会首先利用标准英语数据和部分汉语普通话数据作为输入的语音刺激，构建一个普遍模型，以模拟婴幼儿对世界语言的普遍感知。在此基础上，我们将进一步利用汉语普通话的语料模拟母语环境，进而模拟婴幼儿的母语音位习得过程。

一　标准英语语料

标准英语语料只包含语音形式，因为婴幼儿对声音最初的区分能力主要依赖语音层面的信息（Kuhl，2004）。录音所采用的数据主要由标准英语（Received Pronunciation）的最小对立对构成。所涉及

的元音有 [ɑː]、[ʌ]、[iː]、[ɪ]、[uː] 和 [ʊ]，辅音有 [b]、[d]、[g]、[p/pʰ]、[t/tʰ] 和 [k/kʰ]。以上音位构成的最小对立对关系为 [ɑː]—[ʌ]、[iː]—[ɪ]、[uː]—[ʊ]、[b]—[p/pʰ]、[d]—[t/tʰ] 和 [g]—[k/kʰ]。标准英语中，元音的对立特征主要包括时长和音质（Ladefoged and Johnson，2014），辅音中爆发音的对立以清—浊对立为主。虽然标准英语音系不存在送气—不送气的对立，但是在语言习得初期，婴幼儿并不具备母语的音系知识，他们对语音的感知主要依赖语音的声学特点，因此我们依然为送气音标记了送气符号 [ʰ]。

录音词表选自 John Higgins 总结整理的标准英语最小对立对词汇列表①。从该词表中，我们筛选了 150 对最小对立对（如 beat–bit）作为基础录音文本。除了对立对以外，我们还补充了部分样本，包括 40 个单独的不具备对立关系的词（如 but，see），以及 10 个冗余词。因此，录音文本共由 350 个词构成，其音位构成详情请见表 4-2，完整的录音词表请参见附录四。

表 4-2　　　　标准英语录音材料中的音位构成详情

对立对关系	对立对数量	补充词数量	冗余词数量
[ɑː]—[ʌ]	28	[ɑː]　4 [ʌ]　1	[ɑː]　1 [ʌ]　1
[iː]—[ɪ]	31	[iː]　6 [ɪ]　1	[iː]　1 [ɪ]　1
[uː]—[ʊ]	16	[uː]　16 [ʊ]　12	[uː]　1 [ʊ]　1
[b]—[p/pʰ]	25		[b]　1 [p/pʰ]　1
[d]—[t/tʰ]	25		
[g]—[k/kʰ]	25		[g]　1 [k/kʰ]　1
各部分小计	150 × 2 = 300	40	10
总计	350		

---

① 标准英语的最小对立对选自 John Higgins 整理总结的公开资源，列表中的词汇来源主要包括 Roger Mitton 提供的 1974 年版《高级学习者词典》（*Advanced Learners Dictionary*）的电子版本以及 Mitton（1996）的补充词表。

发音人为 22 岁英国女性，北京语言大学交换学生。该发音人身体健康，没有任何语言或听力障碍。发音人的个人及家庭语言背景信息请见表 4-3。录音时我们要求发音人以最小对立对的形式成对朗读，每个词朗读 1 遍，声音的采样率为 44.1 kHz。

表 4-3　　　　　　标准英语发音人及家庭背景信息

信息项目	发音人	发音人母亲	发音人父亲
国籍	英国	英国	英国
出生地	斯蒂夫尼奇（Stevenage），位于伦敦北部 50 公里	伦敦	哈罗盖特（Harrogate），属于北约克郡，位于伦敦北部 290 公里
定居国居住城市	温彻斯特（Winchester），位于伦敦西南 98 公里		
教育水平	本科		
主修专业	法国、西班牙与欧洲研究		

二　汉语普通话语料

汉语普通话语料由两部分构成，分别是词汇语义数据和语音数据。词汇语义数据选自《普通话多媒体儿童语料库》，而语音数据则来自语音录音。

（一）词汇语义数据

1.《普通话多媒体儿童语料库》

实验所用的词汇选自《普通话多媒体儿童语料库》（CASS_CHILD）（Gao，Li and Xiong，2012）。该语料库由中国社会科学院语言研究所语音与言语科学重点实验室制作，长期纵向跟踪并记录了 23 名婴幼儿从 1 岁到 4 岁的语言发展过程。语料库采用音频和视频两种媒体录制方式，重点记录了家长与婴幼儿交互过程中家长的输入语和婴幼儿的言语产出。在参加录音的 23 名婴幼儿中，其中的 5 名婴幼儿在 3 岁以前每半个月参加一次录音，3 岁以后每一个月参加一次录音；另外 15 名婴幼儿每一个月参加一次录音；其余的 3 名婴幼儿在家中进行录音，每个月一次。每一次录音的时间约为 1

个小时，整个语料库共收集了约 570 个小时的数据。录音所采用的是便携式无线麦克风（AKG，SR400/SR40），录音时实验员将麦克风夹在家长和婴幼儿衣服上略低于衣领的位置。关于详细的录音环境和录音操作可参看 Gao 等（2012）的介绍。录音的转写和标注工作由专业的语音研究人员完成。

受语料资源的限制，我们无法获取 1 岁前婴幼儿家长输入语的详细数据。因此在本研究的模拟实验中，我们不会将模拟的语言学习阶段与年龄段做十分严格的对应，而是重点关注婴幼儿对音位范畴的感知在语言发展过程中所产生的变化。

2. 语料库数据分析

我们对 12—36 个月婴幼儿家长输入语录音数据的转写文本进行了分析。首先，我们对转写的文本进行了分词处理[①]，并以月为单位进行了整理。其次，我们分别对不同年龄段婴幼儿的家长输入语中的声母、韵母和声调的分布情况进行了统计。以声母为例，我们首先将每个月的数据中各个声母出现的频率依次记录下来，然后将该月所有声母的出现频率数据表示成一个向量，最后，我们通过皮尔逊相关系数（Pearson Correlation Coefficient）（见公式 4-1）来比较相邻两个月向量之间的相似度，以此来衡量相邻两个月的声母出现频率在分布特征上的相似程度。

$$r_{xy} = \frac{\sum_{i=1}^{n}(x_i - \overline{x})(y_i - \overline{y})}{\sqrt{\sum_{i=1}^{n}(x_i - \overline{x})^2}\sqrt{\sum_{i=1}^{n}(y_i - \overline{y})^2}} \quad （4-1）$$

综合观察声母（见图 4-1）、韵母（见图 4-2）和声调（见图 4-3）

[①] 我们采用的分词软件是基于 Python 开发的"结巴"中文分词软件。该软件采用 MIT 授权协议，可以通过 GitHub 公开获取。该软件的词库来源为 1998 年《人民日报》的切分语料、MSR 的切分语料及部分小说文本。算法方面，可以基于前缀词典实现高效的词图扫描，生成句子中汉字所有可能成词情况所构成的有向无环图（DAG）；采用动态规划（DTW）算法查找最大概率路径，找出基于词频的最大切分组合；对于未登录词，采用了基于汉字成词能力的 HMM 模型，使用了 Viterbi 算法。

的比较结果，我们发现，在18—19个月之间存在一个断层。在18个月之前，相邻两个月之间的相似度较小，而在19个月之后，相邻两个月之间的相似度较大且趋于稳定。由此我们可以推断，18个月左右是家长对婴幼儿输入语模式转变的一个时间点。在18个月左右，一方面，婴幼儿已经具备将声音和意义关联起来的能力（Baldwin，1991，1993；Baldwin et al.，1996），相应的，词汇爆发期来临（Bates and Carnevale，1993；Dromi，1999），使婴幼儿的词汇量迅速增加；另一方面，知觉重组已经帮助婴幼儿基本建立起母语的语言系统（Werker and Tees，1984；Mills et al.，2004）。由于以上两方面的原因，婴幼儿与家长之间的交流互动变得更为频繁，因此家长输入语中的声母、韵母和声调的频率分布模式也更趋近成人语言。基于上述分析，在汉语普通话音位习得的模拟实验中，我们将婴幼儿对母语的习得分为两个阶段，分别对应12—18个月和19—36个月婴幼儿的家长输入语数据。

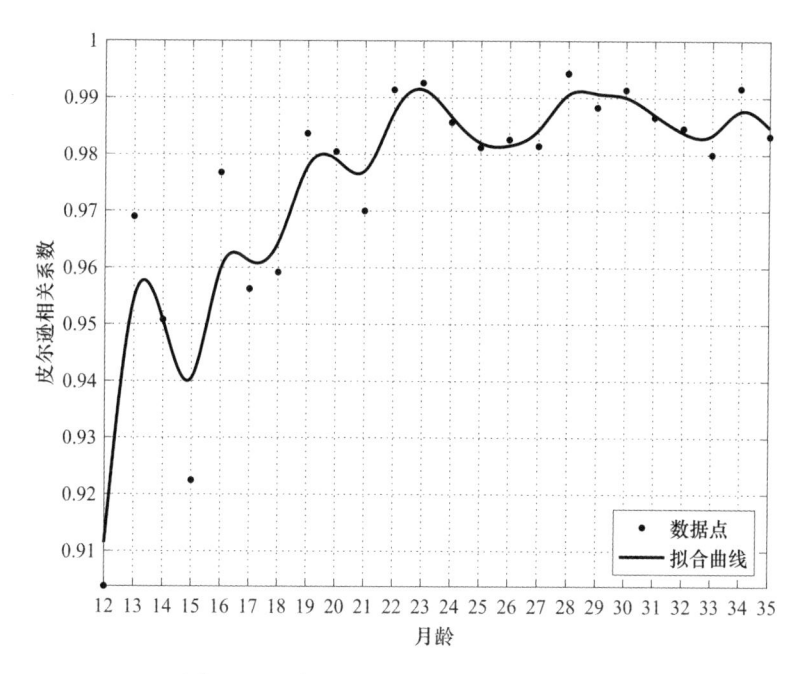

图 4-1　相邻月龄间声母分布特征的相似度

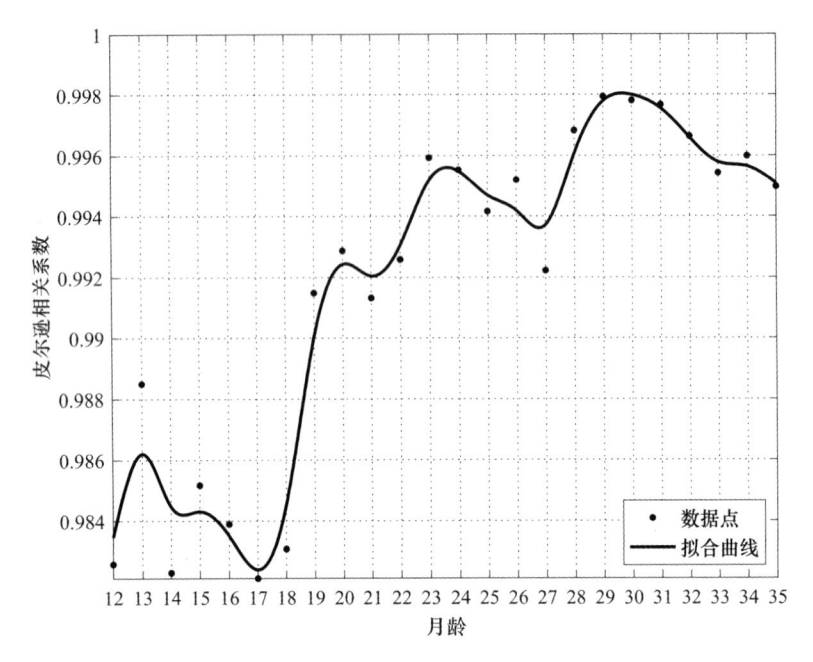

图 4-2 相邻月龄间韵母分布特征的相似度

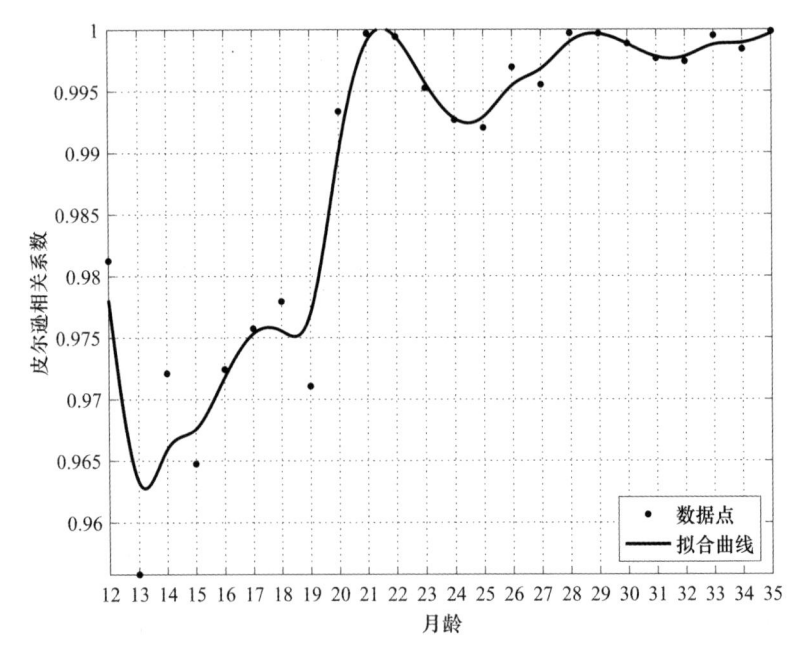

图 4-3 相邻月龄间声调分布特征的相似度

我们按上述两个年龄段分别统计家长输入语中词汇的出现频率，并按由高到低的顺序进行排列。本实验中，我们只关注实词中的名词、动词和形容词，因为这些词类是语言中具有实际意义的词，也是婴幼儿较早掌握的词（杨先明，2010；张云秋，2014）。在名词中，我们只选取普通名词和方位名词。对于词汇的音节结构，我们只关注较为简单的 CV 单音节。

　　除此以外，本实验还对词汇的音位构成进行了筛选。在语言习得早期，婴幼儿对塞音的掌握程度优于其他辅音，对舌面单元音的掌握程度优于其他元音，对单字声调的掌握程度优于语流中的声调；因此，本实验关注的辅音音位包括 [p]、[pʰ]、[t]、[tʰ]、[k] 和 [kʰ]，元音音位包括 [i]、[a]、[ɤ]、[o] 和 [u]，调位包括阴平 [55]、阳平 [35]、上声 [214] 和去声 [51]。根据以上限制，我们对词库进行了筛选。选词过程中，我们将多字词当作单字词来看待（如我将"兔子"看作"兔"）。在统计词频时，我们将相同单字词元素的词频进行累加（如，兔词频 = 兔子词频 + 小白兔词频 + 小兔兔词频 × 2）。最终，我们将所有符合要求的词按词频顺序进行排列，并选出了词频大于千分之一（0.1%）的词作为我们的实验数据。在 12—18 个月的家长输入语数据中，我们共选取了 49 个词（共计 845 个频次），在 19—36 个月的家长输入语数据中，我们共选取了 75 个词（共计 928 个频次）。12—18 个月年龄段的 49 个词完全包含于 19—36 个月年龄段的 75 个词之中，但词频有所不同；而两个年龄段所选词汇的词类分布特征基本相同（见表 4-4）。表 4-5 列出了两个年龄段词频排在前 10 位的词，完整词表请参见附录五。

表 4-4　　两个年龄段所选词汇的词类分布情况及百分比

词类	12—18 个月		19—36 个月	
	数量（个）	占比（%）	数量（个）	占比（%）
名词	25	51.02	39	52.00
动词	18	36.73	26	34.67
形容词	6	12.25	10	13.33

表 4-5　　　　　　　两个年龄段词频排在前 10 位的词

12—18 个月				19—36 个月			
词频（%）	词	实验词频	词类	词频（%）	词	实验词频	词类
21.30	大	187	形	19.71	大	190	形
16.34	爸（爸）	143	名	8.26	兔	80	名
13.20	兔	116	名	7.50	爸（爸）	72	名
5.72	打（物体）	50	动	6.29	得（到）	61	动
3.90	哥（哥）	34	名	4.53	打（物体）	43	动
3.63	搁	31	动	4.36	搭（积木）	42	动
3.34	得（到）	29	动	4.04	搁	39	动
2.43	葡（萄）	21	名	3.21	地（面）	31	名
2.12	地（面）	18	名	3.20	可（爱）	31	形
1.88	屁	16	名	2.29	歌	22	名

注：括号外的字为实验中选用的单字词，括号内的字为括号外字的语境信息。实验词频为基于统计的词频百分比进行等比放大后所得结果。

我们进一步对 12—18 个月和 19—36 个月这两个年龄段所选用的词汇（包含词频信息）中包含的音位的频率分布模式进行了统计，包括辅音音位（见图 4-4）、元音音位（见图 4-5）和声调调位（见图 4-6）。综合 3 张图示，我们可以看出，辅音音位中 [t] 的输入频率最高，浊爆发音①也有一定的出现概率但整体频率很低；在第二个年龄段，[p] 的频率有明显下降，而 [kʰ] 的频率则有明显上升。元音音位中，[o] 的频率普遍比较低；在第二个年龄段，[ɤ] 的频率有明显上升。而在声调调位中，去声 [51] 的频率最高；在第一个年龄段中阳平 [35] 的频率高于上声 [214]，而在第二个年龄段中则恰好相反。

---

① 在语流中，汉语普通话中的清不送气爆发音经常会发生浊化现象，例如辅音 [p] 被浊化成 [b]。因此，在采集语音数据时，我们将语音数据中一些被浊化的音也看作是合理的语音实现，并纳入实验的训练数据中。因此，图 4-4 中的辅音音位出现频率是我们对词汇语料数据和采集的语音数据联合分析的结果。

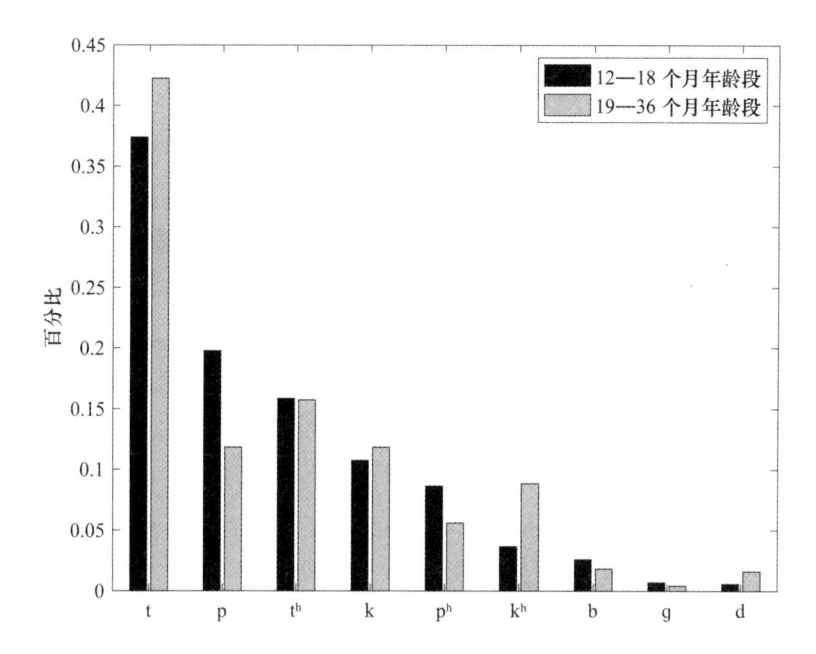

图 4-4　两个年龄段所选用的词汇中辅音音位的分布模式

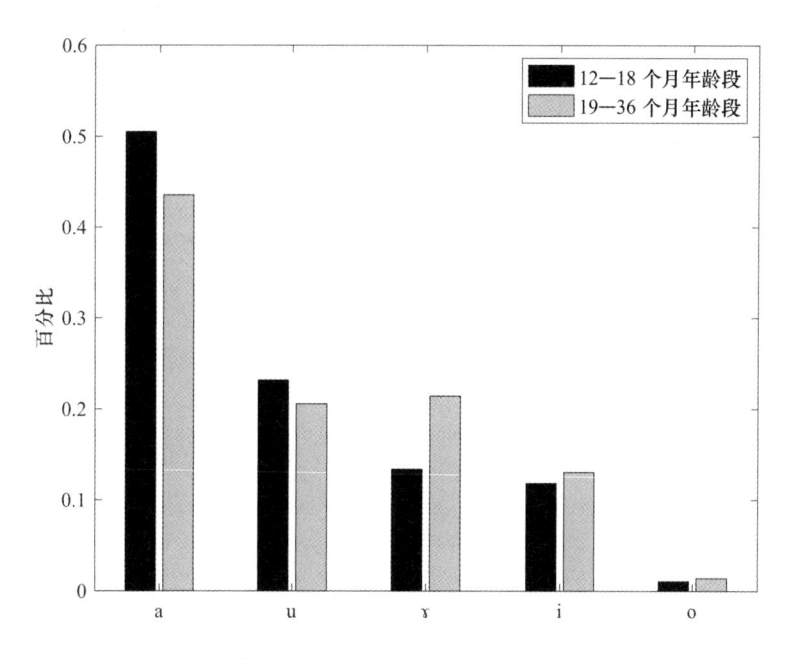

图 4-5　两个年龄段所选用的词汇中元音音位的分布模式

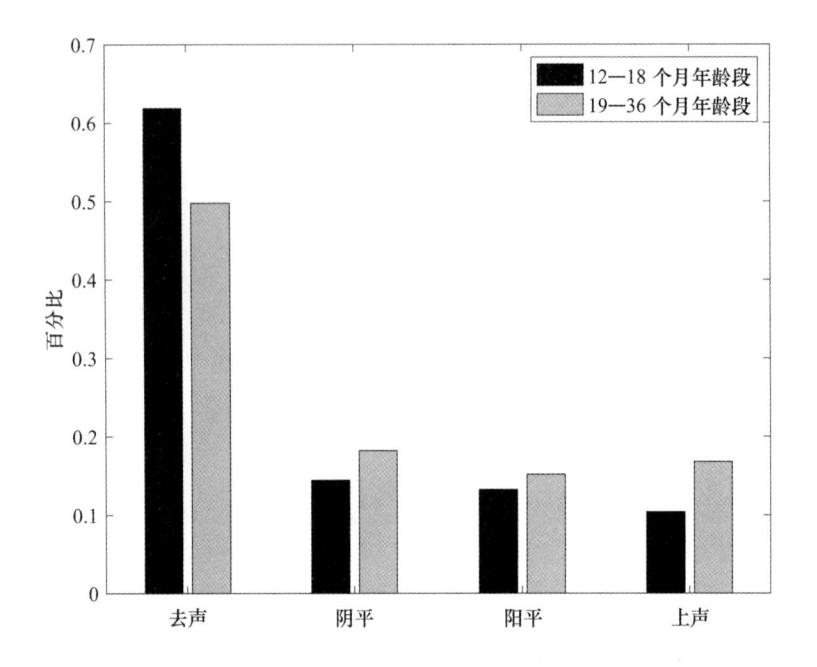

图 4-6　两个年龄段所选用的词汇中声调调位的分布模式

（二）语音数据

虽然《普通话多媒体儿童语料库》中的语料对于研究婴幼儿语言发展是不可多得的优质材料，但是语料库中的录音不足以满足语音分析的要求。一方面，由于录音中存在大量的重叠语音，所以我们无法获得足够数量的纯净语音片段；另一方面，由于录音时采用的是领夹麦克风，所以录音经常伴有衣服的摩擦声，质量得不到较高的保证。因此，本实验的语音数据另外选自中国社会科学院语言研究所语音与言语科学重点实验室录制的《面向对外汉语教学的汉语普通话语音库》。该语音库的词汇由《汉语口语水平》（初级）、《汉语口语水平》（中级）、《汉语口语水平》（高级）和《汉语国际教育》中所列的词汇构成，共包含 11151 个词。

发音人为 22 岁中国女性，本科所修专业为播音与主持，普通话水平为一级乙等。该发音人身体健康，没有任何语言或听力障碍。录音时每一个词朗读 1 遍，声音的采样率为 22.05 kHz。

在语流中，汉语普通话中的清不送气爆发音经常会发生浊化现象，例如辅音［p］被浊化为［b］。因此，我们将语音数据中一些被浊化的音也看作是合理的语音实现，并纳入实验的训练数据中。我们对语音库中符合音节结构和音位构成限制的语音数据进行了切分和提取。首先，我们将提取出的语音数据与词汇语义的数据进行关联，例如将［ta^{51}］与"大"相关联，将［pa^{51}］与"爸"相关联。同时，为了使语音数据与词汇数据的词频相匹配，每一个词频对应的语音形式都是一次独立的发音。也就是说，训练数据中的每一个词频大于 1 的词都对应多个语音实现，以此体现真实言语交流中语音实现的多样性。当语音样本数不足以匹配词汇的词频时，我们将随机选取重复的语音样本进行补齐。例如，12—18 个月中"大"的词频为 187，而［ta^{51}］的语音样本只有 96 个，所以我们会再从［ta^{51}］的所有样本中随机选取 91 个样本进行补齐。在完成与词汇语义的关联之后，语音库中还剩余 312 个语音样本，我们将这一部分语音样本用于与标准英语数据一起构成普遍模型的训练数据。

三　标准英语及汉语普通话音节中元音的声学分析

录音完成后，我们分别对标准英语及汉语普通话音节中元音的共振峰特征进行了声学分析。我们将频率的赫兹值转换为 Bark 标度，使数据表现更贴近人耳的感知维度，并绘制了标准英语的声学元音图（见图 4-7）、汉语普通话的声学元音图（见图 4-8）以及标准英语和汉语普通话的声学元音图（见图 4-9）。

与相关研究（Roach，2004；Ladefoged and Johnson，2014）中所描述的标准英语元音的声学空间相比，标准英语发音人的语音表现（见图 4-7）基本符合标准英语的特征，只有元音［u:］的位置相对偏后，更像是汉语普通话中的［u］。从图中我们看出，［iː］与［ɪ］和［uː］与［ʊ］这两对元音对立对在声学特性上有比较清晰的区分，而［ɑː］与［ʌ］则有一定程度的重合。

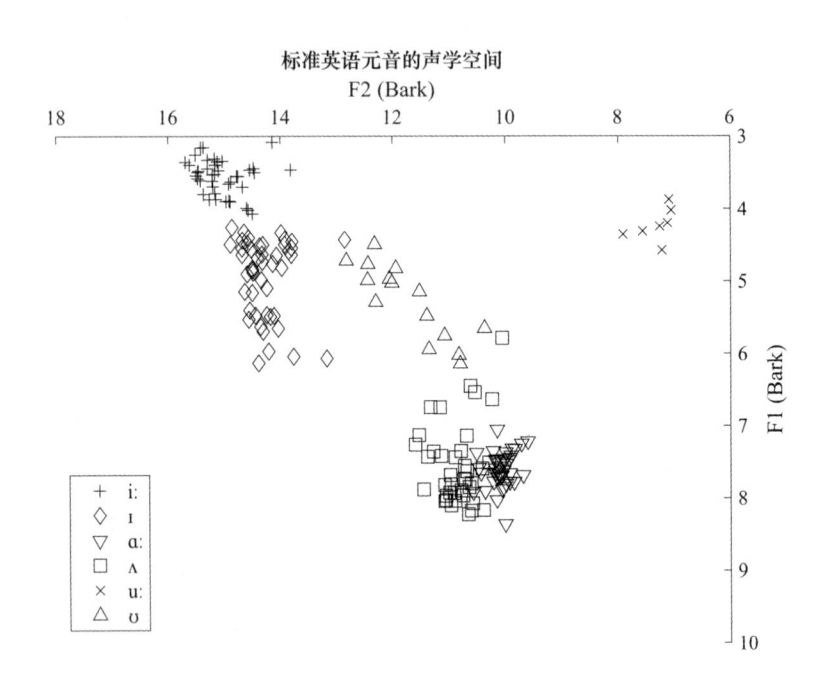

图 4-7　标准英语数据音节中所含元音的声学元音图

参照相关研究（鲍怀翘、林茂灿，2014），汉语普通话发音人的语音表现（见图 4-8）基本符合标准汉语普通话的特点，不过其元音［a］所覆盖的开口范围（F1 的变化范围）较大。由于汉语普通话中没有与［a］形成音位对立的元音，所以元音［a］的变化范围较大，这表明汉语普通话元音［a］的发音具有一定的灵活性。

汉语普通话元音的声学空间

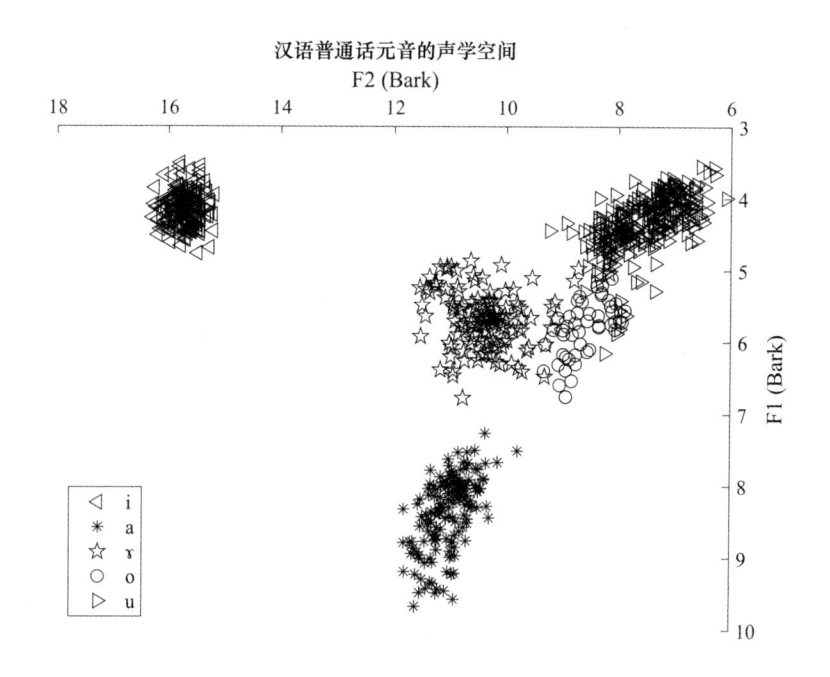

图 4-8　汉语普通话数据音节中所含元音的声学元音图

虽然我们没有对标准英语和汉语普通话发音人的共振峰数据进行规整，但我们将赫兹频率值转换为以 Bark 标度，在一定程度上统一了两个发音人语音的听感空间。我们进一步将标准英语和汉语普通话的元音放在同一个声学空间内进行比较（见图 4-9）。通过分析，我们可以发现以下四个特点：（1）元音［i］、［iː］与［ɪ］的声学特征虽然相似，但都有各自的分布区域，互相可以进行清晰的区分；（2）元音［ʊ］与［ɤ］在声学空间中处在相对中心的位置；（3）元音［a］、［ɑː］与［ʌ］在声学空间中存在一定程度的重叠；（4）元音［uː］与［u］的声学空间区域完全重叠。

通过上述分析我们可以看出，两个发音人的语音表现都接近标准数据，可以真实地反映所属语言相应的语音特征。因此，我们认为以上语音数据可以满足本研究中相关实验的要求。

标准英语和汉语普通话元音的声学空间

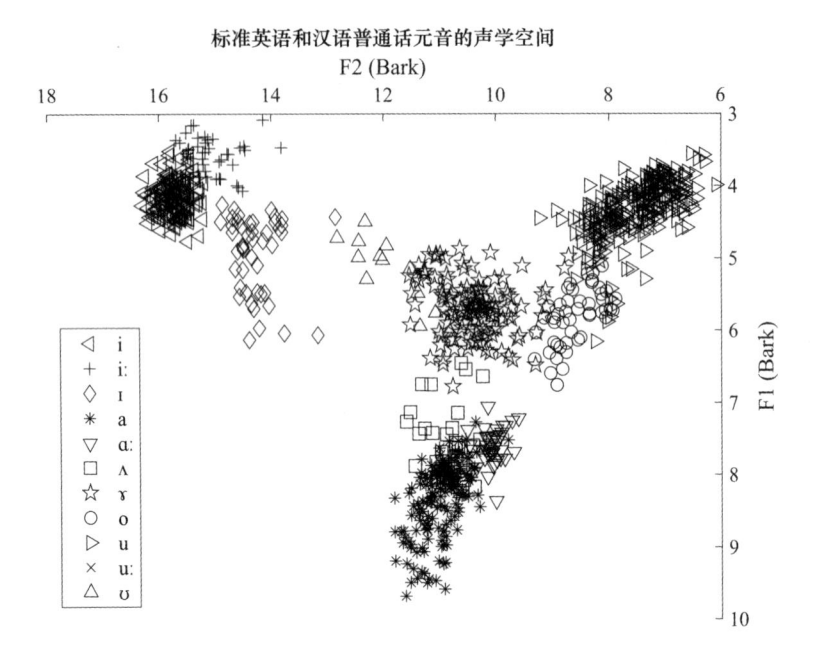

图 4-9　标准英语和汉语普通话数据音节中所含元音的声学元音图

第三节　数据的表征

一　语音特征的描写

对汉语普通话母语者的声调研究表明，词汇声调信息的表征对于母语者而言是独立的，不依附于声母或韵母等音段信息（周晓林、汪默、庄捷，2001；武宁宁、舒华，2003）。因此，在本研究中，我们对语音特征的描写分为音段特征和超音段特征两部分。

（一）音段特征的描写

利用神经网络对语音习得进行建模的研究十分有限，现有的研究以 Kröger 等人的工作为主。从传统实验语音学的角度来看，元音的语音特征主要由共振峰的频率特性决定。其中决定元音音质的主要是元音的第一共振峰（F1）、第二共振峰（F2）和第三共振峰（F3）。Kröger 等（2009）在建模研究中曾采用归一后的共振峰信息来描述元音特征，包含 3 对共 6 个特征，分别是 F1、1–F1、F2、1–F2、F3 和 1–F3。同时采用 F1、F2、F3 和与之共轭的 1–F1、1–F2、1–F3 是为了使用于表征每一个共振峰的特征都可以覆盖整个［0, 1］的参数空间，从而保证模型的稳定性。采用共振峰信息来描述元音特征的方法简单明了，但该方法能够反映的信息量十分有限，不能涵盖语音数据的全部频谱特征，更无法反映元音的时长信息。

对辅音声学特征的描写不像元音那样直观。从时间维度上看，辅音的 VOT（Voice Onset Time，嗓音起始时间）特征可以被用于区分不同的发音方法，例如区分辅音的送气和不送气特征。辅音的频谱特征虽说不像元音那样明显，但也是有规律可循的，例如强频集中区和音轨。从频谱特征上看，辅音的过渡音征可以大致区分不同的成阻部位（鲍怀翘、林茂灿，2014）。Kröger 等（2009）采用了过渡音征的信息来对辅音的声学特征进行描写。但与在元音特征表征上存在的问题一样，辅音的时长信息没有得到恰当的描写。

另外，Li 和 MacWhinney（2002）以及 Zhao 和 Li（2009b）在相关研究中采用 PatPho（Phonological Pattern Generator）的表征方案分别对英语和汉语的元音及辅音特征进行了描写。PathPho 对语音特征的表征采用的是音系（区别特征）的描写方法，例如"前—后""高—低""圆唇—非圆唇""送气—不送气""清—浊"等。但是，由于婴幼儿在语言习得早期并不具备母语的音系知识，所以采用音系特征去描写语音在本研究中是不恰当的。在语言习得早期，婴幼儿对语音特征的感知主要依赖声音的物理特征。

通过以上讨论我们可以看到，在描写元音或者辅音的声学特征时，需要采用一种基于物理特征的方式将时长信息和频谱信息进行统一编码，并且能够综合地反映元音和辅音的音质特征。因此，在本研究中，我们选择用声音的频谱图来实现对元音和辅音声学特征的表征。但是受计算条件的限制，若直接采用频谱数据进行模型训练是不经济的。为了适应小规模计算机建模的要求，我们需要将数据量庞大的频谱数据转换为可被模型接受的特征数据。Pasley 等（2012）和 Kannampuzha 等（2011）在研究中都提出了对语音频谱图进行量化表示的方法，分别如图 4-10 和图 4-11 所示。声音的频谱被按一定的单位间隔分割成许多方格形的单元，并采用热度值或灰度值表示每一个单元内的平均频谱振幅。通过这样的处理过程，复杂的频谱图就被转换成量化的特征数据了。

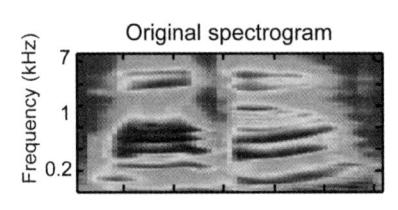

图 4-10 语音数据频谱特征的量化表示示意图（Pasley et al.，2012）

注：频谱图被量化为一个个方格形的单元，每一个单元的平均频谱振幅以热度值进行表示。

图 4-11 标准德语词 Jetzt [ˈjɛtst]（"现在"）的频谱特征表示示意图
（Kannampuzha，Eckers and Kröger，2011）

注：上图为音节结构的频谱图，下图为其对应的量化网络表示。每一个单元的平均频谱振幅以灰度值进行表示。

在 Pasley 等（2012）和 Kannampuzha 等（2011）研究的启发下，我们提出了基于频谱特征的描写方式来表征语音的声学特征，从而实现对语音声学特征的量化表示（见图 4-12）。我们使用 Bark 标度表示语音的频率特征，并将频谱信号转换为由 Bark 区间和时间窗所表示的量化频谱信息，从而将这些频谱信息表示为一个特征矩阵来表征每个语音信号的声学特征。通过采用 Bark 标度，我们对声音信号的表征更贴近人耳的感知维度，并且频谱信息可以真实清晰地反映元音共振峰的能量、辅音和元音之间共振峰的过渡段以及辅音和元音的分界位置等重要声学线索。更重要的是，该描写方式可以反映辅音和元音的时长信息，是对语音信息的一种动态表征。同时，该表征方式也符合联结主义理论所主张的分布式表征模式。

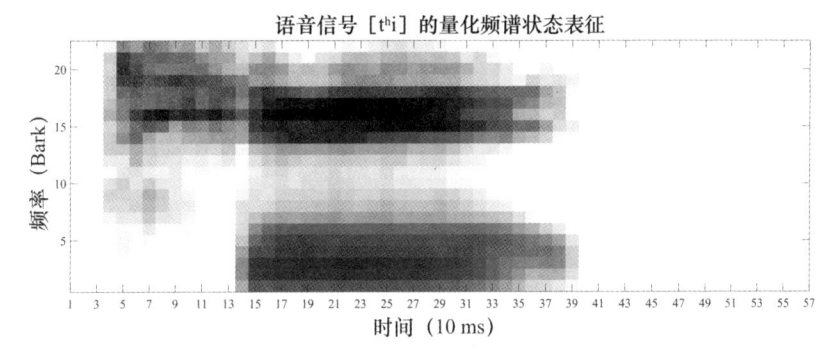

图 4-12　汉语普通话音节 [tʰi] 的声学信息表征示意图

注：每个状态单元的活跃程度以灰度值表示：0（白色）表示不活跃；1（黑色）表示最活跃。

（二）获得语音频谱量化表征的方法

本研究中，我们对所有语音数据的语音特征都采用量化的频谱特征来进行描写。将语音数据转换为量化的频谱特征需要经过一系列计算和转化工作，以下我们将详细说明转化过程。在对标准德语习得的模拟实验中，语音的处理单位是音节，即 V、CV 或 CCV 音节；在对汉语普通话习得的模拟实验中，语音的处理单位是音位，也就是将 CV 音节中的辅音和元音分开处理。两个实验所采用的推导过程基本相同，只是在对标准德语、标准英语和汉语普通话语音数据的一些细节处理上有所区别。以下，我们将先通过标准德语语音数据的处理过程详细介绍数据处理的步骤，然后再对标准英语和汉语普通话数据的处理加以说明。

1. 标准德语语音数据的处理

（1）标注

首先，我们需要采用 Praat 语音分析软件对原始的语音数据进行标注处理。我们需要将辅音和元音的分界标记出来。对于 V 音节来讲，我们将分界时刻标记在喉塞音 [ʔ] 之后[1]；对于 CV 音节来讲，我们将分界时刻标记在 C 之后；对于 CCV 音节来讲，我们将分界时刻标记在第二个 C 之后。标记完成后，我们需要分别计算每一个声音样本在分界时刻之前部分的时长（辅音部分，标记为 t_1）以及分界时刻之后部分的时长（元音部分，标记为 t_2），并分别找出这两部分在所有声音样本中的最大值 t_{1max} 和 t_{2max}。

（2）信号对齐及规整

首先，我们对声音信号求一阶导数，这相当于让信号通过一个 6 dB/oct 的高通滤波器。这样做的目的是为了去除基频的干扰。然后，我们以标记出的分界时刻为准，在时间轴上将所有的声音信号对齐。对齐之后，我们根据第一步中所确定的 t_{1max} 和 t_{2max} 的值，将所有声音样本中未达到最大时长的部分作补零处理（Zero-padding）。最后，我们在信号的首尾各添加两个 FFT 窗宽的零点作为冗余段，以减小在时域向频域转换的过程中信号首尾部分的失真。完成所有补零处理以后的结果如图 4-13 上部图形所示。

信号的对齐和规整对于我们最终获取正确的频谱表征序列十分关键。信号的对齐保证了不同声音信号之间相同时间片段的频谱序列所包含的声学信息是相互对应的。也就是说分界时刻之前的部分对应的是辅音的声学信息，而分界时刻之后的部分对应的是元音的声学信

---

[1] 在标准德语中，单独念元音时，会在元音前增加一个喉塞音 [ʔ]，例如 [a] 读作 [ʔa]。

息。通过对信号的时长进行补零处理，在真实反映原有声音信号有效时长的前提下，还可以保证所有信号的特征序列都具有相同的向量长度。由于 GSOM 等自组织网络模型[①]要求训练数据具有相同长度的特征向量，所以对信号进行时长的补零规整是必要的数据处理步骤。

（3）计算信号的频谱

在将语音信号从时域转换至频域时，我们对信号作 2048 点的快速傅里叶变换（FFT），采用 256 点的翰明（Hamming）窗，及 45 点的重叠采样。所得的频谱在频率维度有 2048 个采样点，可以保证很高的频谱分辨率；在时间维度，采样窗宽为 256/44100 Hz ≈ 5.8 ms，从而保证我们可以获得宽带频谱信息。每个采样点的时间分辨率为 45/44100 Hz ≈ 1 ms。

然后，我们采用公式 4-2 将频谱振幅转换为分贝（dB）表示。根据人类能感知到的最小振幅（Reetz and Jongman，2011），我们将公式 4-2 中的参考振幅设为 $2×10^{-5}$ Pa。此外，我们将振幅的动态范围（Dynamic Range）设为 40 dB。在得到频谱振幅的分贝表示以后，我们分别对每一个信号频谱的分贝值进行线性规整，从而使每个信号的频谱振幅都可覆盖 [0, 1] 的区间。这样做是为了保证每个信号的频谱振幅都可以占据整个状态激活空间。处理结果如图 4-13 中部图形所示。

$$\text{dB} = 20×\log\left(\frac{\|\text{振幅}\|}{\|\text{参考振幅}\|}\right) \quad (4\text{-}2)$$

（4）频谱表征转换

在频率维度，我们利用公式 4-3 将频谱的频率信息（F）由 Hz 转换为 Bark 标度。根据 Bark 值，我们将频率维度中的每一个 Bark 划为一个单元，共得到 24 个单元。在时间维度，我们将时间信息以 10 个样本（约 10 ms）为一个单元进行合并。之后，我们可以求得每一个由 1 Bark × 10 ms 所构成的单元内的频谱振幅均值。如此一来，我们以 24 个单元表示频谱的频率维度，以 57 个单元表示频谱

---

① 关于自组织网络模型的介绍，请参看第五章的内容。

的时间维度，总共采用 24 × 57 = 1368 个单元的矩阵来表示一个信号的频谱特征。然后，我们分别对每个信号的频谱特征矩阵进行线性规整，使每个信号的频谱振幅都可以覆盖 [0, 1] 的区间。我们以灰度值表示每一个单元内振幅的强度，即 0（白色）表示振幅为最小，1（黑色）表示振幅最大，结果如图 4-13 下部图形所示。从联结主义理论的分布式表征角度来看，灰度值反映了每一个特征单元在进行整体特征表征时的激活程度。在实际训练时，我们还需将数据的特征矩阵（24 × 57 结构）转换为特征序列（1 × 1368 结构），以构成用于模型训练的特征向量。

$$Bark = 13\tan^{-1}(0.00076F) + 3.5\tan^{-1}\left(\left(\frac{F}{7500}\right)^2\right) \quad （4-3）$$

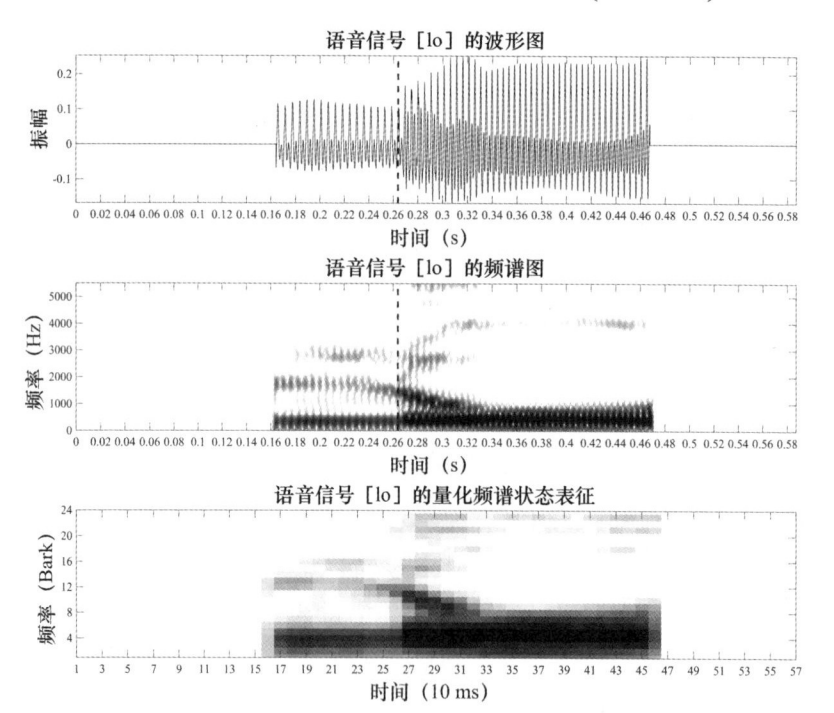

图 4-13　标准德语音节 [lo] 的语音数据处理过程示意图

注：上图为语音信号的波形图，左右两段振幅为 0 的部分为补零规整添加的部分，竖虚线标出的位置为元音与辅音分界时刻的标记。中图为语音信号的频谱图，竖虚线标出的位置为元音与辅音分界时刻的标记。下图为量化后的频谱状态表示。

2. 英语及汉语普通话语音数据的处理

（1）标注

由于实验中模型对标准英语和汉语普通话数据的处理单位是音位，所以我们首先需要对所有标准英语和汉语普通话的音节进行切分。切分之后，我们对辅音部分和元音部分分别进行处理。

对辅音部分的处理与标准德语处理过程中对音节的处理类似。辅音数据中存在浊辅音和清辅音（包括清不送气和清送气辅音）两大类，所以辅音的除阻时刻是对齐各个声音样本的一个重要标记。因此，在每一个辅音样本中，我们都标记出辅音的除阻时刻。标记完成后，我们分别计算除阻时刻之前部分的时长（持阻部分，标记为 t_1）以及除阻时刻之后部分的时长（除爆破部分，标记为 t_2），并分别找出这两部分在所有标准英语和汉语普通话辅音样本中的最大值 $t_{1\max}$ 和 $t_{2\max}$。

对元音的处理则相对要简单一些。由于实验中所采用的都是单元音，所以元音部分的声学特征是稳态特征。因此，我们只需要将所有元音的起始点标记出来，以用于第二步中的信号对齐。此外，我们还要统计所有元音的最大时长，以用于第二步中的补零规整处理。

（2）信号对齐及规整

在对语音信号进行处理之前，我们首先以 16 kHz 的采样率对标准英语和汉语普通话的语音数据进行重采样，以统一两组数据的采样率。对辅音信号的对齐以第一步中标记的除阻时刻为准，对元音信号的对齐以第一步中标记的元音起始时刻为准。将辅音信号对齐以后，我们根据第一步中所确定的 $t_{1\max}$ 和 $t_{2\max}$ 的值，分别对所有辅音样本中未达到最大时长的部分作补零处理。对元音数据进行处理时，我们将元音信号对齐以后，根据第一步中找出的元音最大时长，将所有元音样本中未达到最大时长的部分作补零处理。最后，我们在辅音信号和元音信号的首尾各添加两个 FFT 窗宽的零点作为冗余段，以减小在时域向频域转换的过程中信号首尾部分的失真。

(3) 计算信号的频谱

我们对信号作 1024 点的快速傅里叶变换，采用 80 点的高斯 (Gaussion) 窗及 16 点的重叠采样。所得的频谱在频率维度有 1024 个采样点，可保持较高的频谱分辨率；在时间维度，采样窗宽为 80/16000 Hz = 5 ms，从而保证我们可以获得宽带频谱信息。每个采样点的时间分辨率为 16/16000 Hz = 1 ms。

然后，我们采用公式 4-2 将频谱振幅转换为分贝表示，并将振幅的动态范围设为 30 dB。在得到频谱振幅的分贝表示以后，我们同样对每一个信号频谱的分贝值进行 [0, 1] 区间上的线性规整。

(4) 频谱表征转换

在频率维度，我们利用公式 4-3 将频谱的频率信息 (F) 由 Hz 转换为 Bark 标度。根据 Bark 值，我们将频率维度中的每一个 Bark 划为一个单元，共得到 22 个单元。在时间维度，我们对辅音和元音的表征采取了不同的时间分辨率，因为人脑在处理瞬时 (Transient) 信号和稳态 (Steady) 信号时所采用的时间窗是不同的 (Giraud and Poeppel, 2012; Morillon, Liégeois-Chauvel, Arnal, Bénar and Giraud, 2012)。对于辅音信号，我们将时间信息以 2 个样本 (2 ms) 为一个单元进行合并。在此基础上，我们可以求得每一个由 1 Bark × 2 ms 所构成的单元内的频谱振幅均值。最终，我们以 22 个单元表示频谱的频率维度，以 134 个单元表示频谱的时间维度，共采用 22 × 134 = 2948 个单元的矩阵来表示一个辅音信号的频谱特征。对于元音信号，我们将时间信息以 10 个样本 (10 ms) 为一个单元进行合并。在此基础上，我们可以求得每一个由 1 Bark × 10 ms 所构成的单元内的频谱振幅均值。最终，我们以 22 个单元表示频谱的频率维度，以 52 个单元表示频谱的时间维度，共采用 22 × 52 = 1144 个单元的矩阵来表示一个元音信号的频谱特征。最后，我们分别对每一个信号的频谱特征矩阵进行 [0, 1] 区间上的线性规整，并以灰度值表示每一个单元内的振幅强度。在实际训练时，我们需再将数据的特征矩阵(22 × 134 和 22 × 52 结构)转换为特征序列(1 × 2948 和 1 × 1144

结构），以构成用于模型训练的特征向量。

（三）超音段特征的描写

对于汉语普通话而言，声调具有区分意义的作用，是汉语普通话语音声学特征中的重要构成成分之一。汉语普通话的声调是典型的曲折调（Contour Tone）系统，所以传统语音学对普通话声调的描写是基频（F_0）曲线的形状特征，基频曲线的走势决定了声调的类型。通过跨语言的研究，Gandour 和 Harshman（1978）指出，基频的走势和基频的均值这两个维度可以很好地解释声调语言的母语者和非母语者在感知空间上存在的差异。对汉语母语者而言，调形（基频的走势）是汉语声调感知的首要线索，比音高高度（基频的均值）更为关键。Gauthier 等（2007a，2007b，2009）在普通话声调习得的研究中，便采用 F_0 的速度特征（基频的一阶导数）来描写声调，并指出 F_0 的速度特征可以更加准确地反映汉语普通话的声调特点。

在汉语普通话音位习得的模拟实验中，我们要分别模拟婴幼儿与生俱来的普遍感知能力，以及伴随语言学习进程而逐渐形成的语言相关的感知能力。对声调而言，普遍的感知能力就是 Werker 和 Logan（1985）所描述的语音处理感知，是基于对声学信号物理特性的感知；而语言相关的感知能力就是 Werker 和 Logan（1985）所描述的音位处理感知，是基于对母语知识和语义的加工。因此，为了在实验中准确地模拟上述对声调的感知过程，我们采用了统一的表征和不同的加工方式来模拟婴幼儿在语言发展的不同阶段对声调的感知模式。我们认为，对语音信息的表征应具有客观性和时空一致性，不应随婴幼儿年龄的增长或者语言能力的发展而转变；造成语音感知差异的原因是加工机制的变化。因此，我们采用基频曲线的采样值来统一描写声调的特征。在模拟普遍感知能力时，模型将通过基频的数值（音高）来加工声调信息，而在开始语言学习（母语学习）后，模型将转而以基频的走势（调形）来加工声调信息。

为了统一表征向量的长度，方便模型的训练，我们将标准英语和汉语普通话基频数据的时长进行了规整。规整时，对于每一条基频曲线，我们在起始点和结束点之间均匀地取 8 个采样点，再加上首尾两个点，共以 10 个采样点来对该基频曲线进行表征。为了尽可能消除不同发音人之间在基频特征上的差异，我们对标准英语和普通话数据的基频值进行了 Z-score 规整。最终，为了满足模型训练所需要的表征要求，我们将所有基频的 Z-score 值进一步规整至 [0, 1] 区间上。完成规整以后，我们对汉语普通话数据中的阴平、阳平、上声和去声分别取均值，然后绘制了汉语普通话四个声调的音高曲线（见图 4-14），其结果与相关研究中（鲍怀翘、林茂灿，2014；李晟熏，2010）所描述的汉语普通话的声调特征相符。

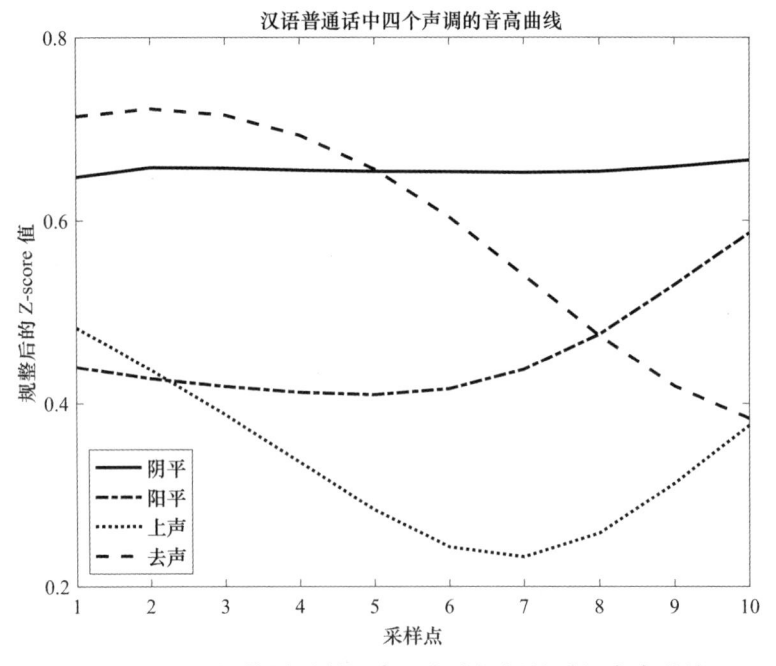

图 4-14　汉语普通话数据中四个声调规整后的音高曲线

从系统性来看，本研究所采用的声调特征描写方式存在两方面的局限性。第一，本研究没有对调阶特征进行描写。与声调的调形不同，调阶决定了声调的音高等级，例如高、中、低等。在一些声调语言中，调阶的不同会导致声调的对立。例如粤语中，阴平 [55]、阴去［33］和阳去［22］都是平调，但它们却是三个不同的调位，相互对立。由于调形相同，所以将这三个声调区别开的就是调阶特征。此外，在一些平调（Register Tone）系统的语言（如班图语族的语言）中，调阶是非常重要的声调区别特征。但是由于普通话的声调并不存在调阶的对立，所以我们并没有将调阶作为声调的描写特征之一。类似的，Gauthier 等（2007a，2007b，2009）在对普通话声调习得的研究中，只采用调形特征来描写声调，而没有采用调阶特征。当然，我们并不认为调阶特征不重要；只是在本研究中，由于调阶对普通话声调的区分作用有限，所以为了简化特征表示，我们没有专门对调阶特征进行描写。第二，本研究对声调的时长进行了规整，所以本研究对声调的描写没有反映不同声调之间在时长上的差异。时长是声调的一个重要属性，对汉语普通话而言，通常上声的时长要略大于其他声调（鲍怀翘、林茂灿，2014）。不过在汉语普通话中，时长在声调中并无一定的相对关系（鲍怀翘、林茂灿，2014），所以声调的时长并不是区别性特征，即时长的差别不会造成声调的对立。因此，为了统一表征向量的长度，方便模型的训练，我们对声调的时长进行了规整。

二 语义特征的描写

对语义特征的描写方法可以分为两类，一类是基于典型特征（Feature-based）的描写，另一类是基于语料库（Corpus-based）的描写。

在基于典型特征的描写方法中，词汇的意义由一组特征元素构成的特征向量来表示，每一个特征元素都代表一个描述特征。获取特征最基本的方式是人为列举法，或称为"头脑风暴"（Brain Storming），主要从描述人对词的理解出发，对词的意义进行感性的描写。例如 Kröger 等（2011）所采用的就是这种方法。这种方法比较灵活且贴近生活，但人为列举出的特征往往缺乏系统性，并会伴随一定的冗余特征。词汇典型特征的另一种描写方法是基于语义区别特征的描写，例如祁文慧（2011）采用该描写方式对 1—3 岁儿童的词汇和语义特征进行了分析。这种方法虽然可以很好地保证所列特征的系统性，但婴幼儿在语言习得早期并不具备相应的语义区别特征分析能力。

在基于语料库的描写方法中，词汇的语义信息是通过统计词汇的下文关系得出的，例如 Google 开发的 Word2Vec（Mikolov，Sutskever，Chen，Corrado and Dean，2013）等。这种方法的底层假设是：如果两个词总是出现在相同或相似的上下文环境中，那么它们应该具有相似的意义或者它们应该属于相似的词汇分类。也有研究者采用此类方法开展了一些语言习得相关的研究（Li，Farkas and MacWhinney，2004；Li，Zhao and MacWhinney，2007；Zhao and Li，2005；Zinszer and Li，2010；Zhao，Li and Kohonen，2011）。

在本研究中，我们关注的是婴幼儿的语言习得过程，所涉及的语义理解发生在语言发展的早期。从习得的角度出发，婴幼儿对词汇的理解更多是依靠在与家长和周围环境接触过程中通过不同感知路径反馈所得到的信息，例如听觉信息、视觉信息、触觉信息、嗅觉信息、味觉信息等。在语言习得早期，婴幼儿尚不具备完善掌握语义区别特征的能力，因此对本研究而言，采用语义区别特征的描写并不是合理的语义表征方法。另外，周围环境的语音刺激中所出现的上下文频率信息更多的贡献是帮助婴幼儿进行分词以及习得句法框架，而对帮助婴幼儿理解词汇意义本身的贡献则比较有限，因此我们也没有采用基于上下文关系的描写方式。在语言交流中，人们听到的词汇所触发的往往是在大脑中存储的对事物的心理表征（心理词汇）。例如：当听到"出租汽车"时，人们大脑中激活强度最高的一系列语义特征可能会是：四轮的、可以载人的、按里程收费的、舒适的、交通工具等。而另一种可能的语义特征序列的激活程度则要相对较低：租赁服务、需签署合约、事物移交等。由此我们可以看出，词汇的意义是由被激活的语义特征联合决定的，而基于典型特征的描写方式更符合这样的认知模式，并且该表征方式同时也符合联结主义理论所主张的分布式表征模式。因此，在本研究中，我们采用基于人为列举词汇典型特征的方式来描写词汇的语义特征。为了保证所列特征的系统性和稳定性，我们邀请多名表述人来参与描写，并以词典释义的特征作为辅助。

（一）标准德语语义数据的表征

在标准德语音位习得的模拟实验中，我们从《标准德语儿童图书语料库》的名词里选取了词频排序在前 10 位的词作为实验数据集。我们邀请了两位德国亚琛工业大学（RWTH Aachen University）的本科学生来描述这 70 个词的语义特征，他们均为德国人且讲标准德语。在描述过程中，我们向描述者提出了一定的限制，要求他们从感官的角度（如视觉、听觉、触觉和嗅觉等方面）去描写所给词语的一些可以直接观察到或者感受到的特征（感官特征），并采用婴幼儿可以理解的尽可能简单的表达形式来对特征进行表述。最终，我们将两位描述者所列出的 70 个词的语义特征进行合并，共得到 470 个特征。在保持词语之间区别性的同时，我们将一些冗余或重复的特征去掉，最终共保留了 360 个特征。其中，对一个词的描写最多采用 30 个特征，最少采用 1 个特征，平均采用 12.63 个特征。表 4-6 列出了频度排在前 10 位的语义特征。每一个词的详细语义表征请参见附录二，语义特征频度的完整列表请参见附录三。

表 4-6　频度排在前 10 位的标准德语词汇语义特征

频度	标准德语描述	中文翻译
27	hat zwei Augen	有两只眼睛
21	hat eine Nase	有一只鼻子
21	hat einen Kopf	有一个头
18	hat zwei Beine	有两条腿
16	ist ein Gegenstand	是一个物体
16	ist ein Tier	是一种动物
15	hat eine Haut	有皮肤的
14	hat zwei Arme	有两只胳膊
13	hat einen Mund	有一张嘴
12	es gibt verschiedene Arten	有不同的类型

对于 70 个实验数据中的每一个词，我们都采用 360 个特征来进行描写。我们采用二进制编码（Binary Coding）对每一个词的语义特征进行编码。也就是说，对于每一个词，在所采用的 360 个语义特征中，该词所具备的特征被标记为"1"，而该词所不具备的特征则被标记为"0"。因此，最终我们得到的对一个词的语义信息的表征为一列由 360 个 1 或 0 元素所构成的特征向量。

（二）汉语普通话语义数据的表征

在汉语普通话音位习得的模拟实验中，两个年龄段我们共选用了 75 个词条以构建语义数据。我们邀请了 6 位中国社会科学院语言研究所的研究生来描述这 75 个词的语义特征，他们均具有语言学背景且讲汉语普通话。在描述过程中，我们向描述者提出了与描写标准德语词汇语义特征相同的限制和要求。最终，我们将 6 位描述者所列出的 75 个词的语义特征进行合并和整理，共得到 311 个特征。其中，对一个词的描写最多采用 58 个特征，最少采用 3 个特征，平均采用 17.66 个特征。表 4-7 列出了频度排在前 10 位的语义特征。每一个词的详细语义表征请参见附录六，语义特征频度的完整列表请参见附录七。

表 4-7　　频度排在前 10 位的汉语普通话词汇语义特征

频度	特征描述
32	可以触及的
32	有重量的
31	有体积的
25	伴有声音的
25	对物体的
24	有数量的
20	摸起来柔软的
17	运动的
15	常见的
15	有高矮的

对于 75 个实验数据中的每一个词，我们都采用 311 个特征来进行描写，并采用二进制编码对每一个词的语义特征进行编码。最终我们得到的对一个词的语义信息的表征为一列由 311 个 1 或 0 元素所构成的特征向量。

第四节 小 结

在这一章中，我们详细介绍了标准德语音位习得模拟实验和汉语普通话音位习得模拟实验所需要用到的语料数据，对数据进行了语言学分析，并提出了对语音特征和语义特征的表征方式。在标准德语实验中，我们所采用的标准德语数据分为语音和词汇语义两部分。数据采集过程中，我们没有采用真实的语音—语义对应关系，而是选用真实的词汇语义与简化的音节语音，构建了一种基于标准德语的模型语言。在汉语普通话的模拟实验中，我们采用标准英语和汉语普通话两部分数据，其中标准英语数据只包含语音形式，而汉语普通话数据则包含语音和词汇语义两种形式。在实验中，我们将用标准英语数据与部分汉语普通话数据构成普遍模型训练阶段的训练数据。通过对汉语普通话词汇数据的分析，我们将母语习得阶段的数据划分为 12—18 个月和 19—36 个月两个年龄段，以反映语言学习中不同年龄段婴幼儿的家长输入语在音位分布模式上的变化。通过对语音数据的分析，我们认为标准英语和汉语普通话发音人的语音表现都接近相应语言的标准音，可以满足本研究的建模需求。本研究中，我们采用量化的语音频谱图来描写辅音和元音的声学特征，采用基频曲线的采样值来描写声调的声学特征；我们采用基于人为列举词汇典型特征的方式来描写词汇的语义特征。在第六章和第七章中，我们将分别介绍标准德语音位习得的模拟实验和汉语普通话音位习得的模拟实验。

第 五 章

神经网络算法设计

在第三章中,我们介绍了本研究提出的两个神经计算模型。如果说神经计算模型模拟的是大脑结构,那么神经网络的算法模拟的便是大脑的运算机制。在这一章中,我们首先介绍自组织网络(SOM)的基本结构和原理。然后,我们将从空间维度、时间维度和神经可塑性三个方面详细探讨自组织神经网络模型的生理合理性。为了满足对语言习得建模的需求,在充分了解 SOM 的特点和局限性之后,我们将以可扩展的自组织神经网络(GSOM)为基础,提出改进的神经网络算法。我们将详细介绍本研究所提出的,改进的可扩展的自组织神经网络的结构和相应的学习算法,以及学习算法所模拟的学习机制。

第一节 自组织网络的基本结构和原理

在神经计算模型中,每个神经网络模块都负责相应领域的学习任务。决定每个神经网络学习模式的就是网络的结构和相应的学习算法。从建模的角度来看,语言习得可以被抽象为一个知识学习的过程。在众多对知识学习算法的研究中,Kohonen(1982,1990,2001)提出的一种自组织网络模型(Self-Organizing Map,SOM)应用十分广泛。

SOM 自组织网络由输入层和输出层构成（见图 5-1a）。通常情况下，输入层为训练数据层，包含所有的训练数据以及其向量表征。每一个训练数据（如图 5-1a 中的 x_1, x_2, x_3, $\cdots$, x_n）的特征都由一串相同维度的经过归一化处理的特征向量来表示。这是一种分布式的表征，向量的元素在 [0, 1] 内取值。以手写阿拉伯数字的图形为例（如图 5-2a 中的每个数字图形），我们可以将每一个数字的图形归入一个大小相同的方格空间中（如 100 像素 × 100 像素的方格），从而使所有训练数据都具有相同的向量维度（如 $100 \times 100 = 10000$ 维），构成标准化的向量空间。之后，我们可以将方格中每个像素点的灰度值作为特征向量的构成元素，以实现对数字图形信息的表征。最后，我们还需要进一步将向量矩阵（如 100×100 结构）展开成向量序列（如 1×10000 结构），以构成便于模型训练的向特征量[①]。

输出层一般为 m × n 结构的二维矩形网络，以方便研究者们观察数据的分布特征。网络中有 m × n 个模型神经元（Model Neuron）节点，每一个节点都具有与训练数据相同维度的特征向量序列，用来学习、处理和存储知识。在模型训练的初始化阶段，输出层网络中所有模型神经元节点的特征向量都会被初始化为随机值，从而使模型神经元节点具备"活性"，并处于待激活状态。例如，图 5-2b 为一个 15 × 15 大小的模型网络（图中并未标出各模型神经元节点的边框），随机初始化之后，每一个模型神经元的表征都是一片无规律的噪声模式。

[①] 我们在第四章第三节介绍语音特征的量化表示时所提到的"信号对齐及规整""计算信号的频谱"以及"频谱表征转换"，与此处说明的对手写阿拉伯数字图形训练数据的处理过程原理相同。

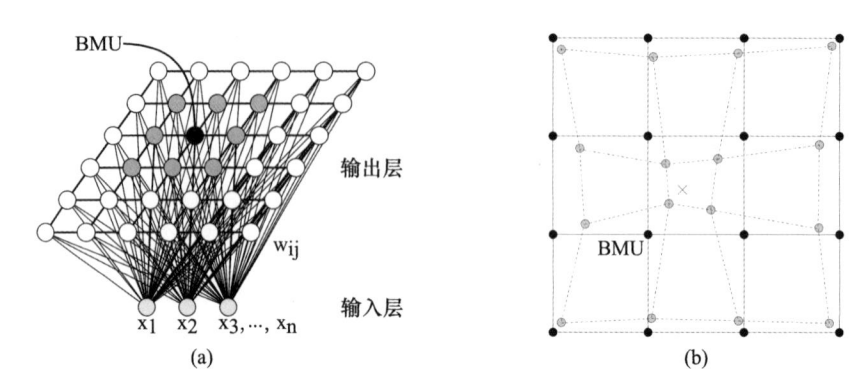

图 5-1　SOM 的网络结构及权值更新示意

注：（a）SOM 的网络结构由输入层和输出层构成。（b）网络中 BMU 节点及邻域内节点的权值更新机制。黑色实线网络为初始状态，×代表训练数据的特征，灰色虚线网络为权值更新之后的状态。训练结束后，邻域内的节点全部向训练数据的特征靠近。

在训练过程中，模型会将训练数据与输出层网络中的每一个模型神经元节点的特征向量进行比较（如图 5-1a 中输入层与输出层之间的链接所示），从而在网络中找到与该输入训练数据特征最接近的模型神经元节点，即最佳匹配单元（Best Matching Unit，BMU，如图 5-1a 输出层中标出的黑色节点所示），从而激活 BMU 及 BMU 邻域范围内的模型神经元节点（如图 5-1a 输出层中的灰色节点所示）。当大脑接收刺激信号时，大脑皮层中相应区域的神经元会被激活，而这种激活是受控的局部激活。SOM 的模型训练机制从一定程度上模拟了人脑的这种激活方式。模型在比较训练数据与网络中节点的特征差异时，通常采用欧氏距离（Euclidean Distance）来计算两特征向量之间的距离，如公式 5-1 所示。

$$d(x,y) = \sqrt{(x_1-y_1)^2+(x_2-y_2)^2+\cdots+(x_i-y_i)^2+\cdots+(x_n-y_n)^2}$$

（5-1）

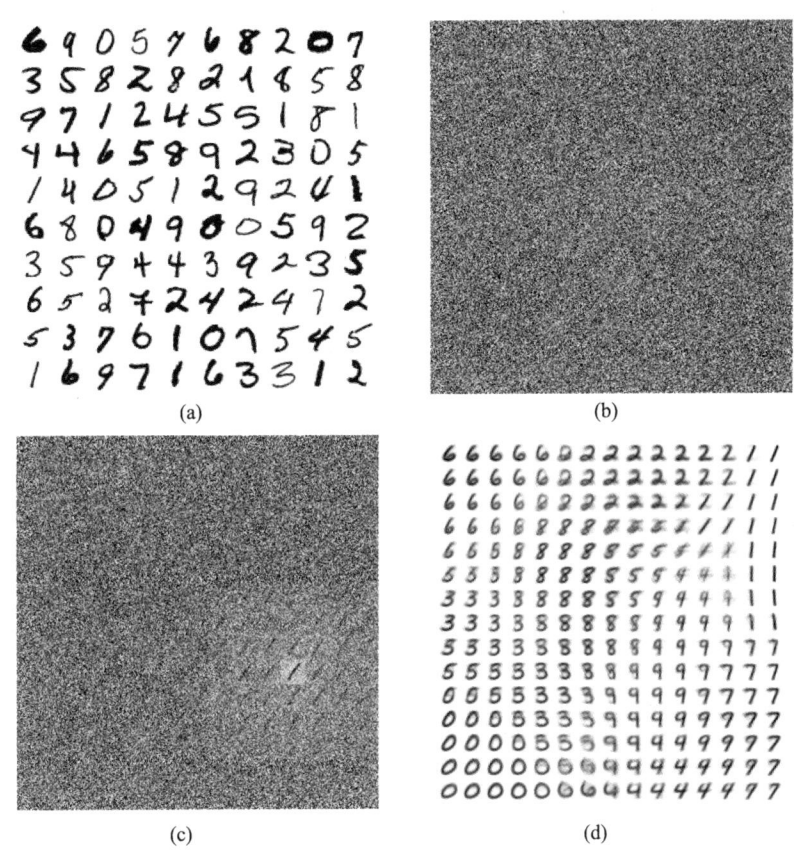

图 5-2　SOM 网络对手写阿拉伯数字图形进行学习的示意图
（Giobergia and Piccolo，2017）

注：(a) 表示训练数据。(b) 表示初始化之后的模型网络。(c) 表示对某个手写数字"1"的训练数据进行学习之后的模型网络。(d) 表示对全部训练数据进行学习之后的模型网络。

网络对训练数据（知识）的学习，是通过更新网络中模型神经元节点的特征向量来实现的。在学习过程中，SOM 模型会更新 BMU 节点及 BMU 邻域内节点特征向量的权值。这其中，BMU 节点的更新幅度最大，BMU 邻域内节点的更新幅度受邻域函数的制约，随着与 BMU 距离的增大而逐渐减小。模型通常采用高斯函数作邻域函数 $h(t)$，如公式 5-2 所示，其中 d_{ix} 代表网络中 BMU 节点 i 与 BMU

邻域内的节点 x 之间的距离，$\sigma(t)$ 代表当前的邻域范围。这样的权值更新模式可使与训练数据特征最接近的 BMU 节点（激活程度最高的节点）产生最大程度的学习效果，而与 BMU 相邻的模型神经元也进行了一定程度的学习，学习效果随距离的增大而逐渐减弱。通过对邻域内模型神经元节点特征向量的更新，邻域内节点的特征会逐渐向 BMU 节点的特征靠近（见图 5-1b），从而形成对一个神经网络区域的激活和对区域内模型神经元表征的更新。与此同时，模型的学习效果还会受到学习率的制约。学习率函数为单调递减函数，随着训练的进行，学习率逐渐减小。SOM 模型更新网络中神经元节点特征向量的规则如公式 5-3 所示，其中 ω_i 表示网络中神经元节点的特征向量，$R_{learn}(t)$ 表示学习率函数，$h(t)$ 表示邻域函数，$x(t)$ 表示训练数据的特征向量，N 表示网络中模型神经元节点的数目。

$$h(t) = \exp\left(-\frac{d_{ix}^2}{2\sigma(t)^2}\right) \quad (5-2)$$

$$\omega_i(t+1) = \omega_i(t) + R_{learn}(t) \times h(t) \times (x(t) - \omega_i(t)), i \in N \quad (5-3)$$

在训练过程中，模型网络通过上述对模型神经元节点特征向量的调整，来实现对知识特征的获取。图 5-2c 展示了某个手写数字"1"的训练数据输入经过初始化的网络（见图 5-2b）后，模型神经元的学习结果。从图 5-2c 中，我们可以明显辨认出 BMU 节点及其邻域范围。邻域范围内的节点呈现出了近似数字"1"的特征模式：BMU 节点的特征模式最为清晰，距离 BMU 节点越远的节点，其特征模式越模糊。而位于邻域范围以外的节点，则未被激活，没有产生学习效果。这清楚地反映了 SOM 对模型神经元的局部激活策略。

随着训练数据的持续输入，网络从始至终都在进行自我组织。特征相似的模型神经元节点会聚集在一起，而特征不同的模型神经元节点会彼此疏离。通过多次迭代训练，最终，在输出层的网络中我们会得到模型对知识的表征（图 5-2d 中所示，为网络对手写阿拉伯数字图形的学习结果）。网络中每一个模型神经元节点所学到的是对特征的表征（如由像素的灰度值所组成的特征向量序列），而我们在模型网络中所观察到的模式的分布（如图 5-2d 中不同数字的区域），是网络中节点通过对底层元素的表征在表层浮现出的知识范畴。

第二节　自组织神经网络的生理合理性

自组织网络可以近似地模拟一些生理机制，进而帮助我们模拟婴幼儿习得语言过程中所涉及的神经处理机制。但是，我们必须清楚地认识到，自组织网络是高度抽象的神经网络，该网络中的每一个模型神经元所代表的只是大脑中的一个皮质柱（Cortical Column）（Mountcastle, 1957），即许多生理神经元的组合（见图 5-3）。因此，模型网络中每一个模型神经元所表征的特征只是一个皮质柱中所有生理神经元所表征特征的均值；模型网络中每一个模型神经元的激活程度也只表示一个皮质柱中所有生理神经元激活程度的均值。

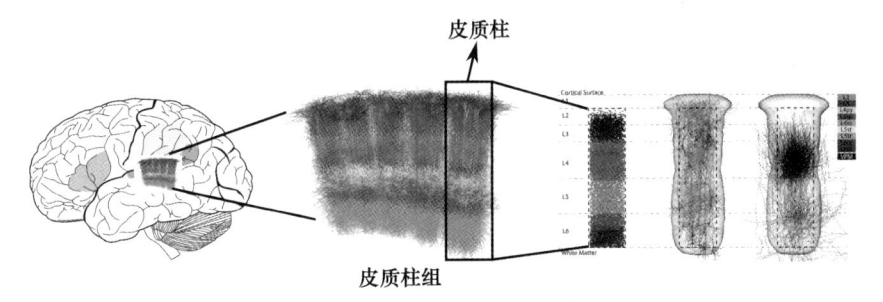

图 5-3　皮质柱的示意图
（Oberlaender et al., 2012a；Oberlaender et al., 2012b）

神经网络中，模型神经元之间的突触链接（Synaptic Links）会随着学习的推进而不断地更新并进行自我组织。因此，我们认为在婴幼儿刚出生时，只有一部分皮层神经结构是先天规划好的（如有的神经网络负责语言处理、有的神经网络负责视觉处理），而很大的一部分是需要婴幼儿在后天的学习中不断拓展和完善的。例如，婴幼儿在咿呀学语阶段，通过随意地调节自己的发音器官逐渐体会动作与感知之间的联系。

大脑皮层在组织知识时所采用的基本策略是统计学习策略，即通过非监督的学习对大脑皮层中各生理神经元之间突触链接的激活强度进行调节，实现对皮层中生理神经元的自我组织。自组织网络的自组织特性便模拟了大脑统计学习以及生理神经元的自组织机制。虽然自组织网络通常为二维结构，但我们可以把它看作是对皮层神经网络的一种抽象表示。通过对训练数据的学习，自组织网络可以通过模型神经元的空间分布关系浮现出数据中凸显的特征。例如，元音网络中的模型神经元按语音声学空间的"高—低"和"前—后"特征分布（Kröger，Kannampuzha and Neuschaefer-Rube，2009），辅音网络中的模型神经元按辅音的发音方法分布（Kröger，Kannampuzha and Neuschaefer-Rube，2009），声调网络中的模型神经元按声调的类型分布（Gauthier，Shi and Xu，2007a）等。除了自组织学习以外，竞争性学习也是模型网络在对学习机制进行模拟时的一个重要方面（Kröger，Kannampuzha and Neuschaefer-Rube，2009）。

自组织网络的一个主要劣势就是它的高度抽象性。在许多注重对神经生理进行准确描写的研究中，相关研究者，例如 Kasabov（2010），更倾向于使用 Spiking Neuron（神经元放电）模型。Spiking Neuron 模型十分注重时空分辨率，模型假设每一个模型神经元都代表大脑皮层中的一个生理神经元，而模型对神经元放电的模拟可以精确到 1 ms。因此，Spiking Neuron 模型对每一个生理神经元的放电和生理神经元组的串联放电都可以进行较为细致的模拟。而自组织网络则与 Spiking Neuron 模型不同，其模型网络中的模型神经元所代表的只是大脑中的一个皮质柱，模型对网络中模型神经元的激活代表的则是对皮质柱中所有神经元激活过程在时间上的累积（如 20—50 ms）。

自组织网络（尤其是 SOM）的另外一个劣势就是其网络的结构是受限的。由于神经元是高度可塑的，在学习过程中，被激活的神经元数量和神经网络范围应该按需求自行地增减。目前，一些研究者（Alahakoon，Halgamuge and Srinivasan，2000）提出的可扩展的自组织网络可以从一定程度上解决这个问题。

以下我们将从空间维度、时间维度和神经的可塑性三个方面来探讨自组织网络模型的生理合理性。

一　空间维度

相关的研究（Obleser，Lahiri and Eulitz，2004；Shestakova，Brattico，Soloviev，Klucharev and Huotilainen，2004；Obleser et al.，2006；Obleser，Leaver，Van Meter and Rauschecker，2010；Scharinger，Isardi and Poe，2011）证实，在 SOM 中所表现出的特征空间分布关系在大脑皮层网络中也有所体现，因此我们假设自组织网络中的每一个模型神经元代表一个或几个皮质柱（见图 5-3）。皮质柱的概念最早由 Mountcastle（1957）提出，并逐渐成为将大脑皮层的功能性和解剖特征相结合的重要理论（Mountcastle，1997；Goodhill and Carreira-Perpinan，2006）。Goodhill 和 Carreira-Perpinan（2006）将皮质柱定义为"皮层的基本信息处理元素"，其中每一个皮质柱负责分析和处理很小范围内的刺激。通过对感觉皮层的研究——例如，躯体感觉皮层（Mountcastle，1957）、视觉皮层（Hubel and Wiesel，1977）、听觉皮层（Schreiner，1995；Schreiner and Winer，2007）、运动皮层（Asanuma，1975；Hatsopoulos，2010）——以及对高级认知区域（Silver and Kastner，2009）的研究，研究者们验证了皮质柱的存在。

皮质柱由层级结构组成，共分为 6 层（见图 5-3）。第 4 层负责处理输入信号，并通过椎体细胞（Pyramidal Cells）将信号传递至输出层（第 2 层和第 3 层）（Mumford，1992）。与此同时，在皮质柱的内部，第 5 层和第 6 层内的椎体细胞负责处理皮质柱内纵向传输的神经刺激信号。在皮质柱每一层的网络中，相邻皮质柱的生理神经元之间会建立一些突触链接，但这些链接是受侧向抑制（Lateral Inhibition）的（Goodhill and Carreira-Perpinan，2006），即它们只在非常小的范围内发挥作用。而在第 4 层，生理神经元会形成一些与一定范围内的皮质柱之间进行交互的短距离突触链接（Goodhill and Carreira-Perpinan，2006）。SOM 中所采用的对 BMU 邻域范围内模型神经元节点的更新策略，可以从一定程度上模拟这种皮质柱之间的链接和抑制机制。

虽然在解剖特征方面（da Costa and Kevan，2010），以及功能性方面（Horton and Adams，2005），皮质柱的概念还受到一些研究者的质疑，但是我们认为，皮质柱所描述的纵向链接结构以及皮质柱对输入输出功能的表述，已经足以作为我们利用模型神经元构建二维皮层模型网络的理论支撑。

二　时间维度

与 Spiking Neuron 模型相比，自组织网络模型在时间维度的分辨率是比较低的。在自组织网络的训练中，模型在完成一次训练后才会对网络中的突触链接进行更新。也就是说，在自组织网络中，一次训练是最小的时间单位。网络对模型神经元的激活时间相当于大脑中许多生理神经元放电时间的总和。因此，网络对每一个模型神经元或者突触链接的更新实际上相当于 1 s 或更长的处理时间（Izhikevich，2007）。因此，自组织网络模拟的是一种离线（Off-line）学习，而不是对刺激信号（如语音刺激）的实时（Real-time）处理（在线学习，On-line Learning）。所以，自组织网络只模拟了一系列刺激信号和突触链接更新在时间上的累加效果，而并没有很好地体现时间维度的具体细节。

在本研究中，我们通过采用频谱状态来描述元音和辅音的声学特征，采用基频曲线来描述声调的音高和走势特征，将元音、辅音和声调在时间维度上的动态变化加入到了声学特征的表征信息中。

因此，从一定程度上讲，被激活的模型神经元所处理的是动态的刺激信息，也就是说，在模型的每个时间单位内，模型对数据表征的加工是动态的。但即便如此，由于自组织网络的局限性，我们依然需要将每一次训练作为一个时间单位，无法模拟实时的语言处理过程。但是在本研究中，我们认为，对于语言习得任务尤其是习得中所涉及的长时记忆的模拟，模型可以在时间维度的分辨率上做出一定的妥协。知识的表征、习得和存储是本研究所关注的重点，对语言信息的实时处理不是本研究所模拟的必要因素。

三 神经的可塑性

相关的研究证明，在生理神经网络中，生理神经元在空间上的分布关系是存在的，例如，对元音和辅音的感知（Obleser, Lahiri and Eulitz，2004；Shestakova，Brattico，Soloviev，Klucharev and Huotilainen，2004；Obleser et al.，2006；Obleser，Leaver，Van Meter and Rauschecker，2010；Scharinger，Isardi and Poe，2011）。而我们可以将这种分布关系看作是知识的拓扑结构在生理层面的真实反映。自组织网络可以通过自组织过程，对知识中所蕴含的拓扑结构关系进行表征，并将知识表示为二维网络中模型神经元的空间分布关系（Kröger, Kannampuzha and Neuschaefer-Rube，2009；Kröger, Birkholz, Kannampuzha, Kaufmann and Neuschaefer-Rube，2011）。此外，相关的研究（Ritter and Kohonen，1989）也证实，自组织网络可以十分有效地根据语义特征将词汇进行再组织。而 Spiking Neuron 模型并不具备这种对皮层网络中神经元拓扑结构进行感知的特性。

在模拟婴幼儿习得语言的过程中，我们将同时向模型网络呈现多个感知维度的信息（如语音信息和语义信息）。通过引入心理词汇层和语音知识层之间的映射链接，我们可以模拟关联学习（Associative Learning）的过程。利用关联学习机制，在咿呀学语阶段，婴幼儿可以逐渐学会将运动控制与体感反馈联系起来；而在模仿发音阶段，关联学习机制可以帮助婴幼儿在感知反馈和语音特征之间建立联系。因此，本研究所提出的模型网络不但可以在网络内部实现对模型神经元空间分布的组织（如语音或语义的范畴聚类），还可以在各个网络之间形成有组织的关联关系（如语音—语义链接）。这一点也是本研究所提出的模型网络结构生理合理性的另一体现，而 Spiking Neuron 模型并不具备这种特性。

尽管现在已经有研究者尝试将 Spiking Neuron 模型应用到语言处理的建模中（Warlaumont，2012），但距模拟复杂的语言处理和学习过程还有相当大的距离。而对自组织网络而言，一方面，正是由于自组织网络模型对生理神经网络的模拟是高度抽象的，所以它可以宏观地模拟复杂的语言交互和学习过程；另一方面，即便自组织神经网络模型有很强的抽象性，但是它也已经足以描述基本的神经系统原理，并且可以模拟自组织、关联学习、自适应、神经可塑性等生理机制。综上所述，我们认为自组织网络具有较高的生理合理性，符合我们对语言习得建模的要求。

第三节　自组织网络可扩展性算法研究概述

一　SOM 的特点和局限性

与 Spiking Neuron 模型这样基于神经解剖学的模型相比，SOM 自组织网络模型的结构要抽象的多。但即便如此，SOM 的学习模式可以模拟与知识学习相关的神经元激活、对周围神经元的抑制、学习过程中的促进与制约等生理现象，可以模拟学习过程中知识的自组织过程以及由特征到知识的浮现过程，具有较强的生理合理性。Ritter 和 Kohonen（1989）最早将 SOM 模型应用到语言相关的研究中。他们对语义表征的研究结果表明，SOM 有能力检测到词汇之间的逻辑相似性（Logical Similarity），并将意义相似的词归并到同一类别之中。由此可见，SOM 模型具有出色的自组织特性和对数据中拓扑结构的感知能力，可以模拟知识的拓扑结构以及知识学习过程中的自组织过程。对以 SOM 为基础的语言模型的详细介绍可以参看 Li 和 Zhao（2013）的研究。

知识学习过程的一个重要特点就是动态扩展性，即知识的内容是不断增加的，知识所涉及的领域是不断扩展的。虽然 SOM 可以很好地模拟知识的拓扑结构和知识学习中的自组织过程，但是受"灾难性干扰"（Catastrophic Interference）效应[①]（French，1999）的影响，SOM 模型无法有效地将新知识和现有的知识网络进行融合，因此在模拟知识的可扩展性上存在困难。所以，现有 SOM 模型的结构特点尚不能真实地模拟知识学习的过程。

二　可扩展的自组织网络研究

（一）以往研究对 SOM 可扩展性的探索

为了突破 SOM 模型在网络扩展性上的局限，许多研究者都基于 SOM 的算法提出了可扩展的自组织网络模型。最早的无监督可扩展网络模型之一是 Fritzke（1994）提出的 Growing Cell Structure（GCS）模型。在 GCS 模型中，每隔 λ（λ 为预设常数）次迭代就在现有网络中累积误差最大的位置添加一个新的节点。然而，GCS 这种添加节点的方法过于机械化，不符合自然的学习规律。Bruske 和 Sommer（1994，1995）在 GCS 模型的基础上提出了 Dynamic Cell Structures（DCS）模型。该模型中，新添加的节点更注重保持网络的拓扑结构，而非权衡每个节点的累积误差。Burzevski 和 Mohan（1996）提出了基于树形结构的层级式 GCS 模型（Hierarchical Growing Cell Structures）。在训练过程中，该模型允许在不影响网络整体结构的情况下删除某些节点。Cheng 和 Zell（1999，2000）提

[①] 例如，假设一个 SOM 网络通过训练习得了 100 个词，此时如果利用这个训练好的 SOM 网络再去学习 50 个新词，则新加入的这 50 个（新知识）会打乱之前 100 个词的学习结果。

出了 Multiple Growing Cell Structures 模型，允许在每次迭代中根据网络结构的情况适当地添加一个或多个节点，从而加快网络的收敛速度。Fritzke（1995a）在 Natural Gas 模型（Martinetz, Berkovich and Schulten, 1993）的基础上结合 GCS 的算法提出了 Growing Natural Gas（GNG）模型。GNG 模型的网络结构比 GCS 模型更为灵活。每个训练样本会在网络中激活"最佳"和"次佳"两个最佳匹配单元（Best Matching Unit, BMU），并通过竞争性 Hebbian 学习法（Competitive Hebbian Learning）在这两个 BMU 节点之间建立网络连接，从而使网络中特征相似的节点更加紧凑。Fritzke（1995b）还提出了一种 Growing Grid（GG）模型。该模型与 GCS 模型和 GNG 模型的训练算法基本一致，不过每次添加的不是一个节点，而是一整列或者一整行节点。Bauer 等（1992, 1997, 1998）提出了 Growing Self-Organizing Map 模型。该模型与 GG 模型相似，但区别在于模型总是在当前网络拓扑结构的中心添加新的行或列。另外，在每次添加新的节点之后，学习率都会再度变大，以帮助网络再次达到稳定状态，整个学习率函数类似锯齿形。Rauber 等（2002）提出了 Growing Hierarchical Self-Organizing Map（GHSOM），该网络可以对数据中特征之间所蕴含的层级关系进行表征，其扩展方法与 GG 模型相似。其他相关研究还有 Marsland 等（2002）提出的 GWR 模型，以及和 Kuremoto 等（2010）提出的 PL-GSOM 等。

以上所列举的这些可扩展的自组织网络模型在扩展网络结构时，大多都会添加一整列或一整行节点，这样的方式过于机械化，不符合学习过程的灵活性，也不利于网络的稳定。以上模型在其他一些方面也还存在一定的局限性，所以并不能很好地满足我们对语言习得中所涉及学习机制的模拟。

（二）可扩展的自组织网络 GSOM

Alahakoon 等（2000）对 SOM 网络的结构进行了重构，提出了可扩展的自组织网络（Growing Self-Organizing Map, GSOM）。与

传统的 SOM 相比，GSOM 的网络结构更为灵活，可以将新节点平滑地添加到现有网络中，并动态地扩展网络的结构。初始状态时，网络中只有 4 个节点，随着学习的进行，网络的结构可以自主地进行扩展（见图 5-4），并可以根据 BMU 及与 BMU 直接相邻节点的特征向量初始化用于储存新知识的新神经元节点的特征向量，使新添加的神经元节点平滑地加入到现有网络中。与 SOM 的批量（Batch）输入模式不同，GSOM 网络采用顺序（Sequential）的输入模式，即一次只读入一个训练数据，经多次迭代训练以后再读入下一个数据。这与婴幼儿的语言学习过程相似，即家长往往一次只教一个词语，并重复多遍。

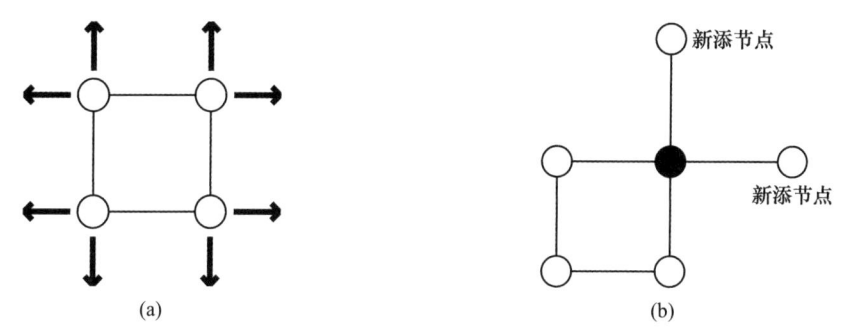

图 5-4 GSOM 模型的初始结构和扩展方式的示意图
（Alahakoon，Halgamuge and Srinivasan，2000）

注：（a）初始状态下，网络的结构可以延边缘节点的任意方向向外扩展。（b）网络可根据扩展需求于边缘节点处添加新的节点。

GSOM 网络模型算法引入了两个参数来控制网络的增长，分别是累积误（Accumulate Error）和增长阈值（Growth Threshold）。增长阈值 T_{grow} 被设置为训练数据特征维度的函数，如公式 5-4 所示，其中 D 代表训练数据的特征维度，SF 为扩展参数，在（0, 1）内取值。对于每个训练数据，网络都会计算该训练数据与它在网络中 BMU 节点之间的特征向量距离，以得到相应的误差值。所以对于网络中的每个节点而言，它与训练数据之间的误差值也是该节点的一个重要属性，且该误差值会在训练过程中不断累积，因此将该累积的误差值称作累积误。当某个模型神经元节点的累计误超过设定的增长阈值时，说明该节点所在的区域［或称为Voronoi 区域（Okabe，Boots and Sugihara，2000）］已不足以完成对相应知识的表征，进而需要占用更多的神经元来表征知识。此时，如果该节点为网络的边缘节点，则网络会在与该节点相邻的所有空缺位置添加新的节点，以扩展网络（见图 5-4b）；而如果该节点为网络内部的节点，则网络会采用误差分发（Error Distribution）策略将该节点的累计误分散至邻域内的节点上，进而间接地促进网络边缘节点的扩展（Alahakoon，Halgamuge and Srinivasan，2000）。设定较大的增长阈值会使训练所得的网络占据较小的神经网络面积，而较小的增长阈值会使网络充分扩展，占据较大的神经网络面积。

$$T_{grow} = -D \times \ln(SF) \qquad (5\text{-}4)$$

GSOM 网络在保持 SOM 网络自组织性、拓扑性等优点的基础上，采用了更为灵活的网络结构，具有更强的可塑性。这与语言习得早期婴幼儿对语言知识的学习过程类似。但 GSOM 本身是以数据挖掘和数据分析为目的而设计的算法，本研究将在 GSOM 的基础上，对 GSOM 的算法进行改进和优化，使模型网络可以更好地应用到对语言习得任务的模拟中。

第四节　改进的网络结构及算法设计

这一节，我们将首先介绍本研究在 GSOM 模型基础上所提出的改进的网络结构，以及相应优化的模型网络扩展策略。之后，我们将进一步说明模型对语音—语义交互、双向加工、互动反馈等复杂处理机制的模拟，以及相应的模型训练策略。

一 基本网络结构及算法

（一）网络的初始化

网络的初始化阶段与 GSOM 网络算法基本一致。网络将初始化 4 个模型神经元节点，成方形排列，分别占用网络中（0, 0）、（0, 1）、（1, 0）和（1, 1）这 4 个坐标位置（见图 5-4a）。每个神经元节点特征向量的维度与训练数据相同，而每个维度的初始特征则在 0.5 附近随机取值，以保证初始的网络处在一个相对中性且稳定的状态，进而为之后的模型训练奠定基础。

从语言习得的角度来讲，我们可以把初始化阶段看作是对婴幼儿出生前阶段的模拟。该时期，在婴幼儿的大脑皮层中，已先天存在一个专门负责语言处理的神经网络区域，且该区域具备适应语言处理和语言学习任务的网络结构，其神经网络处于待激活状态。婴儿出生以后，外界产生的语言刺激便会激活这个网络，并促使婴幼儿开始对语言进行感知和学习。

（二）自适应阶段

Amarasiri 等（2004）指出，将 GSOM 应用到高维数据的建模任务时，网络在初始阶段会出现螺旋形（Spiral）的增长，这样会降低网络的扩展效率。在训练初期，网络的节点很少（如 4 个），而网络的更新会覆盖到邻域内的所有节点，所以当网络节点数很少时，实际上每次更新都覆盖了网络中大部分的节点。而当训练数据为高维数据时，由高维数据带来的巨大的累积误会使最初的节点得到很多被激活的机会，被不断重复地训练。因此，综合以上这两种效果，整个网络就会围绕着最初被激活的那个节点成螺旋状地增长。为了缓解这一问题，Amarasiri 等（2004）提出，可以在训练开始之前引入一个自适应阶段（Calibrating Phase）。

在自适应阶段，网络将遍历所有的训练数据。自适应阶段，学习率采用固定值，并且不允许网络进行扩展，因此网络中始终只有初始化时的 4 个节点（见图 5-5a）。对于每个训练数据，网络对模型神经元特征向量的更新只覆盖 BMU 节点及与 BMU 直接相邻的节点[①]。自适应阶段的主要目的是为了让初始网络中的 4 个节点可以根据数据的情况有策略地调整自己的特征向量（特征表征），使其可以在完整的数据空间中获得一个相对稳定的分布（见图 5-5c），而不是被当前数据所牵制，在数据空间内飘移（见图 5-5b）。根据实际情况的需要，可以在正式训练开始前进行多轮自适应训练。在最后一轮自适应训练结束以后，网络将记录最后一轮训练中训练数据和网络中节点之间特征向量的最大误差，并将该误差值作为网络在增长阶段的增长阈值。因此，与传统 GSOM 算法中使用数据特征维度的函数来设定增长阈值相比，采用这种方法来确定增长阈值可以避免高维度数据对传统 GSOM 算法带来的影响，并且采用数据空间的信息来确定增长阈值也更为合理。

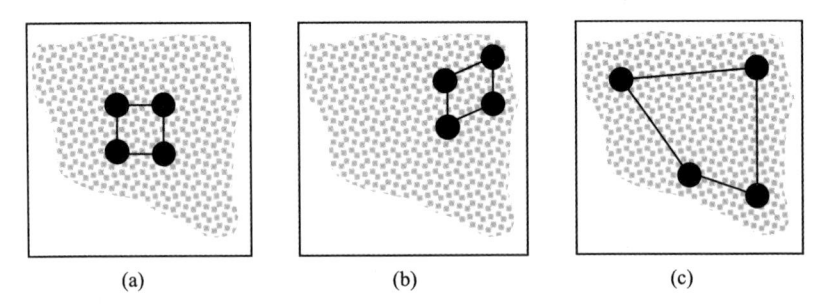

图 5-5　自适应阶段对网络中初始节点进行动态调整的示意图
（Amarasiri，Alahakoon and Smith，2004）

注：(a) 初始网络状态。(b) 传统 GSOM 的训练模式，初始节点被训练数据的特征所牵制。(c) 采用自适应阶段以后，初始节点可在数据空间中获得相对稳定的分布。

从语言习得的角度来讲，我们可以把自适应阶段看作对婴幼儿语言习得早期咿呀学语阶段的模拟。在这个阶段，通过接受环境中的语音刺激，婴幼儿大脑皮层中与语言处理相关的神经网络得到激

---

① 例如，假设 BMU 节点的坐标位置为 (0, 0)，则与 BMU 直接相临的节点为 (0, 1) 和 (1, 0)。

活，使婴幼儿的感知系统对声音的感知和处理由听觉处理感知向语音处理感知进行转变。

（三）增长阶段

在增长阶段，训练数据被一个一个顺序地输入至模型网络，并逐个进行训练。在下一个数据输入之前，每一个数据会被训练多次。而每一个数据的训练次数，则是由邻域函数的衰减率所决定的（详见下文"2"中所述）。随着训练的进行，网络会根据需要自行地进行扩展。不过，我们认为网络的扩展并不直接等同于大脑中神经元的生长。根据乔姆斯基的"原则和参数"理论，人类先天就具有专门负责语言处理的神经组织结构。随着年龄的增长，婴幼儿大脑中的生理组织固然会增长，但本研究中所涉及的网络增长更多地可以被解释为对大脑中神经网络激活范围的扩大。也就是说，新生婴儿的大脑中被语言所激活的神经区域是有限的（如模型的初始化阶段所模拟的那样），而随着语言学习的进行，婴幼儿大脑中负责语言处理的区域被外界的语言刺激激发；面对复杂的语言处理任务，不断地有越来越多的神经元被激活。而这种机制在本研究的网络模型中便以网络增长的方式予以体现。

1. 训练数据与网络中节点之间特征向量距离的衡量

在比较训练数据与网络中节点的特征向量时，我们根据不同的情况采用不同的比较算法，以模拟不同的学习机制。在对语义特征进行学习的网络中（I-GSOM 和 DI-GSOM 模型中的语义网络），以及对辅音和元音的声学特征进行学习和处理的网络中（I-GSOM 模型中的听觉网络及 DI-GSOM 模型中的辅音网络和元音网络），我们采用欧式距离（如公式 5-1 所示）来衡量向量之间的差异。在对声调特征进行学习和处理的网络中（DI-GSOM 模型中的声调网络），我们采用欧式距离和余弦距离相结合的方式来衡量向量之间的差异。具体来讲，就是在汉语普通话习得的模拟过程中，在构建普遍模型时，婴幼儿对声调的感知只依赖基频的音高特征，所以我们采用欧式距离来衡量向量之间的差异，以模拟婴幼儿通过语音处理感知对声调进行加工的机制;而在开始母语学习之后(12—18个月阶段和19—36个月阶段),婴幼儿对声调信息的处理则主要依赖调形(即基频走势)信息,因此在这些阶段,我们采用余弦距离(如公式5-5所示)来衡量向量之间的差异,以模拟婴幼儿通过音位处理感知对声调进行加工的机制。

$$d(x,y) = 1 - \frac{\sum_{i=1}^{n} x_i y_i}{\sqrt{\sum_{i=1}^{n} x_i^2} \sqrt{\sum_{i=1}^{n} y_i^2}} \quad (5\text{-}5)$$

2. 学习率函数和邻域函数的设定

在增长阶段,网络对模型神经元节点特征向量的更新和重组是在局部范围内(邻域范围内,且 GSOM 的邻域范围要比 SOM 的要小得多)进行的。因此,对于每一个新输入的训练数据,网络的学习率和邻域范围大小都会被重新设定为各自的初始值。网络的学习率 R_{learn} 是网络中节点数目的函数,如公式 5-6 所示。其中,α 是学习率的衰减参数($0<\alpha<1$),$\varphi(n)$ 由当前网络中所含节点的数目定义,即 $\varphi(n)=1-Q/n(t)$,Q 是一个常数(因为网络中的初始节点为 4,所以 Q 被设为 3.8),$n(t)$ 则代表在当前时刻网络中所含节点的数目。因此,当网络中节点较少时,学习率的衰减速率较大,而当网络中节点较多时,学习率的衰减速率则较小。我们可以尝试从学习能力的角度去理解这种机制。在学习的初始阶段,婴幼儿大脑中用于处理语言的区域被激活的神经元较为有限,因此学习能力较低;而随着学习的进行,被激活的神经元不断增多,从而使婴幼儿的学习能力逐渐有所提升。

$$R_{learn}(t+1) = \alpha \times \varphi(n) \times R_{learn}(t) \quad (5\text{-}6)$$

我们将邻域范围的初始大小 S_{nb} 定义为网络中节点数目的函数,如公式 5-7 所示。这样可以保证在网络中节点较少时,网络对特征向量的更新仍是在局部范围内进行的,而不会覆盖大部分网络区域。这样的设计保证了网络在增长初期的稳定性。

$$S_{nb} = \begin{cases} \log_{10}(N) & if \quad N > 10 \\ 1 & others \end{cases} \quad (5\text{-}7)$$

网络的邻域函数 $h(t)$ 采用高斯函数定义，具体表示请见公式 5-8。其中 d_{ix} 代表网络中 BMU 节点 i 与 BMU 邻域内的节点 x 之间的网络距离，$S_{nb}(t)$ 代表当前时刻的邻域范围大小。对于输入的每一个训练数据而言，BMU 邻域范围的大小随着训练的次数逐渐缩小，即 $S_{nb}(t) = \beta \times S_{nb}(t-1)$，其中 β 为邻域范围大小衰减参数（$0 < \beta < 1$），$S_{nb}(t-1)$ 为上一时刻的邻域范围大小。而初始的邻域范围大小 $S_{nb}(0)$ 则由公式 5-7 定义。

$$h(t) = \exp\left(-\frac{d_{ix}^2}{2S_{nb}(t)^2}\right) \quad (5\text{-}8)$$

模型网络对每一个训练数据的训练都会重复多次，并且每一次都会按上述的规则衰减网络的学习率和 BMU 的邻域范围。当邻域范围小于 1 后，网络对当前训练数据的训练终止，并输入下一个训练数据，重新初始化学习率和邻域范围的数值，开始对新数据的训练。

3. 网络中节点特征向量的更新

训练过程中，若训练数据在网络中所对应的 BMU 节点的累积误没有超过增长阈值，网络将对 BMU 节点及 BMU 邻域内节点的特征向量进行更新（规则如公式 5-3 所示）。更新过程中，BMU 节点的学习效率最大，BMU 邻域内节点的学习效率随与 BMU 距离的增大而逐渐减小，而邻域以外的节点则不被激活。该学习算法模拟了学习过程中对神经网络中相关神经元的激活和对无关神经元的抑制。

在网络对 BMU 及 BMU 邻域内的模型神经元节点进行更新的同时，网络会计算 BMU 与训练数据之间特征的误差，并将该误差作为该 BMU 节点的累积误存储起来，且在训练的过程中不断累积。累积误的大小体现了网络中模型神经元节点被激活的频度以及该模型神经元节点对训练数据表征的准确程度。

4. 网络的增长

在模型的训练过程中,如果训练数据在网络中所对应的 BMU 的累积误超过了增长阈值,且该 BMU 节点为网络的边缘节点,则新的节点会被添加至网络中,使网络的结构向外扩展。在传统的 GSOM 算法中,若某个 BMU 节点达到扩展条件,模型会向该 BMU 节点周围的所有空缺位置添加新的节点(见图 5-6a)。但这种扩展方式缺乏明确的指向性,会使网络中产生许多冗余节点。针对这一问题,在本研究中,我们借鉴了"交叉插入"(Cross Insert)算法(Tai and Hsu,2010,2012),提出了优化的网络扩展策略(见图 5-6b)。

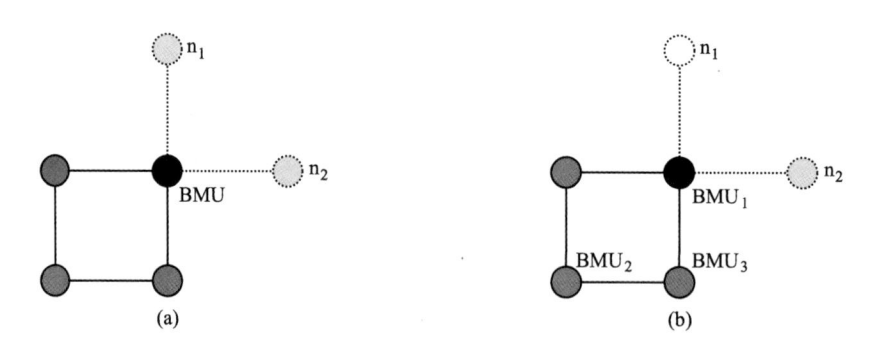

图 5-6 模型在添加新节点时不同扩展策略的示意图

注:(a) 传统 GSOM 的扩展策略是在与 BMU 直接相邻的所有空缺位置(n_1 和 n_2)都添加新节点。(b) 优化的扩展策略在距 BMU 节点最优的空缺位置(n_2)添加新节点。其中,BMU_1 代表最佳匹配单元,BMU_2 和 BMU_3 分别代表第二佳及第三佳匹配单元。

为使新添节点更好地融入现有的网络结构中,新添节点的位置应尽可能地靠近 BMU 及与 BMU 特征相近的节点。若多个空缺位置与最佳匹配节点(BMU_1)的距离相等,则检验这些位置与第二佳匹配节点(BMU_2)之间的距离,取距离最近的空缺位置作为新添节点的位置;若这些空缺位置与第二佳匹配节点之间的距离依然相等,则检验这些位置与第三佳匹配节点(BMU_3)之间的距离。依此类推,直至找到最佳的扩展位置(如 n_2)为止。原理如公式 5-9

所示。其中，n 表示新添节点的位置，n_{BMU_1} 表示与 BMU_1 直接相邻的所有空缺位置，N_{BMU} 表示根据特征向量距离排序的 BMU 节点序列。

$$n = \arg\min_i \left\{ \left\| n_i - BMU_j \right\| \right\}, i \in n_{BMU_1}, j \in N_{BMU} \qquad (5\text{-}9)$$

对于新添加的节点，网络会根据与该节点相邻的节点的特征来初始化新添节点的特征向量，以使新添节点可以较好地融入现有网络中。新添节点与相邻节点之间总共可能构成三种空间关系，如图 5-7 所示。针对每一种空间关系，Alahakoon 等（2000）设定了不同的特征向量初始化规则，我们总结如下。情况（a）或（b）是最常出现的空间位置，甚至两种情况会同时出现。由于按（b）中所描述的情况初始化新添节点的特征向量会使网络更加稳定，所以在任何情况下，如果空间关系条件满足，我们都优先考虑按（b）的情况进行新添节点特征向量的初始化。若为情况（b），则 $\omega_{new} = (\omega_1 + \omega_2)/2$；若为情况（a）或（c），则 $\omega_{new} = 2\omega_1 - \omega_2$；其中，$\omega_{new}$ 代表新添节点的特征向量，ω_1 和 ω_2 代表相邻节点的特征向量。

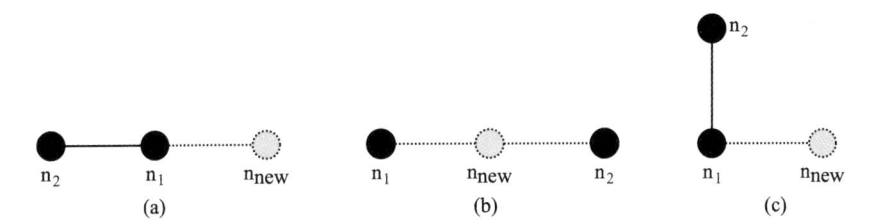

图 5-7 新添节点的位置与相邻节点之间可能存在的三种空间关系的示意图

注：n_{new} 表示新添节点的位置，n_1 和 n_2 表示与新添节点相邻的节点。新添节点 n_{new} 的特征向量需要根据相邻节点 n_1 和 n_2 的特征向量进行初始化。

以上对新添节点特征向量的初始化规则，使新添节点的特征与相邻节点的特征之间形成平滑的过渡，保证了扩展过程中网络的稳定性。

5. 误差分发策略

在模型的训练过程中，如果训练数据在网络中所对应 BMU 的累积误超过了增长阈值,但是该 BMU 节点不是网络的边缘节点,则模型会通过"误差分发"策略将 BMU 节点的累积误分摊到其他相邻的节点上,以间接促进网络边缘的扩展。传统 GSOM 的分发策略并不十分合理,因为其只是简单地减小 BMU 的累积误,增大 BMU 相邻节点的累积误,并不是真正地将 BMU 的累积误分摊给相邻节点。针对这一问题,本研究采用了 Tai 和 Hsu(2010)提出的改进的误差分发策略,如公式 5-10 和公式 5-11 所示。其中,$E_{BMU}(t)$ 和 $E_{BMU}(t+1)$ 分别为误差分发前后 BMU 的累积误;$E_{nbrs}(t)$ 和 $E_{nbrs}(t+1)$ 分别为误差分发前后与 BMU 直接相邻节点的累积误;$n_{nbrs}(t)$ 为当前时刻与 BMU 直接相邻节点的数目。

$$E_{BMU}(t+1) = \frac{E_{BMU}(t)}{2} \quad (5\text{-}10)$$

$$E_{nbrs}(t+1) = E_{nbrs}(t) + \frac{1}{n_{nbrs}(t)} \times \frac{E_{BMU}(t)}{2} \quad (5\text{-}11)$$

误差分发模拟的是一个对大脑神经网络中神经元的负载进行平衡的过程。当神经网络中某个模型神经元的学习负载过大时,该模型神经元会把学习压力分散到周围的模型神经元上,同时在必要的时候通过在网络边缘激活新的模型神经元来获得更多的计算资源和存储空间。

(四)检测阶段

在每一轮训练完成之后,模型都会对网络的学习结果进行检测。检测过程本身并不会对网络的结构和网络中模型神经元节点的特征向量产生任何影响,该过程模拟家长对婴幼儿语言理解程度的观测。

首先,模型会检测训练所得的模型网络对训练数据中所包含的特征和范畴的表征是否充分。模型会将带有标签的训练数据重新输入训练所得的网络,然后将每个训练数据在网络中所对应的 BMU 节点看作是该数据刺激在检测阶段所激活的模型神经元节点。我们将此类模型神经元节点称作"具有凸显表征的模型神经元节点"。进而，模型便可以获知神经网络中每一个被激活的模型神经元所代表的概念（如语义特征所代表的词汇，或者语音频谱特征所代表的元音）。该过程模拟了婴幼儿对家长输入语言的理解，体现了家长的语言刺激在婴幼儿大脑神经网络中所激活的神经区域。而在检测过程中没有被激活的模型神经元节点，就是表征不凸显的节点。

与此同时，模型也会检测语音和语义之间映射链接的准确程度，即检测网络通过对某个词汇语音形式的处理是否能够理解该语音片段所代表的词汇意义。对于每一个语音—语义对，当语音数据刺激听觉网络时，该数据在听觉网络中所激活的模型神经元（即所对应的 BMU 节点）通过最优映射链接找到语义网络中所对应的模型神经元节点。如果该节点与同时输入的语义数据刺激在语义网络中所激活的模型神经元相同，则说明该最优映射链接是准确的，模型对词汇的语音—语义关系理解是正确的；否则就说明该最优映射链接有误，模型无法正确理解该词汇的语音—语义关联关系。

二　复杂处理机制的模拟

在基本的网络结构和算法基础之上，我们结合标准德语音位习得模拟实验（见第六章）和汉语普通话音位习得模拟实验（见第七章）中所涉及的较为复杂的处理机制，设计了相应的训练算法。

（一）语音—语义映射链接的建立与遗忘

本研究所提出的 I-GSOM 和 DI-GSOM 神经计算模型都涉及心理词汇层级与语音知识层级之间的交互。在 I-GSOM 模型中，映射链接将语义网络与听觉网络联系在一起；在 DI-GSOM 模型中，映射链接通过语音网络将语义网络、辅音网络、元音网络及声调网络相互联系在一起。

1. 映射链接的建立

在 I-GSOM 模型的训练过程中，语义数据和语音数据同时输入模型。因此，模型会在语义网络中和听觉网络中各自同时找到一个 BMU 节点。如果在这两个节点之间不存在映射链接，则模型会建立一条新的映射链接，并赋予链接一个初始的权值L_0（实验中，我们将L_0设为0.1）。如果在两个网络的 BMU 节点之间已经有映射链接存在，则模型会更新并强化该链接的权值，规则如公式 5-12 所示，实验中我们将 L 设为 0.1。

$$\omega_{link}(t+1) = \omega_{link}(t) + L \qquad (5\text{-}12)$$

在 DI-GSOM 模型的训练过程中，同样将语义数据和语音数据同时输入模型。模型会在语义网络、辅音网络、元音网络和声调网络中各自找到对应的 BMU 节点。模型中的语音网络负责存储语义网络与辅音、元音及声调网络之间的映射关系。因此，语音网络中的每一个单元存储的是音节组合结构与词汇语义之间的映射关系。语义网络与辅音、元音和声调网络之间的链接通过语音网络的中继来实现。如果语义网络中的 BMU 节点与辅音、元音和声调网络中的 BMU 节点所构成的音节之间不存在映射链接，则模型会在语义网络与语音网络以及语音网络与辅音、元音和声调网络之间分别构建映射链接，并赋予链接一个初始的权值L_0（实验中，我们将L_0设为 0.1）。若其中任何两个关联网络的 BMU 节点之间已有映射链接存在，则模型会采用公式 5-12 所示的规则更新该链接的权值。

映射链接的建立使模型中的各个神经网络之间可以协同处理信息，相互影响相互作用。我们以此来模拟联结大脑中不同神经网络区域的神经纤维束，例如联结布罗卡区和韦尼克区的弓状束。对映射链接权值的更新，可使被多次关联的神经元之间的联系变得更加紧密。

2. 映射链接的遗忘

由公式 5-12 的定义我们可以看出，随着训练的进行，不同模型网络神经元之间的映射链接会不断加强，链接的权值会持续增大，但这与大脑中长时记忆的处理机制并不相符。记忆是一个高度选择性（Highly-selective）的过程，因此对知识的记忆会导致选择性的遗忘（Anderson，Bjork and Bjork，1994）。在长时记忆中，人们无法记住所有学过的知识。通过记起某个知识，会使该知识保持较高的召回率，不容易被忘记；而与该知识相关的其他知识则可能被逐渐弱化，甚至最终被忘记（Anderson，Bjork and Bjork，1994）。Barrett 和 Zollman（2009）对语言的学习过程进行了模拟，他们的研究指出，适当的遗忘有助于构建完善的符号语言系统。因此，在采用公式 5-12 模拟记忆的同时，我们在模型中加入了遗忘机制①，以真实全面地模拟大脑中长时记忆的工作机制。

Howe 和 Courage（1997）的研究指出，在 3 个月的间隔期过后，15 个月大的婴幼儿比 18 个月大的婴幼儿遗忘的知识更多，12 个月的婴幼儿比 15 个月的婴幼儿遗忘的知识更多。也就是说，年龄越小的婴幼儿就可能会有越高的遗忘率。我们认为，这种现象可以理解为年龄较小的婴幼儿的大脑结构发育较缓，相关的神经网络激活程度还不够高，因此他们对知识的存储空间较少，记忆能力较弱。

基于以上讨论，我们设计了映射链接的遗忘规则，并定义了映射链接的遗忘率。我们将映射链接的遗忘率 $\Delta\omega_{link}$ 定义为各模型网络之间可能存在的所有映射链接数目 N_{link} 的函数，如公式 5-13 所示。其中，$N_{link}(t)$ 表示当前时刻模型中所有可能存在的映射链接的数目，$N_{link}(t-1)$ 表示上一时刻模型中所有可能存在的映射链接的数目。$N_{link}(t)$ 的定义如公式 5-14 所示，其中 $N_{nodes_i}(t)$ 表示在当前时刻，第 i 个神经网络中所含节点的数目（对于 I-GSOM 模型，$n=2$；对于 DI-GSOM 模型，$n=4$）。

$$\Delta\omega_{link} = \sqrt{\frac{N_{link}(t) - N_{link}(t-1)}{N_{link}(t)}} \qquad (5-13)$$

$$N_{link}(t) = \prod_{i=1}^{n} N_{nodes_i}(t) \qquad (5-14)$$

---

① 本研究中我们所提出的"遗忘"指的是随着语言习得过程的发展，婴幼儿对已掌握的知识呈现出的一种在记忆上逐渐弱化（或者说淡忘）的过程，而不是对知识的直接忘记。

在每个训练阶段结束以后，模型都会利用遗忘机制，按公式 5-13 中定义的遗忘率对模型中存在的所有映射链接进行一定程度的遗忘（弱化映射链接的权值）。Barrett 和 Zollman（2009）的研究指出，合理的遗忘策略应该逐渐减少以往学习过程中对知识的一些不准确的理解对当前认知的影响，从而减少对概念的误解，形成更准确的概念对应关系。在这一思想的基础上，我们提出了映射链接遗忘的规则，如公式 5-15 所示。其中，$\omega_{link}(t)$ 表示当前时刻某条映射链接的权值，而 $\omega_{link}(t+1)$ 表示应用遗忘策略以后该映射链接的权值。

$$\omega_{link}(t+1) = \omega_{link}(t) \times (1 - \Delta\omega_{link}) \qquad (5\text{-}15)$$

通过对映射链接应用遗忘策略，我们模拟了记忆的遗忘机制，可以更加真实地反映大脑对长时记忆的处理机制。适当的遗忘对婴幼儿构建完善的母语语言系统十分重要。

（二）由高层到底层的加工机制

从感知的路径来看，语言习得不是一个简单的由底层到高层的加工过程，由高层到底层的加工也十分重要。McClelland 和 Rumelhart（1981）指出，由高层到底层（或者说基于概念）的加工过程与由底层到高层（或者说基于数据）的加工过程是同时进行的，它们共同决定了我们所感知到的信息。人们对音位的感知是语言相关的感知，涉及语义知识的约束，即由高层到底层的加工。因此，在 DI-GSOM 模型中，我们模拟了高层的心理词汇对底层的语音知识所产生的约束作用。

我们永远不可能两次踏入同一条河流，对于每个词而言，我们也不可能两次产生同样的发音。即便如此，每个词（语义网络中的每个模型神经元节点）都应该具备一个相对稳定的发音范围。因此，由语义网络中同一个模型神经元节点所链接的语音音节，都应具有相似的语音表现；我们称其为"目标语音特征"。基于这一逻辑，我们设计了 DI-GSOM 模型中由高层到底层的加工策略。

首先，对于语义网络中的每个神经元节点，模型会记录该节点通过映射链接所关联的语音网络中的所有音节单元。之后，模型通过相应音节单元中存储的链接关系找到每个音节单元在辅音、元音和声调网络中所分别关联的语音特征。然后，模型将根据每个网络中（辅音、元音和声调网络）所有被关联的语音特征分别计算出辅音、元音和声调相应的目标语音特征 $\omega_{target}(t)$，如公式 5-16 所示。其中，ω_i 表示该网络中（如辅音网络）被关联节点的语音特征（如辅音的声学特征），ω_{link_i} 表示该映射链接（如语音网络中被选单元与辅音网络中模型神经元节点的链接）的权值。由公式 5-16 的定义我们可以看出，节点的链接权值越大，该节点的语音特征在目标语音特征中所占的权重就越大。最后，模型将采用公式 5-17 中所表示的规则分别对辅音、元音和声调网络中相应节点的特征向量进行更新，使这些节点的特征向目标语音特征靠近。其中 $\omega_{link_{mean}}(t)$ 表示当前时刻由语音网络中所选音节单元与底层模型网络（如辅音网络）节点构成的所有映射链接权值的均值，$\omega_{target}(t)$ 表示当前时刻所获得的目标语音特征（如辅音的目标声学特征）。

$$\omega_{target}(t) = \sum_{i=1}^{n} \frac{\omega_{link_i}(t)}{\sum_{i=1}^{n} \omega_{link_i}(t)} \times \omega_i(t) \quad (5\text{-}16)$$

$$\omega_i(t+1) = \omega_i(t) + \omega_{link_{mean}}(t) \times \left(\omega_{target}(t) - \omega_i(t)\right), i \in N \quad (5\text{-}17)$$

通过对由高层到底层的加工机制的模拟，习得语言过程中所获得的语义知识对音位范畴的习得构成了约束，进而帮助婴幼儿形成基于母语的音位范畴感知。

（三）强化和复习训练

在学习语言的过程中，婴幼儿的学习能力是高度受限的，他们不是学习的机器，因而也无法单纯依靠统计学习学会语言中的所有知识和模式（Kuhl，2004）。婴幼儿对语言的感知会表现出各种各样的错误，在单纯的语音或语义感知中，错误可能表现为无法区分语音形式不同的词，或者无法区分意义不同的词；而对于语音—语义关联关系的加工而言，错误可能会表现为无法正确地理解一个语音片段的意思。为了帮助婴幼儿更加高效地习得语言，交互机制的介入是必不可少的。正如 Kuhl（2004）所指出的那样，互动交流或者说社会交际对婴幼儿习得语言的过程是十分关键的。Eckers 等（2012）提出的"三角注视模型"也描绘了家长与婴幼儿在交互中形成共同关注的过程。

在日常生活中，如果家长发现自己的孩子经常将一些词的语音或意义理解错误，那么家长往往会一遍一遍地向孩子重复这些词，从而加强孩子对这些词的感知和认识，以帮助孩子区分不同词语之间的语音表现或意义，并帮助孩子在语音与意义之间建立正确的对应关系。这实际是一种对知识的强化过程。家长通过不断重复婴幼儿理解错误的刺激，使婴幼儿可以对他们学习中的难点加强记忆。而在这样的强化过程中，一些已经习得的或者习得较好的词也会伴随着语流出现，同样也会得到强化；我们称之为对旧知识的复习和巩固。

基于以上讨论，我们在 I-GSOM 模型中提出了"循环性强化和复习训练"的训练模式。该训练模式包括对神经网络的强化和复习训练，以及对映射链接的强化训练。模型对错误理解的修正并不是简单直接的纠正，而是通过对理解错误的数据进行重复的学习（向网络重复呈现相应数据），来达到使模型逐渐接近正确理解的目的。

1. 模型网络的强化和复习训练

对于每个模型网络而言，通过检测阶段，模型会发现一些网络无法理解或者理解错误的语音或者语义刺激，这些刺激相对应的训练数据会被用于强化学习阶段的训练。与增长阶段相比，在强化学习阶段，网络的初始学习率会增大，从而使网络对需要重点学习的数据增大学习效率；同时，网络的增长阈值会减小，从而刺激网络向外增长，保证有充足的神经资源可供强化学习阶段使用。在强化阶段结束以后，模型会进行一轮复习训练，以模拟对一些习得较好的词的复习和巩固作用。在复习训练阶段，与强化学习阶段相比，模型会对更多的数据进行重复训练，但是该过程中，网络的初始学习率和增长阈值都与增长阶段相同。强化学习阶段和复习训练阶段结合在一起，便构成了一个强化和复习训练的模式。在实际的训练过程中，该训练模式会重复多次，以达到稳定的学习效果。因此我们将这个训练过程称为循环性强化和复习训练。

2. 映射链接的强化训练

与对单独感知能力的强化相类似，模型也会针对语音—语义对应关系的理解错误进行强化训练。与模型网络的强化训练相同，模型对于映射链接错误的修正也不是简单地纠正语音和语义之间的关联关系，而是通过向网络多次呈现理解错误的语音—语义对，来达到使模型逐渐接近正确理解的目的。与神经网络的强化学习阶段类似，网络的初始学习率会增大，网络的增长阈值会减小。由于对语音和语义知识的基础掌握是婴幼儿与家长交流的基础，所以对映射链接的强化训练在模型训练的中段才会开始介入。

第五节 小 结

虽然自组织网络具有很高的抽象性，但是其已足以描述基本的神经原理，并且可以模拟自组织、关联学习、自适应、神经可塑性等生理机制。因此，这种对微观生理构造及神经功能的抽象表示，使我们可以以一定的神经功能性为基础，宏观地模拟像语言习得这样的大脑高级功能。我们在 GSOM 的基础上提出了改进的可扩展的自组织网络模型，并对婴幼儿语言习得的不同阶段以及婴幼儿习得语言过程中的一些复杂的加工机制进行了模拟，例如遗忘机制、由高层到底层的加工机制、强化训练机制等。我们在这一章设计的网络结构和相关训练算法可以帮助 I-GSOM 模型和 DI-GSOM 模型较为合理地模拟婴幼儿习得音位范畴过程中所涉及的相关机制。

第 六 章

标准德语音位习得的模拟实验

在第三章中，我们提出了联结可扩展的自组织神经网络模型（I-GSOM），该模型是对 Kröger 模型中语音—语义联合处理思想的建模实现。在第五章中，我们详细介绍了神经计算模型所采用的可扩展的自组织网络结构，以及相应的训练算法。在这一章中，我们将采用 I-GSOM 模型模拟婴幼儿对标准德语音位范畴的习得。在模拟实验中，我们将考察模型对训练数据中音位范畴、语义范畴以及语音—语义对应关系的表征。本实验的目标是检验 I-GSOM 模型的合理性，并初探语音和语义信息与音位范畴习得之间的关系，从而为基于 DI-GSOM 的针对汉语普通话音位范畴习得的模拟实验提供研究基础。

第一节 实验的参数设置和训练步骤

本实验所涉及的训练步骤主要包括：网络的初始化，网络的增长训练，循环性强化和复习训练，映射链接的强化训练，映射链接的遗忘，以及网络的检测。由于本实验所选用的数据不包含真实语言交流中的词频信息，所以我们无法通过数据的输入频次来反映家长与婴幼儿在交流互动过程中的词汇及语音输入特征。因此，我们在本实验中采用强化和复习训练来模拟家长与婴幼儿的互动以及家长对婴幼儿语言学习的监督作用。此外，由于本实验的重点是对 Kröger 模型中语音—语义联合处理思想的实现以及对本研究提出的可扩展的自组织网络性能的验证,因此,我们并没有在训练中加入自适应阶段,也没有具体模拟语义网络对听觉网络由高层到底层的加工机制。语义信息对音位习得的影响主要体现在强化训练过程中。一方面,语义网络对词汇意义理解的偏误会促使模型重复输入相应的刺激对,以强化对相应语音输入的训练。另一方面,语音—语义链接所构成的声音与意义的对应关系,可使模型对语义知识的掌握影响模型对音位范畴的习得。我们将模拟训练分为3个重要阶段(见图6-1),分别是基础增长训练阶段,循环性强化和复习训练阶段,以及对映射链接的强化训练阶段。我们将在第二节中详细介绍每一阶段所得到的训练结果及相关的分析。

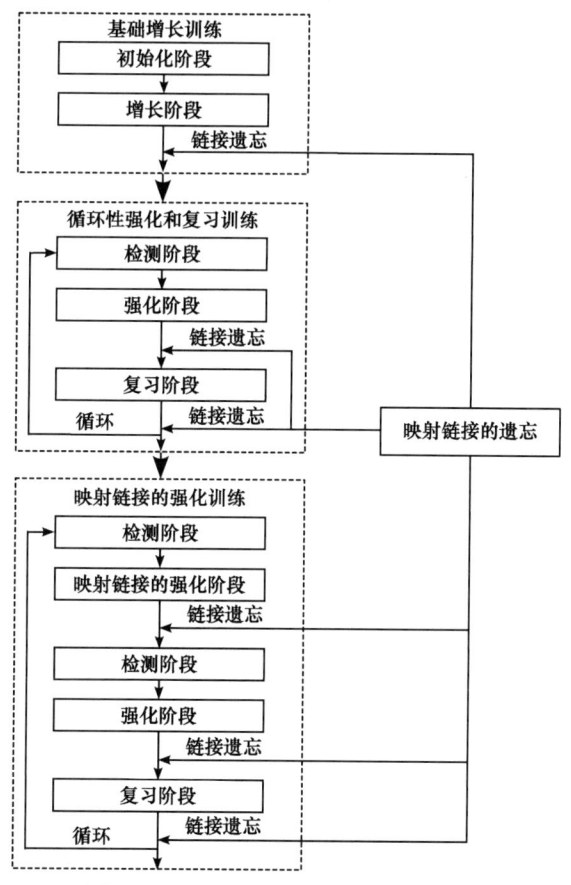

图 6-1 I-GSOM 模型训练步骤示意

我们采用相同的模型参数（见表6-1）和训练步骤（见图6-1）分别进行了3次模拟实验（模拟3名不同的婴幼儿对母语的习得情况）。通过实验分析，我们认为这3次实验所得的结果趋于一致。因此，我们在第二节的第一部分和第二部分所报告的结果是基于3次模拟实验所得的平均值；而在第三部分和第四部分所报告的则是其中1次模拟实验的结果。

表6-1　　　　模型在不同训练阶段所采用的参数

训练阶段	初始学习率 R_{learn}	初始邻域范围大小 S_{nb}	增长阈值 T_{grow}	学习率衰减率 α	邻域范围衰减率 β
基础增长训练	0.5	2	2	0.9	0.9
强化训练	0.8	2	1	0.9	0.9
复习训练	0.5	2	2	0.9	0.9
映射链接的强化	0.8	2	1	0.9	0.9

第二节　实验结果及分析

一　标准训练

模型的标准训练由基础增长阶段以及循环性强化和复习训练阶段构成。标准训练的目的是检验I-GSOM模型中听觉网络和语义网络的学习效果。此外，如第五章第四节中所提到的，对基本语音和语义知识的掌握是婴幼儿与家长交流（也是对映射链接进行强化训练）的基础，因此，标准训练可以为后一阶段模型对映射链接的强化训练打下基础。训练被分为31个步骤，第1步所进行的是基础的增长训练，之后的30步所进行的是15轮循环性强化和复习训练。

也就是说，从第 2 步起，偶数步骤代表强化训练，奇数步骤代表复习训练。

在强化训练部分，我们通过检测机制来筛选出需要进行强化学习的语音—语义对。首先，我们会同时检测前一步骤中[①]训练所得的听觉网络和语义网络对词汇语音和语义的表征。如果听觉网络（或语义网络）中的某一个模型神经元的凸显表征与它所表征的所有语音音节（或词汇语义）对象之间的特征向量距离的平均值大于 2.5，那么我们认为，该模型神经元节点没有形成稳定的表征。我们会将包含相应语音音节（或词汇语义）的语音—语义对选作进一步强化训练的训练数据。而在复习训练部分，我们将所有训练数据输入模型进行训练，以达到平滑网络和巩固网络中已有知识的目的。

随着训练的进行，模型中的听觉网络和语义网络根据学习的需要而逐渐向外扩展。我们考察了听觉网络和语义网络中模型神经元节点随着训练过程变化的情况，包括：网络所含模型神经元节点的总数目（见图 6-2），以及网络中所有具有凸显表征的模型神经元节点（在检测过程中被激活的节点）的数目（见图 6-3）。我们可以看出，在第 1 个强化训练步骤结束后（步骤 2 处），所有曲线都呈现出明显的增长趋势。这说明强化训练积极地促进了网络的扩展（网络对周围闲置模型神经元的激活），为听觉网络和语义网络更好地区分词汇的声音和意义提供了必要的神经存储和处理空间。随着训练的进行，各条曲线继续增长，但增长速率逐渐变缓。

---

① 对于第一个强化训练步骤而言，前一步骤指的是基础增长训练；对于之后的强化训练步骤而言，前一步骤指的是复习训练。

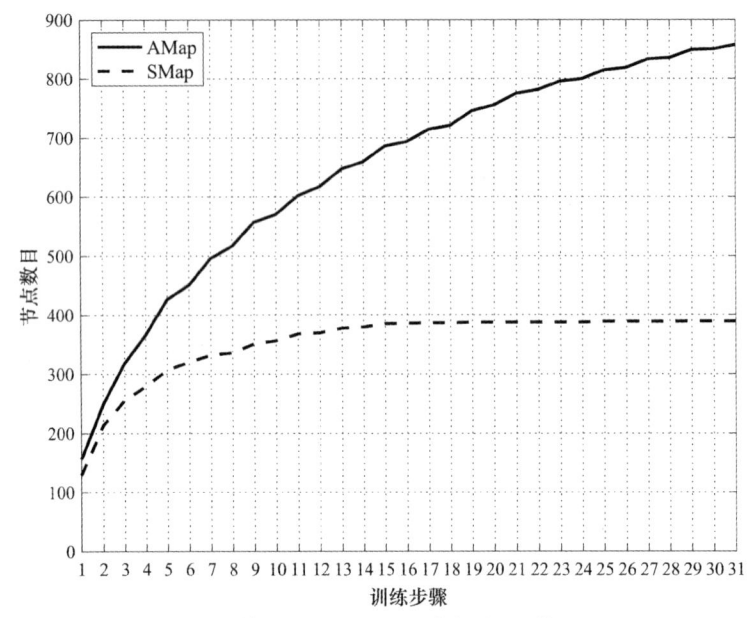

图 6-2　听觉网络（AMap）和语义网络（SMap）
所含模型神经元节点的总数目

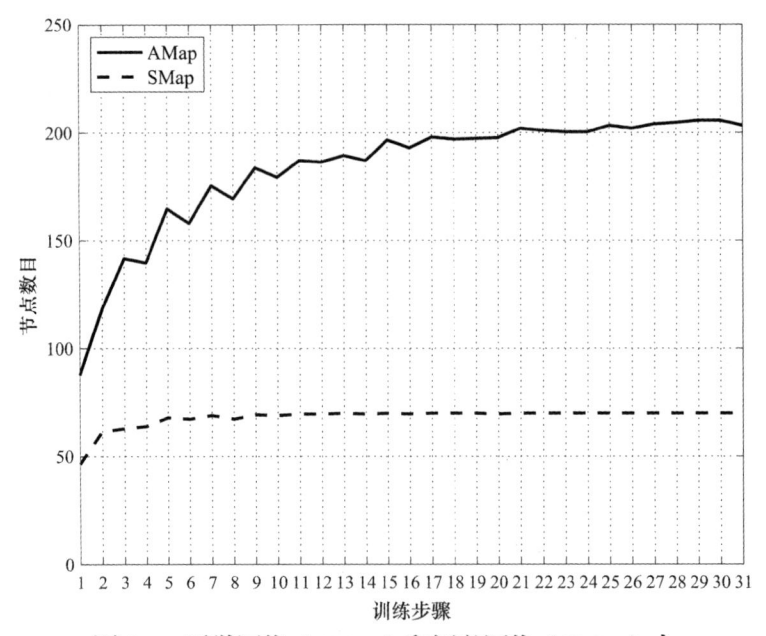

图 6-3　听觉网络（AMap）和语义网络（SMap）中，
具有凸显表征的神经元节点的数目

在听觉网络和语义网络中，随着训练的进行，边缘节点与网络中总节点数目的比值都呈下降趋势，并逐渐趋于稳定（见图6-4）。这表明，两个网络都逐渐发展成一个紧凑（Compact）而完备的网络[①]。通过比较图6-2、图6-3和图6-4中的曲线，我们发现，语义网络要比听觉网络更快达到稳定状态（语义网络在第15步就已经稳定）。一方面，语义网络所需要学习的项目要少于听觉网络[②]；另一方面，语音信息要比语义信息更加复杂，且特征不稳定，所以听觉网络需要更多的时间来学习。在标准训练阶段的31个步骤结束以后，听觉网络中共包含857个神经元节点，并对203个语音音节形成完全表征（听觉网络已经理解的语音音节占训练数据中语音音节总数的96.67%）；语义网络中共包含389个神经元节点，并对70个词形成完全表征（100%）。

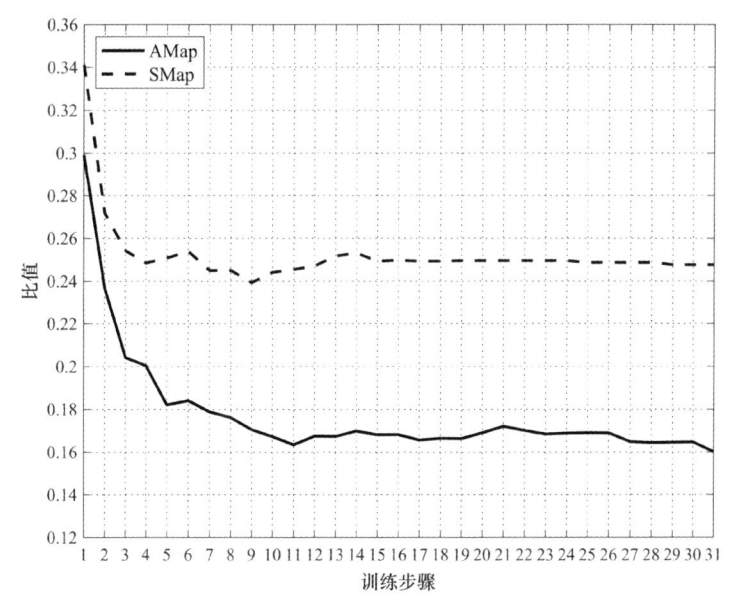

图6-4 听觉网络（AMap）和语义网络（SMap）中，
边缘节点的数目与网络中节点总数的比值

---

① 该比值反映了网络的紧凑性。如果最终网络的形状为圆形（最紧凑的情况），则边缘节点与网络中节点总数的比值最小。

② 语义网络需要学习的项目为70个词的语义特征，而听觉网络需要学习的项目为210个语音音节的语音特征。

在语言习得中，对语音和语义进行消歧是一项很重要的任务。因此，在理想情况下，一个模型神经元应该只表征一种神经激活状态（如某一个词的语音或者语义特征）。随着训练的进行（见图6-5），在语义网络中，每个模型神经元所表征的词汇数目的平均值从第11步起就减小为1并保持稳定；在听觉网络中，每个模型神经元所表征的语音音节数目的平均值逐渐减小，并在训练的后期逐渐向1逼近。图6-6所表示的，是听觉网络和语义网络中单个模型神经元节点所最多表征的语音音节或词汇的数目。从整体来看，虽然在训练的前期有一些波动，但两条曲线都呈下降趋势。通过以上观察，我们认为，循环性强化和复习训练可以帮助模型网络进行消歧。也就是说，在婴幼儿和家长之间的交互学习过程中，家长通过对某些婴幼儿不理解的词进行有针对性的重复，可以帮助婴幼儿逐渐完善自己对语音的感知和对语义的理解。

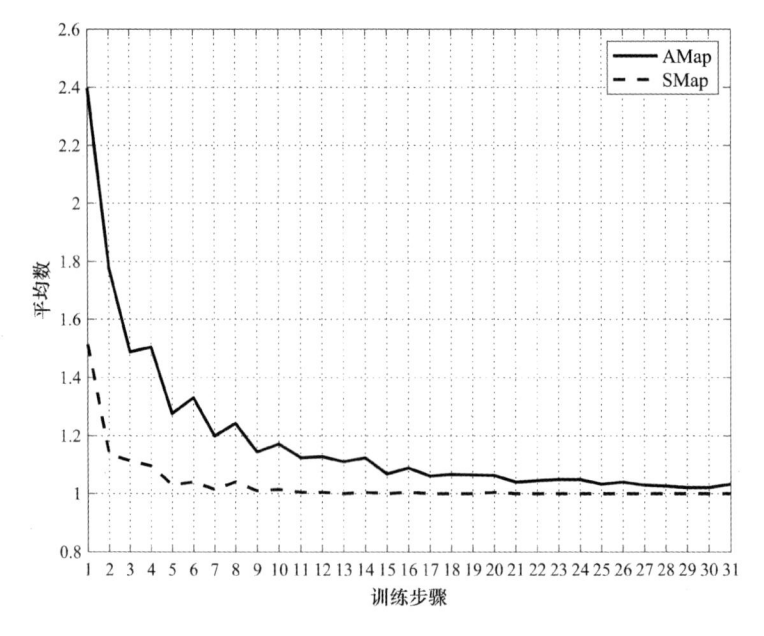

图6-5 听觉网络（AMap）和语义网络（SMap）中，每个具有凸显表征的模型神经元节点所表征的语音音节或词汇数目的平均值

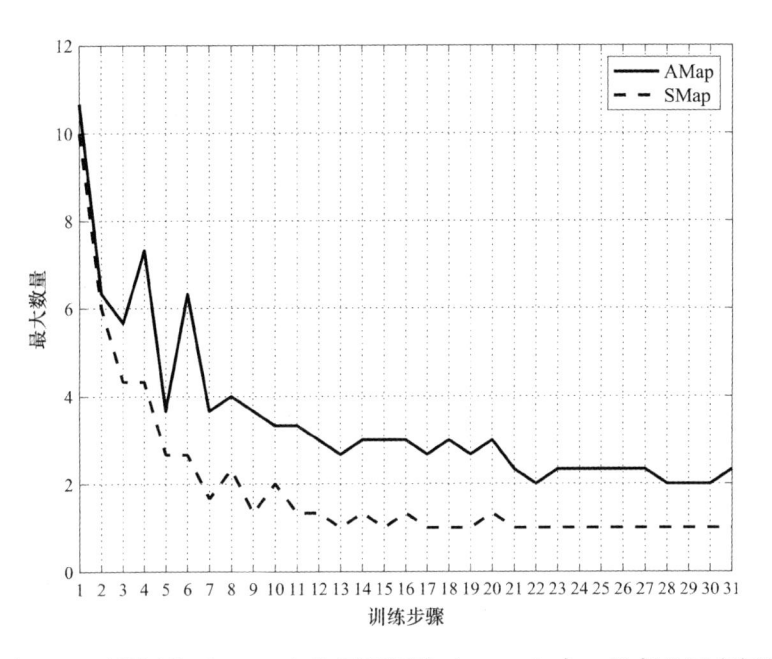

图 6-6　听觉网络（AMap）和语义网络（SMap）中，具有凸显表征的单个模型神经元节点所最多表征的语音音节或词汇的数目

通过比较图 6-4、图 6-5 和图 6-6，并观察每一步训练所得的网络对词汇的语音和语义信息的表征，我们认为，循环性强化和复习训练可以在保证现有网络中模型神经元表征稳定的前提下，帮助网络进行消歧，并使网络中模型神经元的聚类更加紧凑和完善。

二　对语音—语义映射链接的强化作用

在训练步骤 1 完成以后，我们发现，听觉网络和语义网络之间映射链接的准确率很低。即便经过以上 31 个训练步骤之后，其准确率也依然只有 84.60%。为了进一步探索模型对语音—语义映射链接的学习策略，我们在以上 31 步训练结果的基础上分别进行了两组实验。在实验一中，我们继续重复之前的训练步骤（不引入对映射链接的强化训练）；在实验二中，我们在现有训练的基础上，引入对映射链接的强化训练[①]。在两组实验中，我们都进行了 15 轮的训练。在实验一中，每一轮训练由一次强化训练和一次复习训练构成；在实验二中，每一轮训练由一次映射链接的强化训练、一次强化训练和一次复习训练构成。在两个实验中，我们在检测阶段都只考虑权值排在前 20% 的映射链接，因为很大一部分映射链接的权值都很小，它们对模型确定语音—语义的对应关系没有显著影响。我们分别对实验一和实验二中映射链接的准确率进行了检测，其结果如图 6-7 所示。

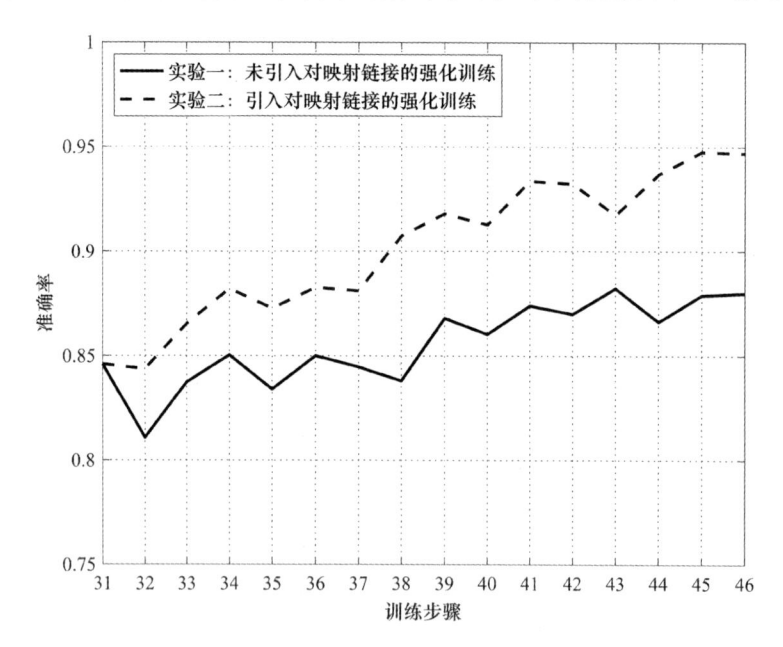

图 6-7　实验一和实验二中语音—语义映射链接的准确率

注：训练步骤 31 为标准训练的最后一步，训练步骤 32—46 为实验中所进行的 15 轮训练。

实验一中最终习得的映射链接的准确率为 88.00%；而通过引入对映射链接的强化训练，实验二中最终习得的映射链接的准确率达到了 94.70%，映射链接的准确率有明显提升。在强化训练过程中，对特定语音—语义对应关系的重复和强化来源于"交流过程"中所

---

① 在这个阶段引入对映射链接的强化训练是比较合理的，因为这个阶段听觉网络和语义网络都已经发展得比较完善。

遇到的"困难"（模拟家长与婴幼儿之间无法沟通的部分，或者说婴幼儿无法正确理解的部分）。因此，对映射链接的强化训练反映了真实学习情境下由家长主导的一种对学习目标的优化选择。实验结果表明，通过向模型网络重复呈现那些"无法被正确理解"的语音—语义对，并通过对这些映射链接所表征的声音与意义之间的对应关系进行强化学习，可以帮助模型网络在词汇的语音表征与语义知识之间建立更加准确的联系。

三　网络表征的分析

我们对模型网络表征的分析是基于以上第二组实验（引入对映射链接的强化训练）所得到的结果。在训练结束以后，我们同时对语义网络、听觉网络以及语音—语义映射链接的表征进行了检测。

（一）语义网络

训练结束后，我们观察了语义网络中模型神经元节点的分布情况以及网络中节点对词汇语义信息的表征（见图6-8）。我们可以在语义网络中观察到由模型神经元的表征所构成的各种语义聚类：包括动物、人物和身体部位、家居用品、自然、幻想、思维、名字、数字和时间。在各个聚类的内部，我们还可以观察到更为细致的语义聚合关系。例如，在动物聚类的内部，所有表示鸟类的模型神经元都聚集在一起，而大部分表示四足哺乳动物的模型神经元也都聚集在一起；在人和身体部位聚类内部，表示男性（爷爷grandpa、爸爸papa、男人man、男孩boy）的模型神经都彼此距离很近，而表示女性（奶奶grandma、妈妈mama、女人woman）的模型神经元也彼此距离很近；在自然聚类的内部，表示天体（太阳sun、星星stars、月亮moon）的模型神经元都聚集在一起，而表示自然环境（水water、海sea、小路path、森林forest）的模型神经元都聚集在一起。此外，我们还发现，在不同的语义聚类之间，意义间存在关联的语义聚类在网络中所处的位置往往比较近。例如，动物聚类与人和身体部位聚类彼此相邻，这是因为从生物学上讲，人类本身也是一种动物，所以两个聚类之间会有很多共性特征；而名字、时间和数字聚类也彼此相邻，这是由于它们所代表的都是一些抽象的概念。

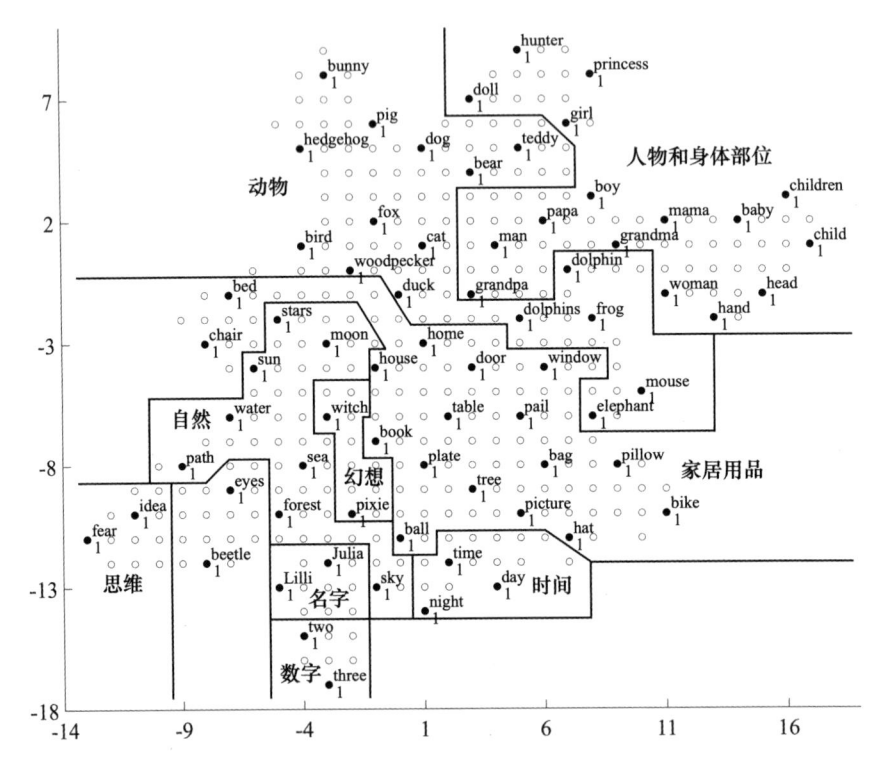

图6-8 训练结束后，语义网络中模型神经元对词汇语义范畴的表征和聚类

注：网络中的实心节点表示具有凸显表征的模型神经元，空心节点表示表征不凸显的模型神经元。节点右侧的英文标记的是该节点所凸显表征的词，英文下方的数字表示该节点所表征词的数目。图中用汉字标出的是各语义范畴的聚类，实线标出的是各聚类之间的边界。此时，网络中的所有模型神经元都是表征稳定的节点，语义网络可以很好地习得训练词汇中的语义特征。

通过对语义网络的分析，我们可以推测，通过对语义特征（从感官角度进行描写的特征）的加工，婴幼儿有能力习得词汇所表达的主要意义，并将意义相近的词进行归类。与此同时，在同一个语义范畴内部，婴幼儿也可以根据更为细微的特征将不同的词进行更加细致的归类，并且婴幼儿也可以掌握不同语义范畴之间意义的远近关系。以上现象揭示出,在习得语言的过程中,婴幼儿很有可能是根据词汇所具有的感官特征来对词汇的语义知识进行加工,并根据词汇之间的意义关系来对词汇的语义知识进行存储的。

(二)听觉网络

训练结束后,我们同时观察了听觉网络中模型神经元节点的分布情况以及网络中节点对音节语音信息的表征。通过观察网络中模型神经元对元音表征的聚类情况,我们考察了网络对元音音位范畴的习得情况(见图6-9);通过观察网络中模型神经元对辅音发音方法表征的聚类情况,我们考察了网络对辅音音位范畴的习得情况(见图6-10)。

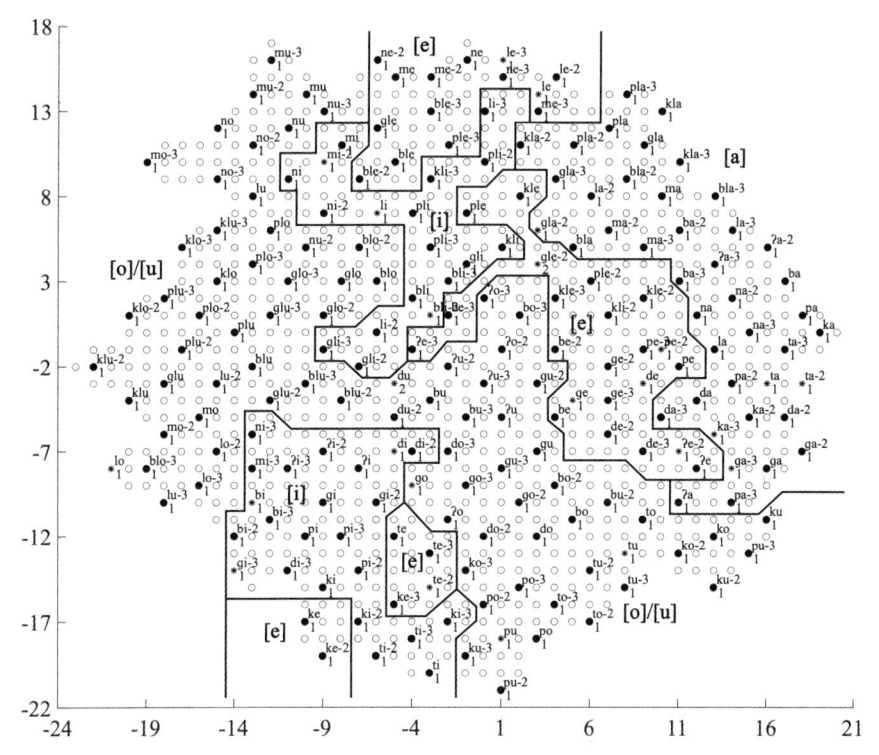

图6-9 训练结束后,听觉网络中神经元节点对元音音位范畴的表征和聚类

注:网络中黑色实心圆点表示表征稳定的神经元节点,黑色星号表示表征不稳定的神经元节点,空心节点为表征不凸显的模型神经元节点。节点右侧的音标标记的是该节点所凸显表征的音节的语音形式,音标下方的数字表示该节点所表征语音形式的数目。图中用音标符号标出的是各元音范畴的聚类,实线标出的是各聚类之间的边界。

如图6-9所示，我们可以在网络中找到［a］、［i］、［e］、［o］、［u］这5个元音各自所对应的聚类区域。由元音［a］构成的音节分布在网络的右侧和右上方；由元音［i］和［e］构成的音节大致分布在网络的中部，并且相互之间有所交叉；由元音［o］和［u］构成的音节则混在了一起，在它们之间没有明显的范畴边界。从网络中的神经元节点对元音特征的整体表征来看，我们可以观察到元音空间"高—低"分布关系在网络中的体现，即高元音占据网络的左下方区域，而低元音占据网络的右上方区域，元音音位按"高—低"关系延网络的对角线方向分布。而元音空间的"前—后"分布关系在网络中的体现并不明显。

由听觉网络对元音特征的表征情况来看，网络对［i］与［e］以及［u］与［o］的"感知"存在一定程度的"混淆"。这样的分布情况反映了婴幼儿在对相应元音的声学信息进行加工时，不能很好地辨析相近音位之间的差异，进而在区分相应音位时存在一定的困难。以上建模结果表明，听觉网络可以较好地划分元音音位的范畴，习得元音的声学特征，并在知识网络中构建以"高—低"特征分布的基本元音空间。由此我们可以从一定程度上推测，在学习语言的过程中，通过对语音声学信息的加工，婴幼儿有能力对元音音位的范畴有所掌握，并在一定程度上构建元音音位在声学空间内的分布关系。

如图6-10所示，在同样的听觉网络中，我们可以观察到由3种不同的辅音发音方法所构成的聚类。由爆发音构成的音节主要分布于网络的右下方；由边音构成的音节主要分布于网络的左上方[1]；由鼻音构成的音节分布较散，但总与边音相邻；而由喉塞音构成的音节则无显著规律[2]。

---

[1] 在实验分析中，我们将［CIV］音节视为主要由边音［l］和元音构成的音节。
[2] 喉塞音实为元音单念时的伴随现象，不是本研究所关注的主要辅音特征。但我们在网络中如实标出。

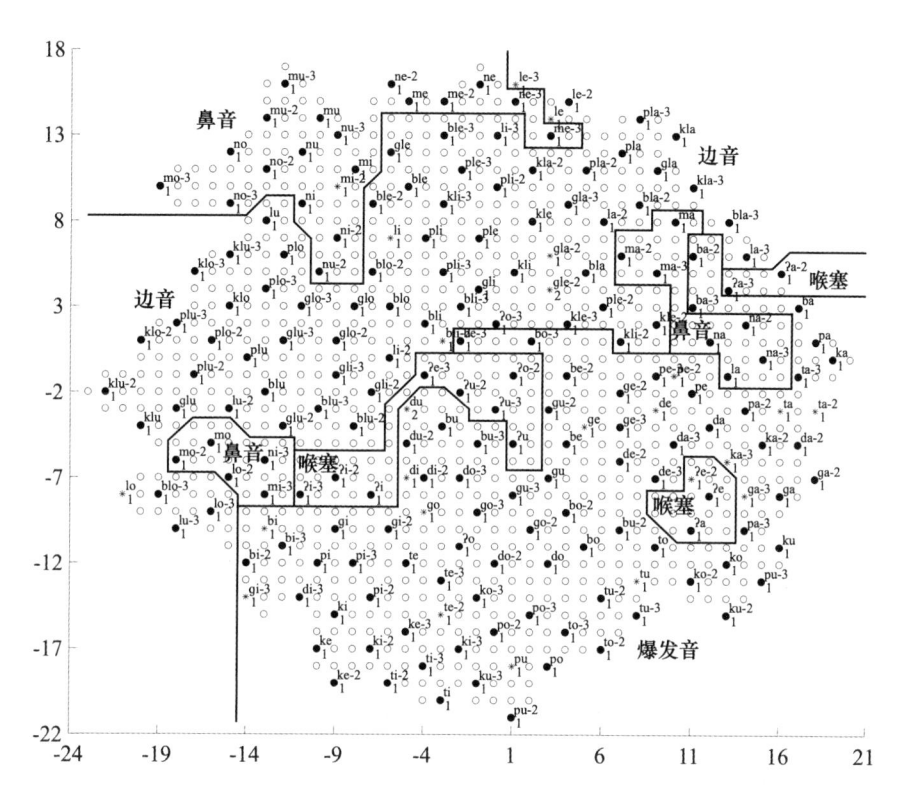

图 6-10　训练结束后，听觉网络中神经元节点对辅音发音方法的聚类

注：图中用汉字标出的是各辅音发音方法的聚类，实线标出的是各聚类之间的边界。其余图例请参看图 6-9。

从辅音的声学特征来看，辅音发音方法的线索主要承载于辅音本身以及辅音与元音之间过渡段的频谱特征。由于鼻音［m］、［n］与边音［l］的频谱特征差异不显著，因此网络中对这些辅音特征进行表征的模型神经元彼此相邻。这反映了婴幼儿在习得鼻音和边音时，往往将两者的特征相互关联。有时这也会造成他们在音位区分上的困难，例如［n］和［l］的混淆。与此同时，我们却并没有在听觉网络中观察到模型神经元对不同辅音发音部位的较好的表征。我们分析，这可能是由于辅音发音部位的区别特征在频谱信息中的表征并不显著，所以模型网络单纯依赖频谱信息很难习得关于辅音发音部位的范畴。以上建模结果表明，听觉网络可以较好地划分辅音发音方法的范畴，习得各发音方法的频谱特征信息，并构建辅音发音方法的知识网络。由此我们可以推测，在学习语言的过程中，通过对辅音本身以及辅音与元音过渡段的频谱特征信息的加工，婴幼儿有能力习得辅音发音方法的基本范畴。

（三）语音—语义映射链接

训练结束后，我们观察了语音—语义映射链接的准确程度，训练所得最终的 I-GSOM 模型网络如图 6-11 所示。我们可以看到，听觉网络中大多数具有凸显表征的神经元都可以通过相应的映射链接与语义网络中具有凸显表征的神经元相连。并且，通过映射链接的关联，语义网络中的大多数神经元都可以在听觉网络中找到 3 个对应的语音实现[①]。模型两个网络之间语音—语义映射链接的准确率达 94.70%。

以上结果表明，在检测阶段（用于模拟婴幼儿对词汇的感知理解过程），I-GSOM 模型（所模拟的婴幼儿）在"听"到一个词的语音形式时，可以激活听觉网络中正确的模型神经元以处理语音的声学信息，并激活正确的映射链接，进而激活语义网络中所对应的神经元，最终正确地理解所"听"到的词的意义。通过引入对映射链接的强化学习，模型网络（所模拟的婴幼儿）可以很好地习得词汇的语音和语义对应关系。由此可见，在习得语言的过程中，婴幼儿有能力同时处理词汇的语音信息和语义信息，并将两种信息进行关联，进而习得词汇的声音与意义之间的对应关系。因此，语言的习得是一个语音信息和语义信息相互关联的过程，而不是对其中任何一方面知识的独立学习过程。

---

① 在训练数据中，每一个词都有 3 个对应的语音刺激项。所以语义网络中的每一个表征凸显的神经元节点，应该与听觉网络中的 3 个表征凸显的模型神经元节点建立链接。

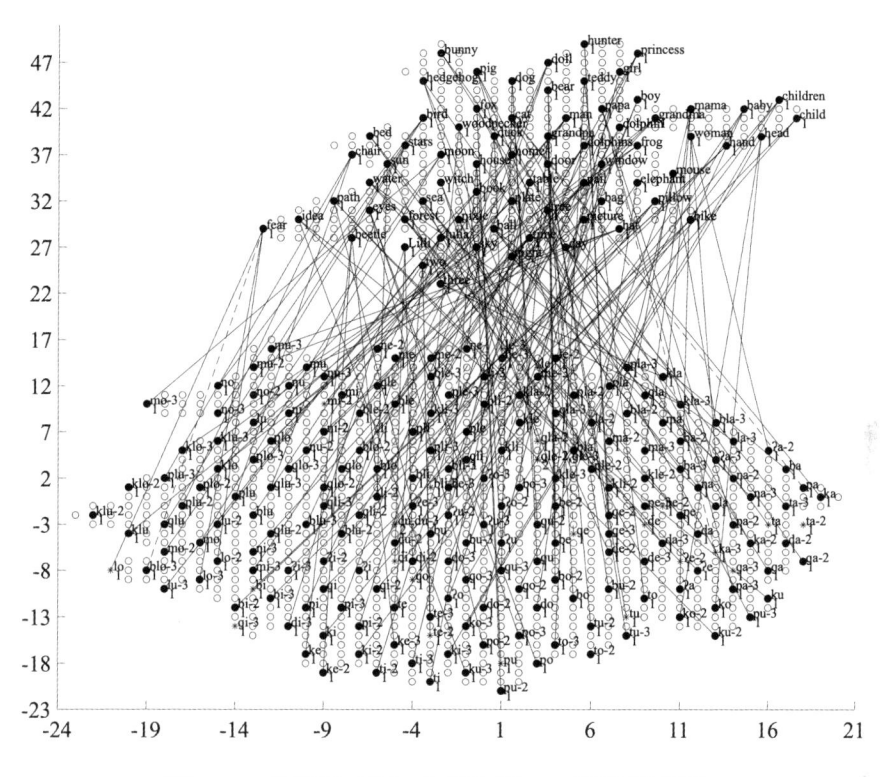

**图 6-11　训练结束后，语义网络、听觉网络以及
语音—语义链接的表征情况**

注：图中实线表示正确的链接，虚线表示错误的链接。其余图例请参看图 6-8 和图 6-9。

（四）语义知识对音位范畴习得的影响

通过分析听觉网络中的模型神经元对元音音位范畴和辅音音位范畴的表征，我们发现，单纯依靠对音节声学特征的学习，听觉网络对元音声学空间的表述并不是十分清晰，而听觉网络更是没有成功建立对辅音不同发音部位的区分对立关系。但是如果将模型对语音特征的习得与对语义知识的习得结合起来看，这种情况便会得到一定程度的改善。由于在本实验中，我们没有引入由高层到底层的处理机制，所以语义知识的约束作用不会在听觉网络的模型神经元分布上有所体现。我们需要通过对语音—语义链接的分析来观察语义知识对音位范畴习得的影响。以下我们重点考察了语义知识对建立辅音发音部位范畴的影响。

在训练过程中，我们统计了模型在听觉网络所表征的音节与语义网络所表征的词汇语义之间建立稳定映射链接的时间节点（建立稳定链接所经历的训练步骤数），如表6-2所示。我们认为，对于每一个语音—语义对（如[ma]–"Mama"），如果相应的语音—语义映射链接有2条或2条以上是正确的，就说明这个语音—语义对的链接已经稳定，即模型已经习得相应词语的声音和意义之间的对应关系[①]。表6-2中左栏所列的是所有CV音节中辅音发音部位的对立情况（双唇—齿龈、双唇—软腭以及齿龈—软腭的对立）；右栏所列的是辅音发音方法的对立情况（清—浊对立）。

表6-2 在听觉网络与语义网络之间建立稳定链接时所处的训练步骤

元音	发音部位对立						清—浊对立		
	b–d	p–t	m–n	b–g	p–k	d–g	t–k	p–b	t–d	k–g
i/e	13	9	17	27	9	27	15	9	13	15
a	21	23	17	15	32	17	34	23	7	32
o/u	27	19	13	17	11	27	19	27	9	17

注：表中最左侧的一列表示构成音节时与辅音相拼的元音。

从表6-2中我们可以看出，网络对辅音发音部位对立关系的建立是在第9至第34步之间完成的；而对清—浊对立关系的建立也处在基本相同的时间区间之内。这表明，尽管听觉网络中的模型神经元分布没有反映出对辅音发音部位特征的聚类，但是通过听觉和语

[①] 如第四章中对标准德语数据的介绍中所提到的，每个词都有3个语音实现。所以对于每个词而言，如果该词在听觉网络中所对应的2个语音实现都已经与语义网络中的词汇语义形成了正确的链接，我们就认为模型已经基本习得了相应的语音—语义对应关系。

义网络之间的映射链接，模型可以习得辅音发音部位的特征，并对具有对立关系的发音部位进行区分。而且，对辅音发音部位特征的习得速度与对辅音发音方法特征的习得速度基本相当。综合来看，这反映出在习得语言的过程中，婴幼儿对母语音系中音位对立关系的习得依赖于语义知识的帮助。

第三节 小结与讨论

在这一章中，通过采用标准德语的语料数据，我们利用本研究中提出的 I-GSOM 模型模拟了习得语言过程中,婴幼儿对听觉信息、语义信息还有语音和语义之间对应关系的加工过程，以及对相应知识的存储和表征。I-GSOM 模型通过语义网络、听觉网络以及语音—语义链接模拟了 Kröger 语言处理模型中所描述的语音—语义接口。这与 Li 等（2004）提出的 DevLex 模型以及 Zinszer 和 Li（2010）提出的联结的 SOM 模型中所模拟的音系—语义接口不同。在 Li 等（2004）、Zinszer 和 Li（2010）以及其他一些研究中，相关研究者关注的是儿童在语言习得后期的词汇发展过程，所以通过引入音系知识来辅助词汇学习是合理的。但是在本研究中，我们所模拟的是婴幼儿在语言习得早期建立母语音位范畴的过程。在这一时期，婴幼儿并不具备母语的音系知识。因此，I-GSOM 模型模拟的是语言习得中婴幼儿语义加工和语音加工之间的关系。此外，与其他语言处理模型所采用的可扩展的神经网络模型（Fritzke，1994，1995a，1995b；Li，Farkas and MacWhinney，2004）相比，I-GSOM 所采用神经网络的结构更为简单和灵活，更适合对语言习得这类复杂任务的建模。网络的自组织能力可以帮助模型对听觉范畴和语义范畴进行归类，网络的动态扩展性可以帮助模型应对学习过程中知识的增长。

在本实验中，我们通过一系列训练步骤模拟了习得语言过程中婴幼儿对语音信息和语义信息的加工机制。其中，最开始的基础增长训练部分与大多数采用 SOM 网络的模型（Li，Farkas and MacWhinney，2004；Kröger，Kannampuzha and Neuschaefer-Rube，2009）相同，模拟的是一种基于统计的学习过程（无监督学习），也就是模拟婴幼儿通过对语言中声音和意义信息分布模式的感知，逐渐探索其母语中语音和语义结构的过程。对语音和语义信息以及语音—语义映射链接的强化训练，模拟了家长在与婴幼儿交互的过程中，通过对某些婴幼儿不理解的词进行有针对性的重复（由家长主导的一种对学习目标的优化选择），进而帮助婴幼儿逐渐完善自己语音感知和语义理解的过程。该过程模拟了家长与婴幼儿面对面交流过程中所产生的交互学习机制（半监督学习），并且通过在交互中对感知错误间接性的纠正达到促进学习的目的。这与 DIVA 模型中的错误处理（Error Processing）模块所模拟的功能类似。此外，I-GSOM 模型还模拟了真实学习过程中人们对知识的记忆和遗忘机制。一方面，模型对网络中神经元节点的更新规则包含了对记忆（强化）和遗忘（弱化）的模拟；另一方面，模型对映射链接的更新模拟了记忆的过程，而模型对映射链接的遗忘则模拟了遗忘的过程。

  通过对实验结果的分析，我们得出以下基本结论。（1）循环性强化和复习训练可以帮助模型网络进行消歧。进而我们推断，家长通过某些有针对性的重复和强化，可以帮助婴幼儿逐渐完善自己对词汇语音特征的感知和语义特征的理解，并在词汇的声音和意义之间建立准确而稳定的联系。（2）婴幼儿有能力通过自己的感官反馈来对词汇的语义知识进行加工，并根据词汇之间的意义关系来对词汇的语义知识进行归类和存储。（3）通过对语音声学信息的加工，婴幼儿有能力在一定程度上构建元音音位在声学空间内的分布关系。（4）通过对辅音本身以及辅音与元音过渡段频谱特征信息的加工，婴幼儿有能力习得辅音发音方法的基本范畴。（5）婴幼儿有能力同时处理词汇的语音信息和语义信息，并将两种信息进行关联，进而习得词汇的声音与意义之间的对应关系。

通过更加深入地分析听觉网络中模型神经元对音位范畴的表征，我们认为，单纯依靠对音节声学特征的学习，婴幼儿不足以在音节层面习得接近母语水平的元音和辅音音位范畴。一方面，通过将语音和语义信息进行关联，我们可以观察到语义知识在音位习得过程中所发挥的积极作用。而另一方面，基于语言模式的二重性理论，我们认为，婴幼儿对音位范畴的详细掌握需要更为精细的语音处理单元——音位。在第七章对汉语普通话音位习得的模拟实验中，基于语言模式的二重性理论，我们将详细模拟基于语义知识的由高层到底层的加工机制，并将婴幼儿对语音的处理细分为语素（音节）和音位两个层面。

第 七 章

汉语普通话音位习得的模拟实验

在第六章中，我们采用 I-GSOM 模型对标准德语音位范畴的习得进行了模拟。通过模拟实验，我们证明了本研究提出的可扩展的自组织网络的自组织能力可以帮助模型对听觉范畴和语义范畴进行归类，网络的动态扩展性可以帮助模型应对学习过程中知识的增长。该实验验证了 I-GSOM 模型结构的合理性。通过深入分析听觉网络中模型神经元对音位范畴的表征，一方面，我们可以观察到语义知识在音位习得过程中发挥的积极作用；而另一方面，我们发现，婴幼儿对音位范畴的详细掌握还需更精细的语音处理单元——音位。以 I-GSOM 的模型框架为基础，基于语言模式二重性的网络模型（DI-GSOM）可将婴幼儿对语音的处理细分为音节（语素）和音位两个层面。在这一章中，我们将利用 DI-GSOM 模型模拟婴幼儿对汉语普通话音位范畴的习得，并探讨语义的约束作用对音位范畴习得的影响。通过对语言模式二重性理论的应用，一方面，我们将模拟基于语义知识的由高层到底层的加工机制；另一方面，我将模拟婴幼儿对语音信息的分层处理机制。汉语普通话中存在单音节语素和多音节语素，而在本研究中，我们只考虑婴幼儿对单音节语素的加工情况。

第一节 实验的参数设置和训练步骤

本实验共包含三个训练阶段，分别是学习前阶段、学习阶段一和学习阶段二。三个阶段分别模拟婴幼儿语言习得早期所经历的不同时期。

如乔姆斯基的"原则和参数"理论所述，婴幼儿先天便具备专门为语言学习任务所设计的神经网络结构，所以婴幼儿自出生起就具有普遍的语言感知能力。婴儿出生以后，外界产生的语言刺激便会激活相应的语言处理网络，并使婴幼儿开始对语言进行感知和学习。因此，在学习前阶段，我们利用标准英语数据和部分汉语普通话数据模拟婴幼儿在出生以后所接触到的复杂语音空间，并以此构建模型对语音的普遍感知能力[①]。在这一阶段，语义网络和语音网络并没有参与到学习的过程中，因为基础的感知能力不需要语义知识的参与（Carey and Bartlett，1978；Kuhl et al.，2006）。因此，在学习前阶段，模型所模拟的婴幼儿对辅音、元音和声调的感知都是基于对语音物理特征的分析［即 Werker 和 Logan（1985）所描述的语音处理感知］：采用频谱信息对辅音和元音进行加工，采用基频音高信息对声调进行加工。在学习前阶段，我们进行了 2 轮自适应训练和 10 轮增长训练。

暴露在语言环境中，随着母语输入的增多，婴幼儿对语音的感知会受到母语语言系统的影响。因此，在学习阶段一，我们通过 12—18 个月汉语普通话婴幼儿家长输入语的数据，来模拟母语环境刺激对婴幼儿初步建立母语音位范畴的影响，以体现婴幼儿在模仿发音阶段早期的语言发展。在这一阶段，语义网络和语音网络开始介入并逐渐习得相应的知识。在这个过程中，由于共同关注的作用

---

① 在本实验中，我们所模拟的婴幼儿对语言的普遍感知能力，是对标准英语和汉语普通话中所含部分音位的感知能力。受实验数据和条件所限，我们只以婴幼儿对两种语言的普遍感知能力来模拟他们对世界大多数语言的感知能力。在以后的研究中，我们可以加入更多语言的数据，以模拟更加普遍的感知能力。

(Baldwin, 1991, 1993; Moore and Dunham, 2014), 婴幼儿逐渐开始学会将听到的声音同词汇的意义关联起来, 因而模型会构建词汇的语音特征和语义知识之间的映射链接, 并激活基于语义的由高层到底层的加工机制。因此, 自这一学习阶段起, 模型所模拟的婴幼儿对辅音、元音和声调的感知开始受到母语知识的影响[即 Werker 和 Logan(1985)所描述的音位处理感知]: 语义知识开始发挥约束作用, 并采用调形特征对声调进行加工。在学习阶段一, 我们进行了 2 轮自适应训练和 15 轮增长训练。

在 18 个月左右, 婴幼儿已经具备将声音和意义关联起来的能力(Baldwin et al., 1996), 相应的, 词汇爆发期来临(Bates and Carnevale, 1993; Dromi, 1999), 婴幼儿的词汇量迅速增加。与此同时, 知觉重组已经帮助婴幼儿建立起基本的母语语言系统(Werker and Tees, 1984; Mills et al., 2004)。因此, 在 18 个月以后, 婴幼儿和家长之间的交流互动变得更为频繁, 家长输入语中音位的频率分布模式也更趋近成人语言。所以, 18 个月左右是家长对婴幼儿输入语模式发生转变的一个时间点。在接下来的语言学习中, 家长持续的语言输入可以帮助婴幼儿逐渐建立更为完善和稳定的母语音位范畴。因此, 在学习阶段二, 我们通过输入 19—36 个月汉语普通话婴幼儿家长输入语的数据, 来模拟婴幼儿对音位范畴感知的完善过程。在学习阶段二, 我们进行了 2 轮自适应训练和 20 轮增长训练。

实验中所涉及的训练步骤主要包括: 网络的初始化、网络的自适应训练、网络的增长训练、映射链接的遗忘以及网络的检测。在本实验中, 母语(汉语普通话)训练数据中包含家长输入语中词汇的出现频率信息。我们认为, 家长词汇输入的频率分布特征反映了家长与婴幼儿在交流互动过程中对婴幼儿语言学习的选择性干预, 这与第六章的标准德语实验中所模拟的强化训练过程相似。因此, 在本实验中我们并没有引入强化训练机制, 而是利用数据的词频分布特征来反映家长对婴幼儿语言学习的监督作用。

我们采用相同的模型参数(见表 7-1)和训练步骤(见图 7-1)

分别进行了5次模拟实验(模拟5名不同的婴幼儿对语言的学习情况)。通过实验分析,我们认为这5次实验所得的结果趋于一致。因此,我们在第二节的网络分析中所报告的是其中1次模拟实验的结果。

表 7-1　　　　　　模型在不同训练阶段所采用的参数

训练阶段	初始学习率 R_{learn}	初始邻域范围大小 S_{nb}	增长阈值 T_{grow}	学习率衰减率 α	邻域范围衰减率 β
学习前阶段	0.5	$S_{nb} = \begin{cases} \log_{10}(N) & if\ N>10 \\ 1 & others \end{cases}$	根据自适应阶段的结果获得	0.9	0.9
学习阶段一	0.5			0.9	0.9
学习阶段二	0.5			0.9	0.9

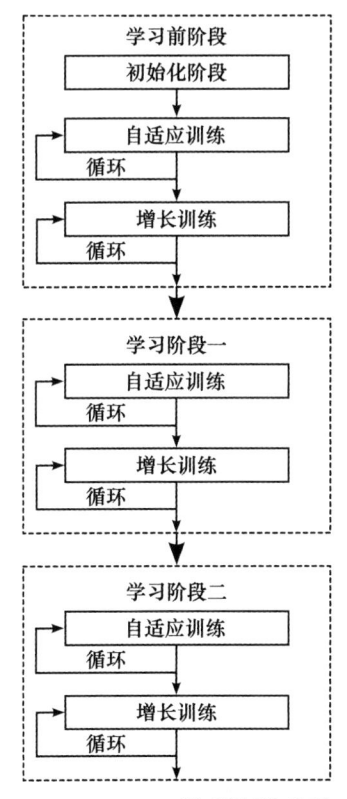

图 7-1　DI-GSOM 模型训练步骤示意

第二节　实验结果及分析

一　学习前阶段

在学习前阶段，我们将标准英语和汉语普通话中的辅音音位、元音音位以及声调的语音特征（声学特征）输入 DI-GSOM 模型，以模拟语言环境对婴幼儿大脑中负责语言处理的神经网络的刺激。DI-GSOM 模型分别利用位于语音知识层级音位层中的辅音网络、元音网络和声调网络来加工相应的语音信息，并将学到的表征存储在相应的模型网络中。训练结束后，我们分别观察了各个模型网络中模型神经元的分布情况以及网络中模型神经元节点对相应语音特征的表征。

在辅音网络中（见图 7-2），模型神经元对送气爆发音和不送气爆发音的表征区分得十分清楚：送气爆发音分布在网络的上方，不送气爆发音分布在网络的下方。在送气爆发音的区域内部，我们可以看到辅音 [pʰ]、[tʰ]、[kʰ] 所占据的区域虽然互相之间有所交叠，但各自都能形成表征稳定的区域。在不送气爆发音区域的内部，我们可以看到辅音 [p] 在网络左侧形成稳定的表征，辅音 [k] 和 [t] 在网络的右侧形成各自的表征区域。对于浊不送气爆发音而言，我们可以观察到两个集中的表征区域，分别位于网络中部偏左的位置和网络的下部。在这两个区域，模型神经元对辅音 [b]、[d]、[g] 都有稳定的表征。除了对发音方法聚类的表征以外，网络对发音部位的表征也有一定特点。表征发音部位相近辅音的神经元在网络中所处的位置比较接近，例如 [p] 与 [pʰ]，[t] 与 [tʰ]，[g] 与 [kʰ]，[k] 与 [kʰ] 等。

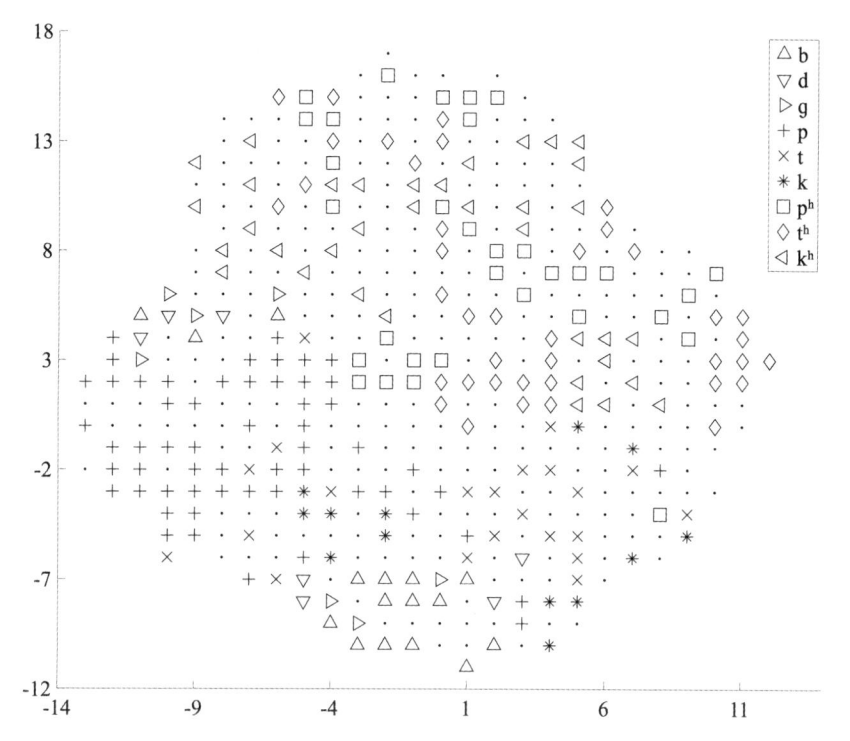

图 7-2　学习前阶段的训练结束后，辅音网络中模型神经元节点对辅音语音范畴的表征

注：图中实心圆点为表征不凸显的模型神经元节点。

从辅音网络中模型神经元节点对辅音特征的整体表征来看，模型网络既可以区分清不送气爆发音和浊不送气爆发音（标准英语中存在的清—浊对立），也可以区分清送气爆发音和清不送气爆发音（即汉语普通话中存在的送气—不送气对立）。因此我们认为，模型可以对标准英语和汉语普通话中所包含的辅音形成普遍的感知能力。

在元音网络中（见图 7-3），模型神经元对每个元音的表征都比较清晰，每个元音都占据一片稳定的网络区域。从模型神经元对元音特征的整体表征来看，我们可以观察到元音声学空间的"高—低"和"前—后"分布关系在网络中的体现。具体来说，低元音 [ɑ]、[ɑː]、[ʌ] 分布在网络的下方；前高元音 [i]、[iː]、[ɪ] 分布在网络的左侧及左上方区域；后高元音［u］和［o］分布在网络的右侧及右上方区域；元音［ʊ］和［ɚ］分布在网络的中央区域。

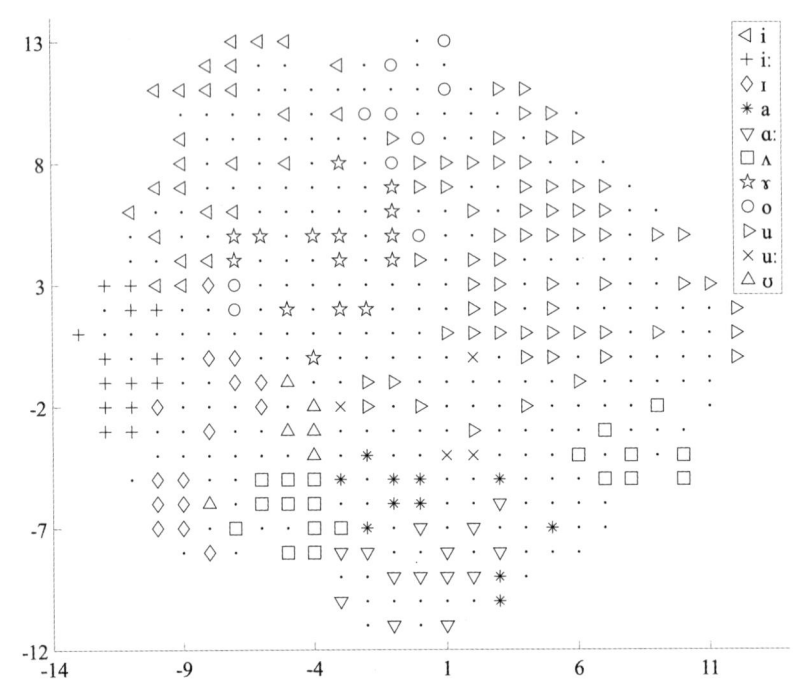

图 7-3　学习前阶段的训练结束后，元音网络中模型神经元节点对元音语音范畴的表征

注：图中实心圆点为表征不凸显的模型神经元节点。

通过与图 4-9 进行比较，我们认为，模型很好地习得了标准英语和汉语普通话训练数据中所含元音的声学特征。网络中模型神经元对元音的表征分布与元音在声学空间内的分布有较高的一致性。从网络中模型神经元节点对元音的整体表征来看，模型网络既可以区分标准英语中的元音对立（［ɑː］—［ʌ］、［iː］—［ɪ］、［uː］—［ʊ］），又可以感知汉语普通话中的不同元音。因此我们认为，模型网络可以对标准英语和汉语普通话中所包含的元音形成普遍的感知能力。

婴幼儿对声调的感知能力是普遍存在的（Mattock，Molnar，Polka and Burnham，2008；Mattock and Burnham，2006；Lei，2007），

但由于调类是语言相关的特征,所以婴幼儿对声调的基础感知依赖的是音高的物理特征,而不是对调类的区分。因此,与对辅音和元音网络的分析不同,我们对这一阶段声调网络的分析单纯基于网络中模型神经元对声调的物理表征。

在声调网络中(见图7-4),模型神经元所表征的不同调形具有一定分布特点。我们可以将模型神经元对调形的表征划分为4大区域:平调、升调、降升调和降调。而在降调的区域内,我们又可以将模型神经元的表征细分为凸降调、降调和凹降调三个部分。从网络中模型神经元节点对声调调形的整体表征来看,通过对基频音高刺激中(标准英语和汉语普通话音节中)所包含的声调信息进行统特征的加工,模型网络可以对语音一的加工,并将调形相似的声调

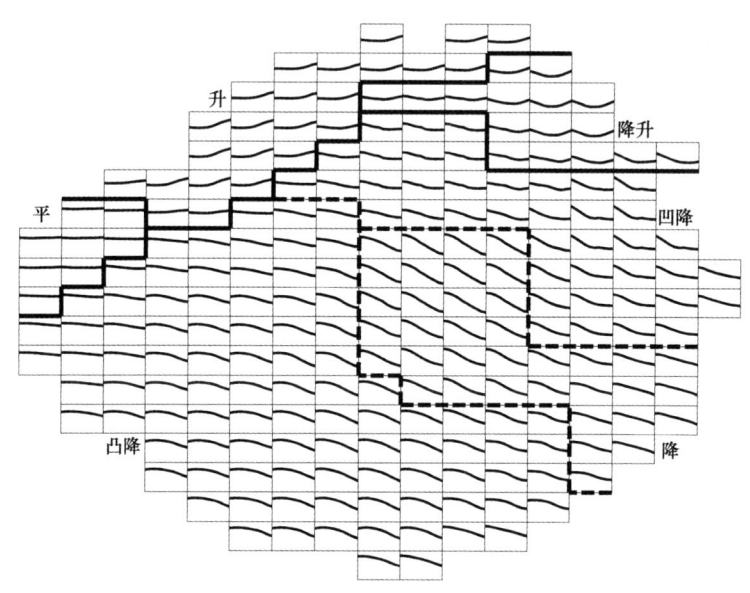

图7-4 学习前阶段的训练结束后,声调网络中模型神经元节点对声调范畴的表征

注:图中每一个方格代表一个模型神经元,方格中的曲线代表该模型神经元所表示的声调特征。图中实线标出的是各声调聚类之间的边界,汉字标注的是各聚类内的调形特征;图中虚线标出的是模型神经元在对降调的表征中所表现出的调形凹凸特征的分类边界。

归并在一起。同时，由于去声在输入频率上占据优势，所以网络对去声的表征更为充分。综合来看，我们认为，模型网络可以对声调的调形特征形成普遍的感知能力[①]。

从各个知识网络中模型神经元的表征来看，尽管存在一定程度的交叠，但每一类语音范畴都具有其稳定的表征区域。因此，在学习前阶段，通过语音刺激的激活，模型已经具备了基础的语音感知能力。

二 学习阶段一

在学习阶段一，我们通过采用12—18个月汉语普通话婴幼儿家长输入语的数据模拟婴幼儿早期暴露在母语环境中的情况。12—18个月对应的是婴幼儿模仿发音的阶段。在这个阶段，随着母语语义知识的加入，语义网络和语音网络被激活，并逐渐习得相应的知识。在这个过程中，婴幼儿逐渐开始学会将听到的声音与感受到的词汇意义关联起来，因而模型会在心理词汇层级和语音知识层级之间建立语音—语义映射链接，并通过由高层到底层的加工机制将语义知识作用于模型网络对语音知识的感知处理中。模型训练结束后，我们分别观察了各个模型网络中模型神经元的分布情况以及网络中模型神经元节点对相应语义特征和音位特征的表征。

在语义网络中（见图7-5），同一词类的词大都聚集在同一个网络区域，而意义相近或语义具有关联性的词也都聚集在一起。例如，所有称谓词（哥哥、姑姑、客人等）都分布在网络的左侧；所有具有口腔运动特征的词（读、咳嗽、故事等），无论词类是否相同，都分布在网络的上方；所有表示感受的词（怕、渴、特殊等）都分布

---

① 由于普通话的声调是典型的曲折调系统，所以并不存在调阶的对立。受训练数据的限制，我们无法得知婴幼儿是否对声调的调阶特征具有普遍的感知能力。另外，由于我们将声调的时长进行了规整，所以我们也无法得知婴幼儿是否对声调的时长特征具有普遍的感知能力。因此，这里所表述的对声调的普遍感知能力只限于对声调调形特征的感知，具有一定的局限性。

在网络的右上方；所有表示肢体运动的动词（打、趴、拔等）都分布在网络的右侧。

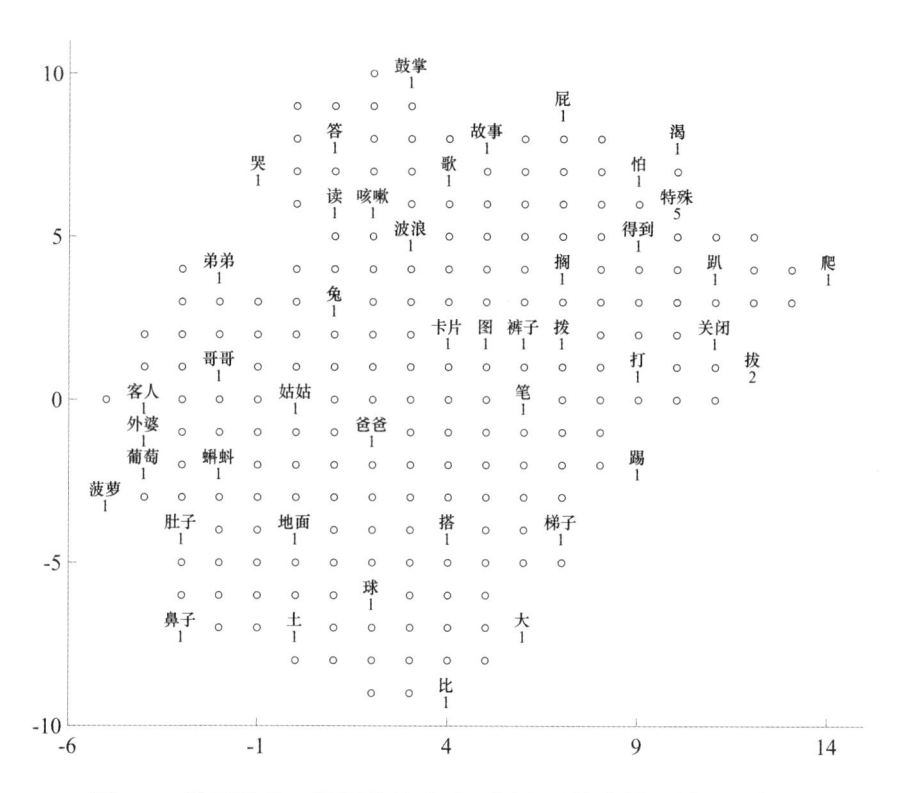

图 7-5　学习阶段一的训练结束后，语义网络中模型神经元节点对词汇语义特征的表征

注：图中标记汉字的位置为具有凸显表征的模型神经元节点，汉字表示该模型神经元节点所凸显表征的词，汉字下方的数字表示该神经元所表征词的数目。

与此同时，我们注意到，在网络的右上方存在两个表征不明确的模型神经元节点，分别是"特殊"和"拔"所在的节点。通过对相应节点的表征进行分析，我们发现，凸显表征为"特殊"的模型神经元所表征的语义特征与"特殊""苦""普通""破"和"底"共5个词的特征相近；凸显表征为"拔"的模型神经元所表征的语义特征与"拔"和"扒拉"共2个词的特征相近。具体来看，"特殊"和"普通"是一对反义词，关联性强；"破"和"底"存在一定的语义关联关系;而"拔"和"扒拉"都涉及相似的手和手臂的运动。因此,模型对上述两组词的理解存在一定程度的语义混淆。

通过分析语义网络中模型神经元对语义特征的表征,我们可以推测,12—18个月的婴幼儿对词汇的加工依赖于词汇之间的语义联系。婴幼儿倾向于将意义相似的词联系起来记忆,但同时也会混淆某些语义特征十分接近的词。以上结果与第六章中我们对标准德语语义网络的分析结果相似。

随着母语(汉语普通话)语音和词汇语义刺激的输入,与图 7-2 相比,辅音网络中模型神经元对辅音音位的表征发生了变化(见图 7-6)。受基于语义的由高层到底层加工的约束作用,网络对浊爆

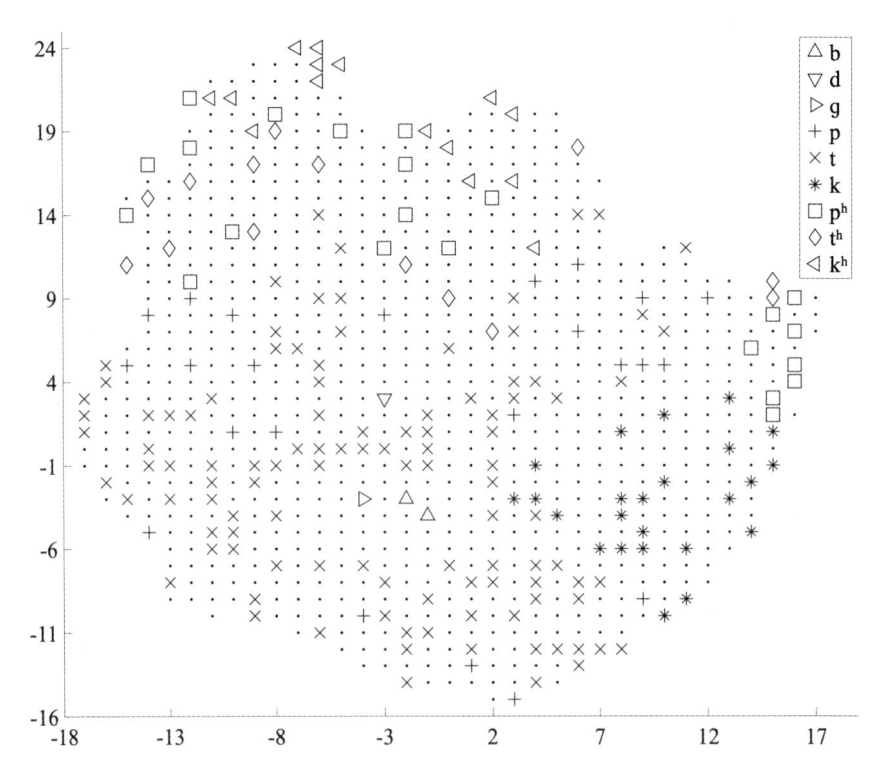

图 7-6 学习阶段一的训练结束后,辅音网络中模型神经元节点对辅音音位范畴的表征

注:图中实心圆点为表征不凸显的模型神经元节点。

发音的感知变得很弱，网络中表征浊爆发音的神经元大量减少。这表明，大部分在学习前阶段的辅音网络中对浊爆发音进行表征和感知的模型神经元，已经被合并至相应的清爆发音的模型神经元区域中，音位的感知产生了母语倾向的归并。与此同时，由于输入语中辅音[t]的输入频率很高（见图4-4），所以辅音[t]激活了大量新的模型神经元，并且伴随着网络的扩展占据了网络左下方的大部分区域。而网络中神经元对辅音[p]的表征区域变得模糊，与[t]和[k]有较明显的重叠。这表明在当前阶段，网络对辅音[p]的表征不是很稳定，容易与其他辅音发生混淆。此外，表征辅音[k]的模型神经元在网络的右下方逐渐形成了一片稳定的区域。从整体来看，网络中的模型神经元对送气爆发音和不送气爆发音表征的区分依然十分清楚。

从辅音网络中模型神经元对辅音音位的表征来看，在12—18个月这个年龄段，随着母语信息的输入，婴幼儿对辅音音位的感知出现了母语倾向，对汉语普通话中不存在的清—浊对立感知能力减弱。而同时，由于受词汇学习任务压力（如词频压力）的影响，婴幼儿对辅音[p]的感知产生了混淆。

随着母语语音和词汇刺激的输入，与图7-3相比，元音网络中模型神经元对元音音位的表征也同样发生了变化（见图7-7）。在学习前阶段元音网络中对标准英语元音进行表征和感知的模型神经元都已合并至汉语普通话的音位范畴中。具体来看，标准英语元音[ɑː]和[ʌ]被合并至汉语普通话元音[a]的范畴中；标准英语元音[iː]和[ɪ]被合并至汉语普通话元音[i]的范畴中；标准英语元音[uː]和[ʊ]被合并至汉语普通话元音[u]的范畴中。在这一归并过程中，基于语义的由高层到底层的加工发挥了关键的约束作用。在网络对模型神经元表征的重组织过程中，元音空间的"高—低""前—后"关系得到了较好的保持。

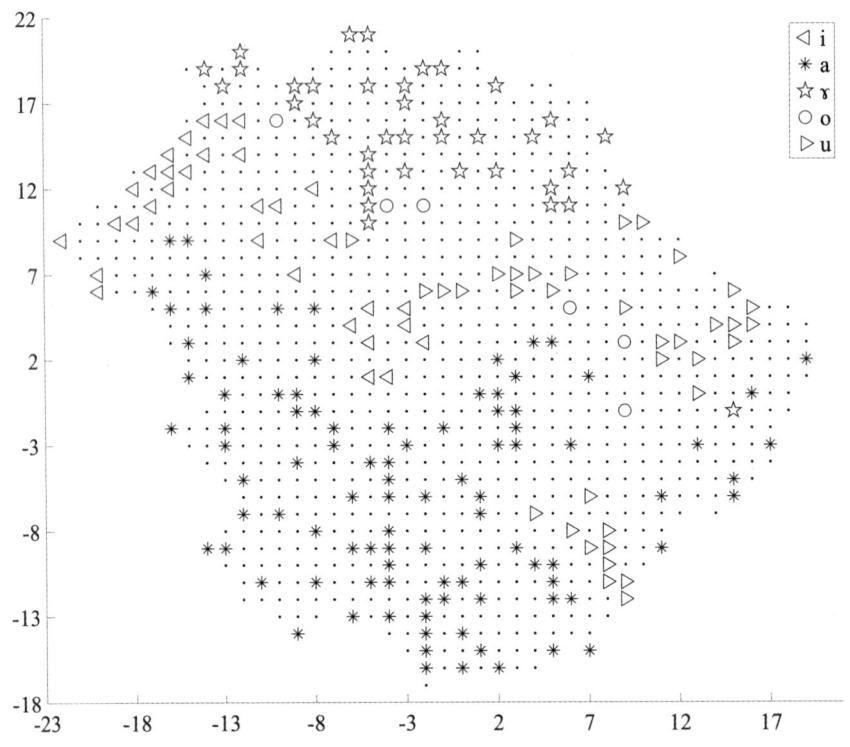

图 7-7 学习阶段一的训练结束后，元音网络中模型神经元节点对元音音位范畴的表征

注：图中实心圆点为表征不凸显的模型神经元节点。

通过与图 4-8 进行比较，我们认为，在这一阶段，模型对元音音位范畴的表征已经接近汉语普通话的训练数据中所含元音的声学特征。也就是说，婴幼儿在 12—18 个月这个年龄段对音位的感知就已呈现出较强的母语倾向。

随着母语语音和词汇语义刺激的输入，通过利用调形特征对声调信息进行加工，模型网络已经可以对调类进行划分，并形成汉语普通话的四个声调范畴（见图 7-8）。每个声调范畴在网络中都具有比较稳定的聚类表征。从网络中模型神经元表征的分布情况来看，现阶段声调网络中的模型神经元分布情况与学习前阶段的声调网络（见图 7-4）基本相同，但是学习前阶段网络中对 3 种降调（凸降、降、凹降）的表征现在已经合并至对去声的表征聚类中。而这一归并过程的实现，同样与基于语义的由高层到底层加工的约束作用密不可分。

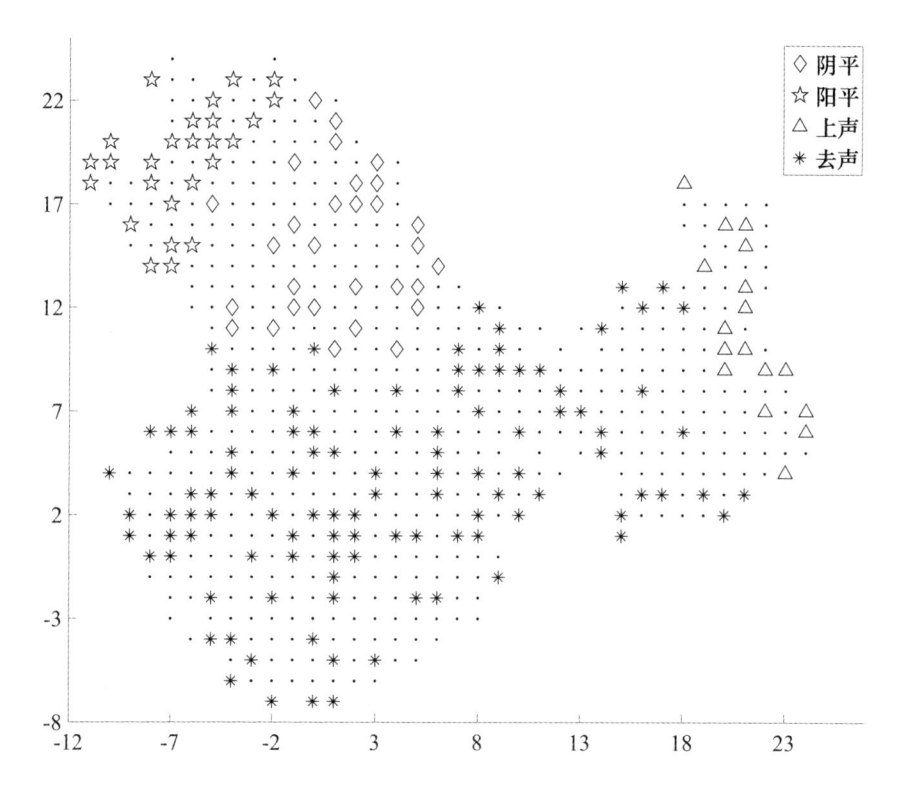

图 7-8　学习阶段一的训练结束后，声调网络中模型神经元节点对声调范畴的表征

注：图中实心圆点为表征不凸显的模型神经元节点。

此外，从模型网络对声调范畴的表征情况来看，去声的表征最为充分，其次是阴平和阳平，上声则最为简略。这反映了网络对各声调范畴的习得程度，并在一定程度上可以反映婴幼儿习得相应声调范畴的难易程度。

从各个知识网络中的模型神经元对音位的表征来看，在基于语义的由高层到底层加工作用的影响下，模型对不区分词汇意义的音位进行了归并,婴幼儿对音位的感知出现了较强的母语倾向。

三 学习阶段二

在学习阶段二,我们通过采用 19—36 个月汉语普通话婴幼儿家长输入语的数据来模拟婴幼儿对音位范畴感知的完善过程。19—36 个月对应的依然是婴幼儿模仿发音的阶段。与学习阶段一相同,语义网络和语音网络保持激活,语音—语义映射链接以及由高层到底层的加工机制都保持运作。模型训练结束后,我们分别观察了各个模型网络中模型神经元的分布情况,以及网络中模型神经元节点对相应语义特征和音位特征的表征。

在语义网络中,同一词类的词依然聚集在同一个网络区域,且意义相近或语义具有关联性的词也都聚集在一起,各个语义范畴内的聚类也变得更加紧凑了(见图 7-9)。在保持学习阶段一所获得的语义网络表征结构的同时,学习阶段二新添加的 26 个陌生词[1]都很好地融入至语义网络中。这一点很好地体现了本研究所提出的改进的自组织网络的可持续扩展特性。与此同时,我们注意到,语义网络对表征形容词的神经元进行了局部的重组,在网络的右下方构成了一个稳定的表征区域。

此外,我们还发现,一方面,在学习阶段一中存在的表征不明确的模型神经元节点在当前的网络中有所改善,"特殊""底""拔"和"扒拉"都得到了充分的表征;另一方面,网络中依然存在两个表征不明确的模型神经元节点。凸显表征为"普通"的模型神经元所表征的语义特征与"普通"和"破"共 2 个词的特征相近;而凸显表征为"苦"的模型神经元所表征的语义特征与"苦"、"程度"和"题"共 3 个词的特征相近。网络对"普通"和"破"的混淆在学习阶段一中就存在,而在学习阶段二完成以后依然没有得到很好

---

[1] 学习阶段一的训练词汇为 49 个,学习阶段二的训练词汇为 75 个,所以共有 75 − 49 = 26 个陌生词。

的解决;"程度"和"题"都是第二阶段新出现的词,它们与"苦"具有一定意义上的关联,例如"苦"可以表示一种"程度"或者具有"程度"之分,"题"也具有"程度"之分,"题"对于婴幼儿而言可能是困难的或不好的东西,具有与"苦"相似的感觉。

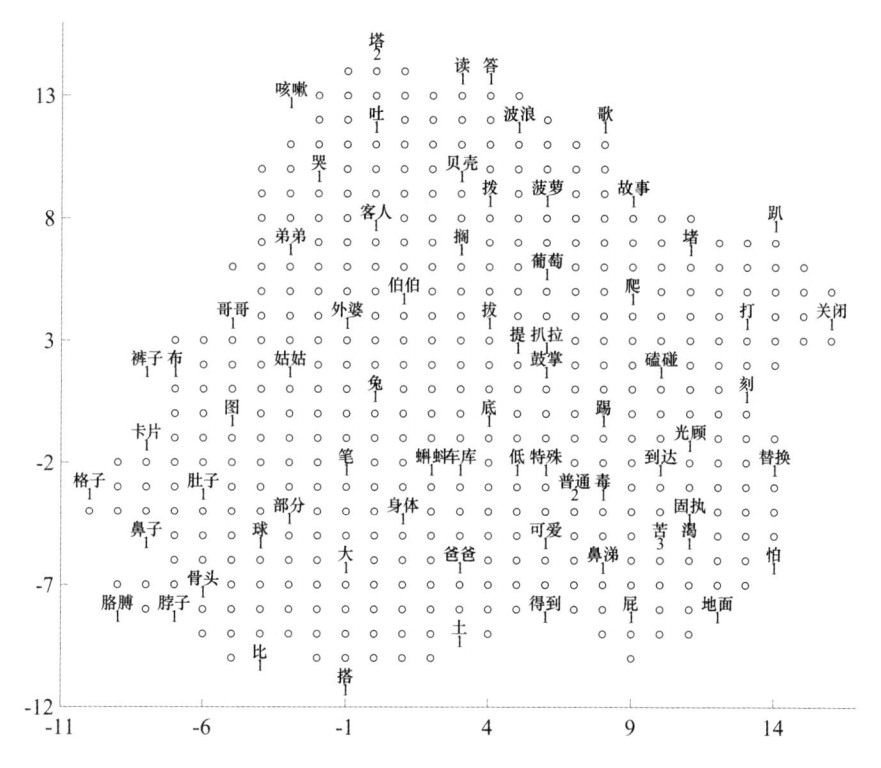

图 7-9 学习阶段二的训练结束后,语义网络中模型神经元节点对词汇语义特征的表征

注:详细图例请参看图 7-5。

通过分析语义网络中神经元对语义特征的表征,我们可以推测,19—36 个月的婴幼儿可以顺利地习得不熟悉的陌生词,并将新学的词与已掌握的词之间的语义关系进行关联,联想记忆。

随着母语语音和词汇语义刺激的持续输入,与图 7-6 相比,辅音网络中模型神经元对辅音音位的表征更加稳定,各个辅音表征聚类变得更加紧凑(见图 7-10)。虽然辅音 [p] 在学习阶段二中的输入频率继续下降（参看图 4-4），但与图 7-6 相比，辅音 [p] 在网络中的区域变得相对稳定，与辅音 [t] 和 [k] 的混淆程度有所降低，而辅音 [t] 和 [k] 也在知识网络中形成了稳定的表征区域。通过分析输入语的数据我们发现，学习阶段一的输入数据中并不存在辅音 [p]-[t]-[k] 的最小对立对，只存在两两的对立，例如"大"[ta^{51}]—"爸"[pa^{51}]、"肚"[tu^{51}]—"故"[ku^{51}]。因此，在学习阶段一的辅音网络中，[p] 与 [t] 和 [k] 都有较为明显的混淆。而与学习阶段一相比，学习阶段二的输入中出现了"布"[pu^{51}]—"肚"[tu^{51}]—"故"[ku^{51}] 这样的对立对，因此语义上的区别有助于模型对 [p]、[t]、[k] 这三个音位进行精细的区分。这一过程体现了语义知识对划分音位范畴的积极作用。

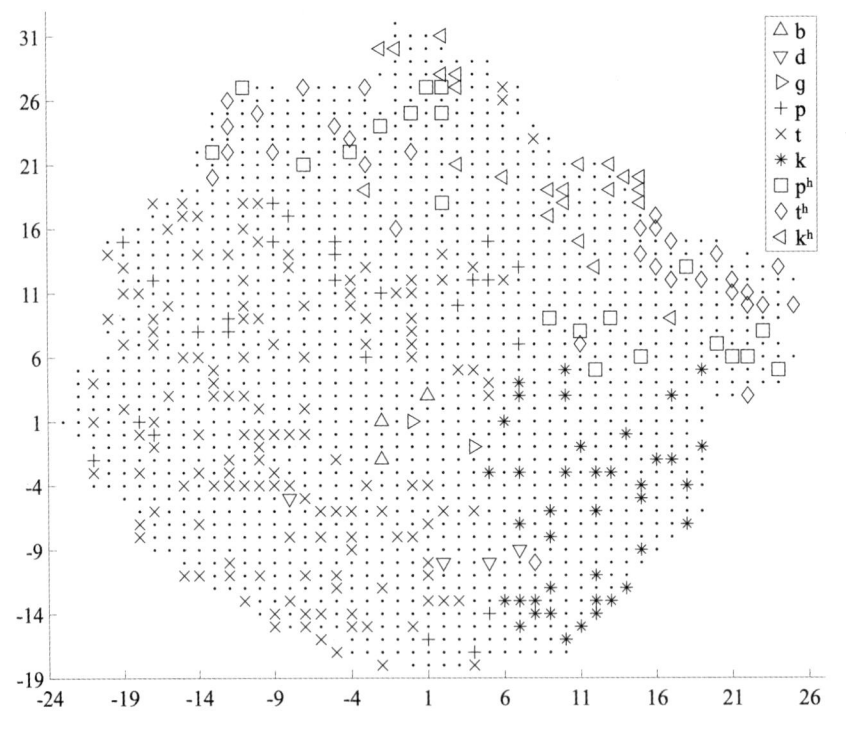

图 7-10　学习阶段二的训练结束后，辅音网络中模型神经元节点对辅音音位范畴的表征

注：图中实心圆点为表征不凸显的模型神经元节点。

此外，我们还注意到，网络的右上方存在一小部分表征为 [t] 的区域，这几个模型神经元与表征为 [kʰ] 的模型神经元相混。从二者的语音特征上，我们很难解释这一现象。但当我们将语义知识的作用考虑进来时，就不难发现其中的原因。如上文所述，在语义网络中存在一个表征不明确的模型神经元，同时表征了"苦"、"程度"和"题" 3 个词。而"苦"[kʰu²¹⁴]与"程度"[tu⁵¹]两个词中恰好分别含有辅音 [kʰ] 和 [t]。受语义由高层到底层的约束作用，模型网络将相应的 [kʰ] 和 [t] 归到了同一个语音范畴中。这种现象反映了当语义知识出现混淆的情况下，婴幼儿对音位的习得也可能会受到一定程度的影响。

随着母语语音和词汇语义刺激的持续输入，与图 7-7 相比，元音网络中模型神经元对元音音位的表征变得更加稳定，元音 [a]、[i] 和 [ɤ] 的表征聚类变得更加紧凑（见图 7-11）。不过，表征元音 [u] 的模型神经元在网络中形成了两个聚类区域，两区域之间以元音 [a] 相隔。对于这一现象，我们很难从语音特征的区别或者语义的约束作用去解释。根据我们的分析，这可能是由自组织网络算法的局部更新特性所导致的结果。如第五章第四节中介绍的，网络对模型神经元节点特征向量的更新和对模型神经元节点的重组织是在局部范围内（一个较小的邻域范围内）进行的。在学习阶段一（见图 7-7），我们可以发现，网络的右下方已经初步形成了一小部分表征元音 [u] 的模型神经元。因此，在局部更新特性的作用下，这一小部分网络受到周围表征元音 [a] 的模型神经元的影响较弱，所以逐渐发展成一个较完善的对元音 [u] 的表征区域。这是我们需要对算法做出进一步优化的地方。

此外，我们注意到，无论在学习阶段一还是学习阶段二，元音 [o] 一直没有形成稳定的表征区域，这很可能与该语音刺激的输入频次较低有关（见图 4-5）。与此同时，我们还注意到，网络中有几个表征元音 [i] 的模型神经元偏离了元音 [i] 的核心区域，与元音 [u] 相混。通过分析我们发现，这与语义网络中存在的混淆有关。

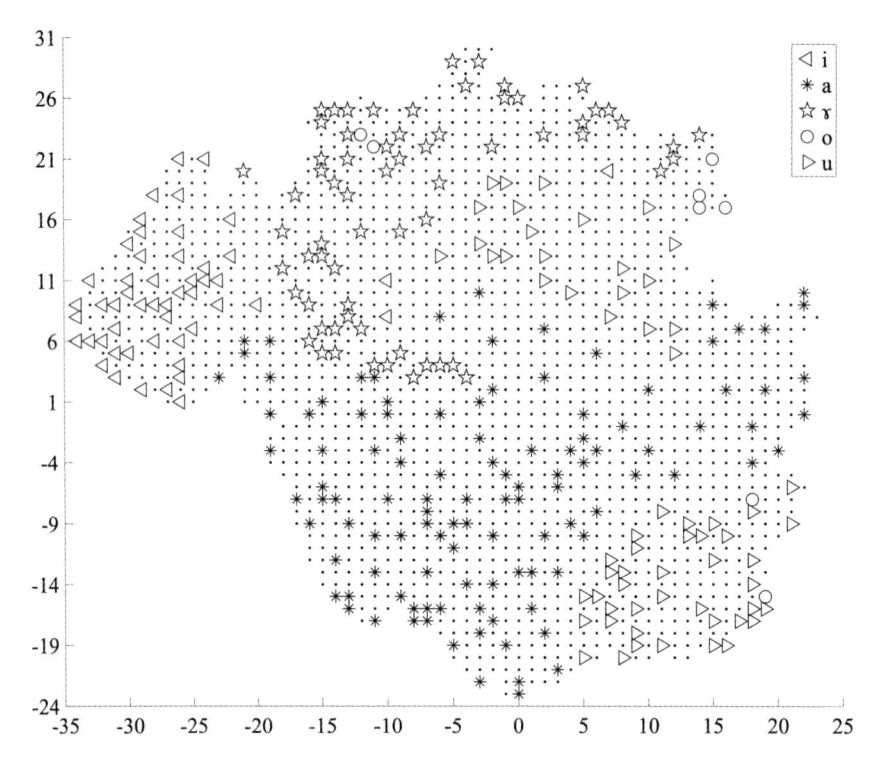

图 7-11　学习阶段二的训练结束后，元音网络中模型神经元节点对元音音位范畴的表征

注：图中实心圆点为表征不凸显的模型神经元节点。

如上文对辅音网络的讨论一样，元音网络对元音[i]和[u]的混淆，可能缘自语义网络对"题"[tʰi³⁵]和"苦"[kʰu²¹⁴]两个词中元音部分的混淆。

由于在学习阶段二中，阴平、阳平和上声出现频率的增多（见图4-6），与图7-8相比，所有表征这3个声调特征的模型神经元，在声调网络中都获得了更多的空间，形成了更加稳定的聚类表征（见图7-12）。在学习阶段二，声调网络中模型神经元对声调范畴表征的分布特征与学习阶段一相似。在学习过程中，网络结构保持稳定，在每个声调范畴聚类的内部，模型神经元的表征也变得更加紧凑和完善。

图 7-12 学习阶段二的训练结束后，声调网络中模型神经元节点对声调范畴的表征

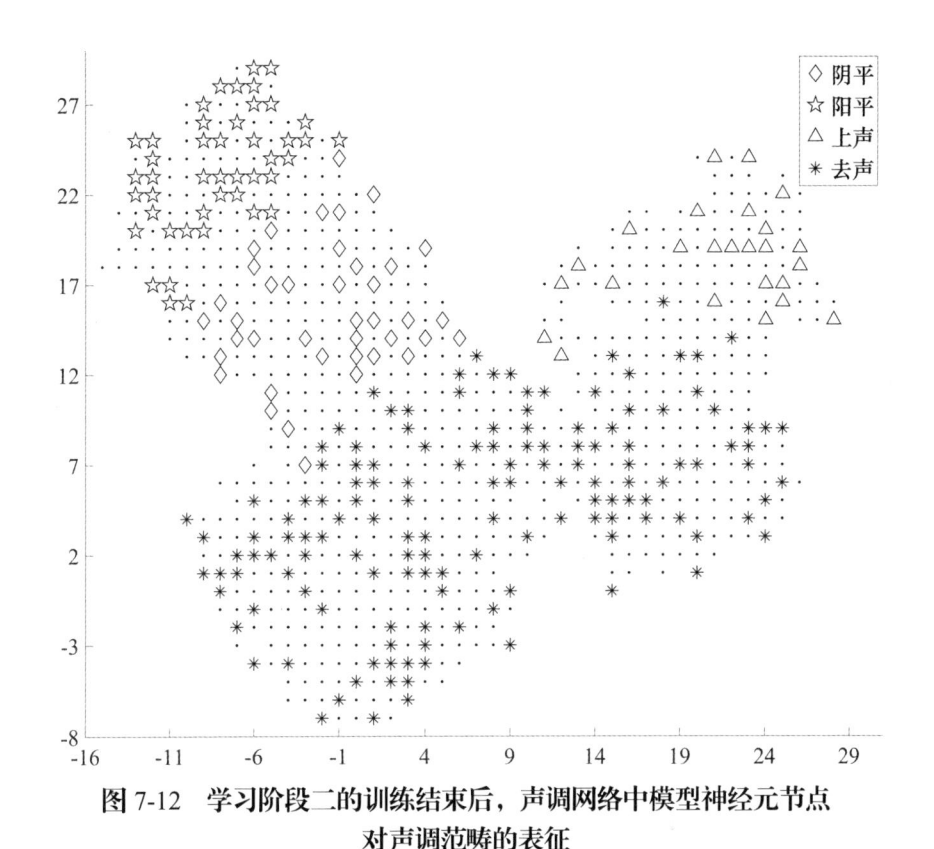

注：图中实心圆点为表征不凸显的模型神经元节点。

结合学习阶段一（图 7-8）与学习阶段二（图 7-12）的声调表征情况，我们认为，网络对声调范畴的表征程度（习得程度），可以帮助我们预测婴幼儿的声调习得顺序：去声→阴平→阳平→上声。这恰好与 Gao 等（2017）基于大量行为观测所得的分析结果一致。

从各个知识网络中的模型神经元对音位的表征来看，随着母语语音刺激的持续输入，知识网络的结构变得更加稳定，音位范畴的边界变得更加清晰，音位范畴内部的表征也变得更加紧凑和完善。

四 声调的辨认和区分模拟实验

在以上三个学习阶段的训练结果中，通过观察模型神经元所表征的语音特征在各音位网络中的分布情况，我们可以发现：在学习前阶段，模型显示出了对语音特征的普遍感知能力；在学习阶段一，通过对母语知识的学习，模型对音位的感知逐渐向母语音位范畴靠拢；最终在学习阶段二，随着母语知识的持续输入，模型逐渐完善了对各个音位的感知，建立了基于母语的音位范畴感知。但是，各音位知识网络中，模型神经元的聚类分布情况所体现出的这种对音位知识的范畴性表征，是否可以使模型具备行为上的范畴感知能力呢？Kröger 等（2009）通过模拟辨认（Identification）和区分（Discrimination）实验，验证了知识网络中模型神经元的分布特征可以帮助模型建立相应的辅音和元音的范畴感知能力。但是目前并没有研究讨论模型对声调的范畴感知情况。为了探讨这一问题，针对声调语言的特点，我们利用本实验中训练所得的模型模拟了声调的辨认和区分实验。通过模拟实验，我们分别分析了模型在学习阶段一结束以后和学习阶段二结束以后对"阴平—阳平"以及"阳平—上声"的感知模式。

如本章第一节中所述，我们采用相同的模型参数和训练步骤分别进行了 5 次模拟实验。由于模型网络对初始节点特征向量的初始化是随机的，并且在训练过程中训练数据的输入顺序也是随机的，所以训练所得的 5 个模型具有个体差异性，可以模拟 5 个不同的婴幼儿对母语音位的习得情况。因此，在对辨认和区分实验的模拟中，我们将这 5 个模型看作 5 个不同的"被试"，通过观察每个模型的"听辨"情况来绘制辨认和区分曲线。

根据汉语普通话语音训练数据中普通话四个声调基频曲线的均值（见图 4-14），我们分别设计了由阴平和阳平构成的音高连续统（见图 7-13），以及由阳平和上声构成的音高连续统（见图 7-14）。每一个连续统的起首刺激（如图 7-13 中最上方的实曲线，记为 step 1）和结尾刺激（如图 7-13 中最下方的虚线，记为 step 10）分别为两个目标声调在训练数据中的平均音高变化（目标声调的标准值）；在首尾两个标准刺激之间均匀（等距）分布的是 8 个合成的声调刺激（图 7-13 中的点线，记为 step 2，step 3，…，step 9）。

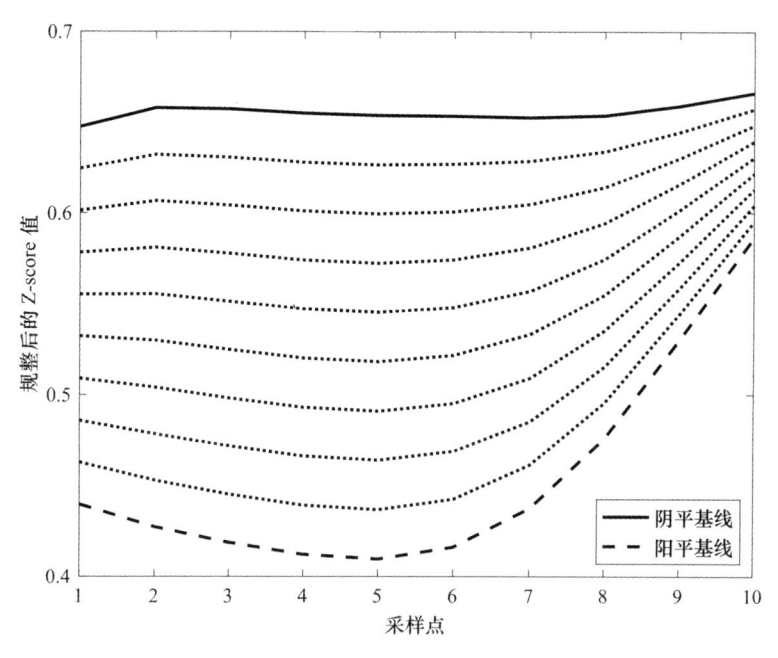

图 7-13　阴平和阳平构成的音高连续统

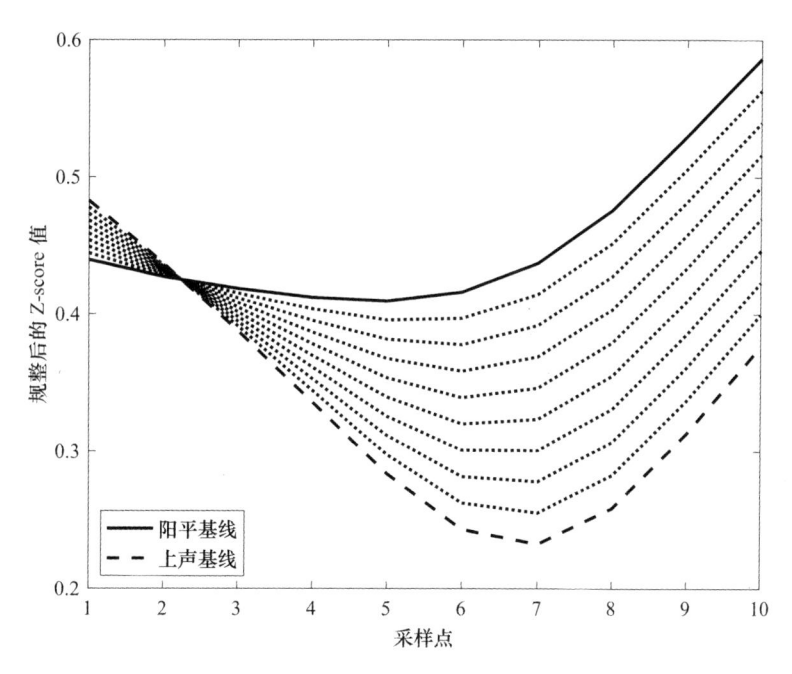

图 7-14　阳平和上声构成的音高连续统

在对声调辨认实验的模拟中,我们将声调刺激依次(由 step 1 至 step 10)输入模型;通过观察模型在声调网络中激活的模型神经元(BMU 节点)所处的声调范畴,我们可以判断模型对该声调刺激的辨认结果。在对声调区分实验的模拟中,我们将间隔的声调刺激成对(step 1—step 3、step 2—step 4)地输入模型;通过比较模型在声调网络中所分别激活的模型神经元是否处在同一声调范畴,我们可以判断模型是否能够区分这两个声调刺激。

通过观察声调网络对声调范畴的表征情况,我们发现,模型对阴平和阳平的表征在空间分布上比较接近(见图 7-8 和图 7-12)。相关的行为实验研究(So,2006;So and Best,2010)也指出,非汉语普通话母语者较易混淆阴平和阳平。因此,我们首先模拟了模型对阴平和阳平的辨认和区分实验。我们分别将学习阶段一结束后(18 个月)以及学习阶段二结束后(36 个月)的实验结果呈现在图 7-15 和图 7-16 中。

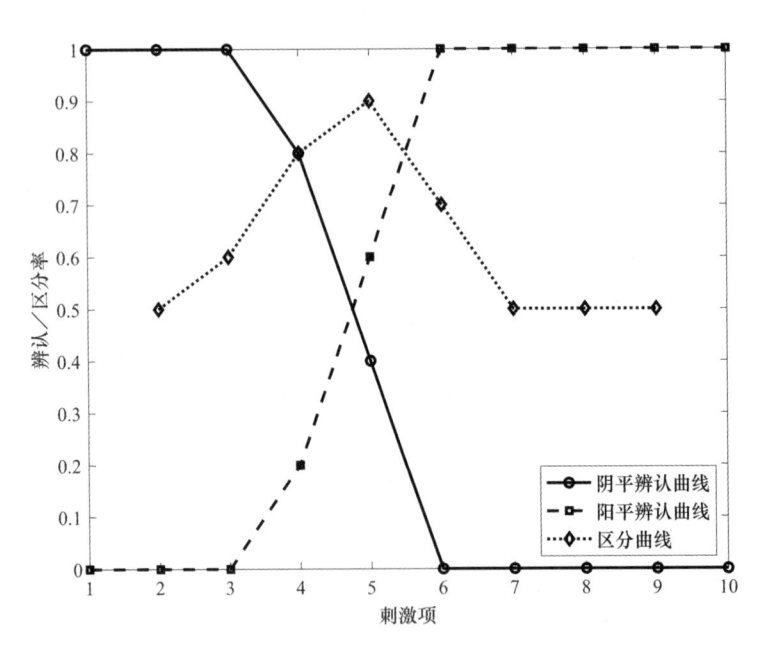

图 7-15 模型在学习阶段一结束后(18 个月)对阴平和阳平的辨认和区分曲线

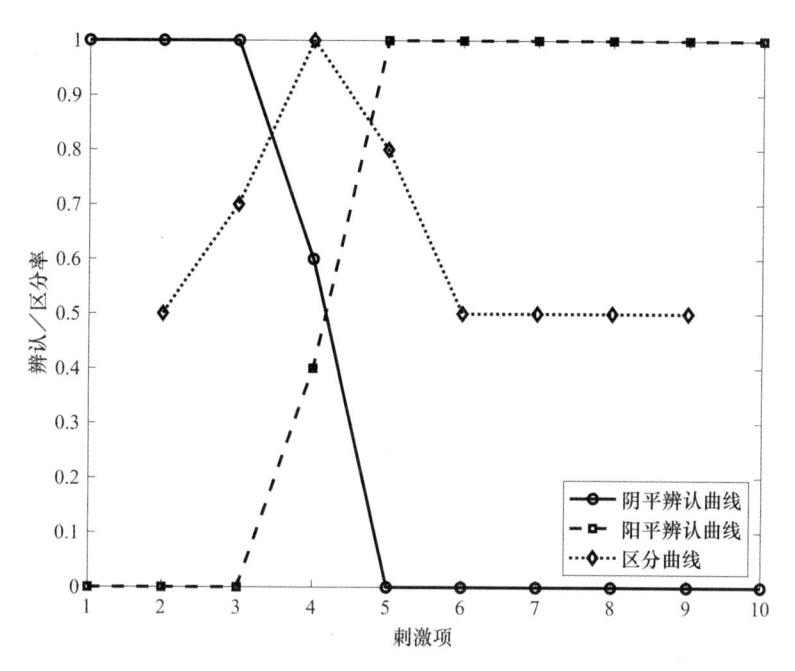

图 7-16　模型在学习阶段二结束后（36 个月）对阴平和阳平的辨认和区分曲线

通过观察图 7-15 和图 7-16，我们可以得出以下结论：（1）模型对阴平和阳平范畴的感知模式是离散的范畴性感知；（2）模型在学习阶段一结束以后（18 个月）就可以清晰地辨认阴平和阳平两个声调，并可以较好地区分这两个声调；（3）随着训练的进行（年龄的增长），模型对阴平和阳平的区分能力有所提高。综合来看，模型对阴平和阳平的感知模式与 Wang 和 Li（1967）针对北京话成人所做的行为实验研究的结果相符。

相关行为实验研究指出，汉语普通话母语者容易在阳平和上声之间产生感知偏误（Shen and Lin, 1991）。因此，我们还模拟了模型对阳平和上声的辨认和区分实验。我们分别将学习阶段一结束后以及学习阶段二结束后的实验结果呈现在图 7-17 和图 7-18 中。

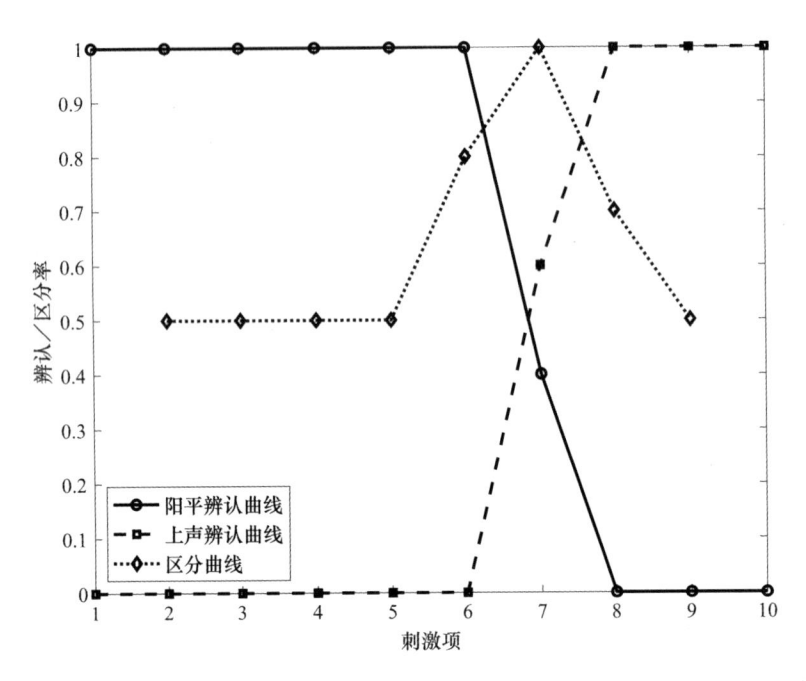

图 7-17 模型在学习阶段一结束后（18 个月）对阳平和上声的辨认和区分曲线

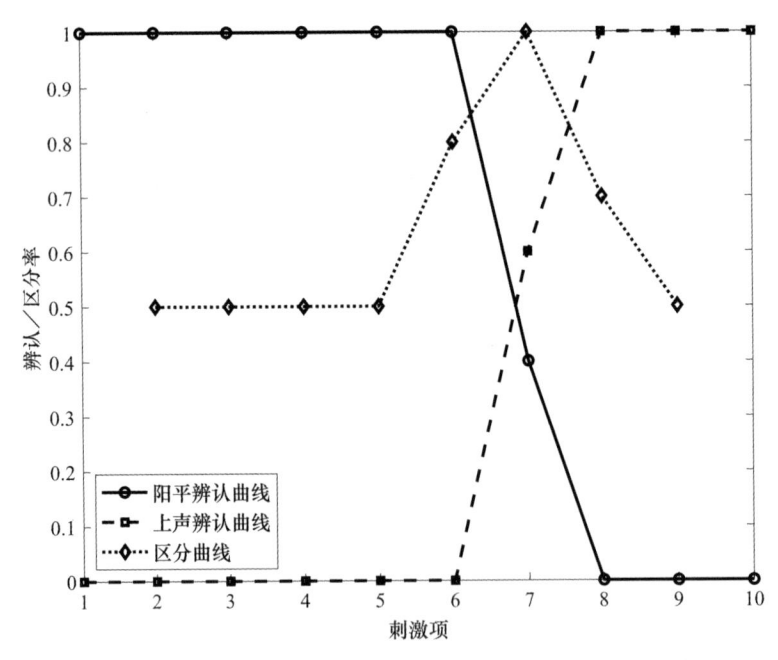

图 7-18 模型在学习阶段二结束后（36 个月）对阳平和上声的辨认和区分曲线

通过观察图 7-17 和图 7-18，我们可以得出以下结论：(1) 模型对阳平和上声范畴的感知模式是离散的范畴性感知；(2) 模型在学习阶段一结束以后就可以清晰地辨认阳平和上声两个声调，并可很好地区分这两个声调；(3) 随着训练的进行，模型可以保持这种良好的区分能力。综合来看，模型对阳平和上声的感知模式与 Gandour (1978) 所报道的行为实验研究结果相符。

通过比较模型对两组声调对的辨认和区分模拟实验的结果，我们既能观察到一些共性，也可以观察到一些差异。一方面，由感知模式来看，模型对汉语普通话声调的感知是离散的范畴性感知，这与相关研究中的行为实验研究结果相符（鲍怀翘、林茂灿，2014）。因此我们认为，模型不仅可以通过网络中模型神经元的聚类分布情况反映网络对音位知识范畴性的表征和存储，还同时具备行为上的范畴感知能力。另一方面，我们看到，模型对阳平和上声的区分能力相对要好于对阴平和阳平的区分，这与以往研究中（Shen and Lin, 1991）的观测结果存在一定出入。我们分析，婴幼儿在习得声调范畴的过程中，使阳平和上声发生混淆的一个重要原因是连读变调的音系规则；而由于连读层面的影响尚未被纳入目前的模拟研究中，所以模型在上声习得方面所表现出的特点，可能与实际情况存在一定的差异。

此外，Gao 等 (2017) 指出，婴幼儿除了易将上声错读为阳平以外，还易将阴平错读为去声或阳平。通过观察声调网络中模型神经元的分布情况（见图 7-12），我们的实验结果恰能为这一现象提供支撑。在声调网络中，表征阴平的模型神经元聚类被去声和阳平夹在当中，因此，从声调表征的空间分布关系上来看，阴平更容易与去声和阳平相混。

第三节　小结与讨论

在这一章中，通过采用标准英语和汉语普通话数据，我们利用本研究提出的 DI-GSOM 模型模拟了婴幼儿在语言习得早期对音位范畴的习得。在本实验中，我们将模拟过程分为三个阶段。在学习前阶段，我们通过将标准英语和汉语普通话中所存在的部分音位的语音特征（声学特征）输入模型，模拟了语言环境对婴幼儿大脑中语言处理神经网络的刺激，并利用 DI-GSOM 模型中的辅音网络、元音网络和声调网络构建了基于语音信息的普遍感知基础，模拟了婴幼儿出生后所具备的对语言的普遍感知能力。在学习阶段一，我们通过将 12—18 个月汉语普通话婴幼儿家长的输入语数据输入模型，模拟了母语环境对婴幼儿大脑中语言处理神经网络的刺激，并通过激活 DI-GSOM 模型中的语义网络、语音网络以及语音—语义映射链接，模拟习得语言过程中婴幼儿对语音和语义信息的综合加工。在学习阶段二，我们通过将 19—36 个月汉语普通话婴幼儿家长的输入语数据输入模型，模拟了婴幼儿建立趋向母语的完善的音位范畴感知的过程。通过对各个模拟阶段结果的分析，我们得出以下讨论。

在学习前阶段，模型中的辅音网络、元音网络和声调网络都反映出了对语音特征的普遍感知能力。Kuhl（2004）认为婴幼儿最初的普遍感知能力是基于语音层面的感知，Werker 和 Logan（1985）也认为语言感知的基础阶段所应用的是听觉处理感知和语音处理感知。我们的模拟结果与以上行为感知研究所得出的结论相符。模型网络仅通过对语音声学特征的加工，便表现出了普遍感知的能力。这其中，我们看到了语音信息对习得的贡献。通过对辅音网络的分析，我们发现，婴幼儿可以对辅音中存在的语音对立进行普遍的区分，例如清—浊对立、送气—不送气对立。通过对元音网络的分析，我们发现婴幼儿可以很好地感知元音的语音特征在声学空间内的分布；通过对声学特征的加工，婴幼儿可以在负责语言处理的神经网络中构建元音在声学空间中的分布关系（"高—低""前—后"关系）。通过对声调网络的分析，我们发现，婴幼儿仅通过对基频音高特征的加工便可以形成对声调调形的普遍感知，并对不同范畴的声调进行区分。对于降调范畴，婴幼儿可以根据声调特征进行更详细的区分（对凸降、降和凹降的区分）。综合而言，基于对语音声学特征的感知，婴幼儿有能力辨别辅音、元音和声调音素，建立音素表征范畴，构建音素感知模式。

在学习阶段一，语义网络、语音网络及语音—语义映射链接的激活促使模型（所模拟的婴幼儿）产生向母语音位范畴感知的转变。Werker 和 Tees（1984）认为，随着语言系统的发展，婴幼儿对母语中不存在的语音对立的感知能力逐渐减弱，而对母语中存在对立的音位的感知能力则可以继续保持甚至逐渐加强。这个过程反映的是一种知觉重组的现象。而 Werker 等（2002）认为，12—18 个月，由于词汇学习任务的压力，婴幼儿对语音的感知会出现一个混淆期。该过程反映的是一种功能重组的现象（Stager and Werker，1997）。我们的模拟结果与以上行为感知研究所得出的结论相符。从辅音网络、元音网络和声调网络中模型神经元的表征分布情况，我们可以观察到知觉重组和功能重组的现象。通过对辅音网络的分析，我们发现，受基于语义的由高层到底层的约束作用影响，网络对浊爆发音的表征和感知变弱。通过知觉重组，网络中原有的对浊爆发音进行表征的模型神经元大部分被融入对相应清不送气爆发音的神经网络区域中。与此同时，受词汇学习压力的影响，婴幼儿对辅音 [p] 的感知出现了混淆。通过对元音网络的分析，我们发现，网络中原有的对标准英语元音进行表征的模型神经元被合并至汉语普通话元音音位的范畴中。通过对声调网络的分析，我们发现，婴幼儿通过对调形特征的加工，可以将网络中原本存在的 3 种降调特征归并至去声的范畴内。而以上所提到的网络对辅音音位、元音音位和声调调位的归并，都与语义由高层到底层的约束作用密不可分。

在学习阶段二，通过对母语的长时间学习，模型（所模拟的婴幼儿）逐渐建立了稳定的母语音位范畴，辅音、元音和声调网络中的模型神经元对相应音位的表征变得更加紧凑和完善。通过对辅音网络的分析，我们发现，婴幼儿对辅音 [p] 的感知得到了改善，与其他辅音的混淆程度降低。这与 Werker 等（2002）所描述的婴幼儿在 18 个月以后对语音细节感知的恢复相似。并且我们认为，引起这一重组过程的原因是语义的约束作用。同时，我们在辅音和元音网络中都观察到少数表征"异常"的模型神经元，例如处在辅音 [k^h] 区域内的 [t]，以及处在元音 [u] 区域内的 [i]。这种偏误与 Werker 等（2002）和 Mills 等（2004）所提出的由于词汇语义学习压力所导致的对语音细节的混淆不同。我们认为，导致这种偏误的原因与婴幼儿在心理词汇层级中对词汇语义的混淆有关。受语义由高层到底层的约束作用，当婴幼儿对词汇的语义表征产生混淆时，他们对相应的语音感知也会受到一定的影响。

通过分析学习阶段一和学习阶段二声调网络中模型神经元的表征，以及考察表征调位范畴的模型神经元在网络中的稳定和紧凑情况，我们发现，模型对去声的习得最早，阴平其次，然后是阳平，最后是上声。这一趋势与相关行为实验研究（Gao，Li and Zhang，2017；Li and Thompson，1977；Zhu，2002；杨契，2006；张云秋，2014）所获得的结果类似。虽然如此，我们还是需要指出，本研究并没有涉及声调的调阶区别特征和时长区别特征，因此我们目前还不能考察调阶特征和时长特征对婴幼儿习得汉语普通话声调范畴的影响。

通过模拟声调的辨认和区分实验，我们验证了模型不仅可以通过网络中模型神经元的聚类分布情况反映对音位知识的范畴性表征和存储，还同时具备行为上的范畴感知能力。虽然，由于我们并未将连读变调的影响纳入目前的模拟研究，模型对上声的习得与实际情况存在一定差异，但是，从声调网络表征的空间分布关系上，我们可以在一定程度上观测到声调范畴之间的混淆程度。模型神经元表征的分布特点从一定程度上解释了 Gao 等（2017）在行为实验中所观察到的婴幼儿易将阴平错读成去声或阳平的现象。

综上所述，通过对语言模式二重性的模拟，我们在 DI-GSOM 模型语音知识层级下音位层面的辅音、元音和声调网络中观察到了婴幼儿由普遍的语音感知向母语相关的音位感知的转变，见证了Werker和Tees（1984）所描述的知觉重组在母语音位范畴习得过程中所发挥的修剪作用。通过引入基于语义的由高层到底层的加工机制，我们观察到了语音—语义交互作用对婴幼儿建立母语音位范畴的贡献。一方面，该机制可以帮助婴幼儿归并母语中不区分词汇意义的音位变体；另一方面，该机制可以帮助婴幼儿区分词汇意义不同的语音最小对立对中的音位。虽然语音上的最小对立对可以帮助婴幼儿区分语音表现相近的音位，但这一过程必须由词汇语义参与，利用词汇语义信息对语音对立对进行区分。此外，即便是同一个词，其每一次的语音实现也都存在一定的差异，要保证对同一音位的不同语音实现维持正确的感知，除了语音特征相似度以外，语义的约束作用也有很大的帮助。与此同时，我们还观察到了Stager和Weker（1997）所描述的功能重组现象。我们认为，当婴幼儿逐渐开始将词汇的意义与环境中的语音或事物进行关联时，他们便可以逐步在语义和语音信息之间建立稳定的对应关系，形成基于母语的音位处理感知能力；而该过程中语义层面的混淆也会对音位的感知产生一定干扰。从习得的整体过程来看，我们认为，语义对语音习得的约束作用所体现出的积极效应远胜于其干扰损耗，语义加工对婴幼儿形成正确的母语音位范畴感知发挥着至关重要的作用。

第 八 章

结论及展望

对健康的婴幼儿而言，在自然的语言环境中，他们不需要任何特殊的努力就可以在短短几年中逐渐发展出一套像成人一样完善的语言系统。乔姆斯基的语言学理论认为，只有假设人类先天便具备专门为学习语言而定制的神经组织，才有可能解释婴幼儿令人惊叹的语言学习能力。Werker 和 Logan（1985）将人类对语音的感知划分为三个基本要素，分别是听觉处理、语音处理和音位处理。听觉处理是对声音最基本的感知能力，不需要借助语音或者音系知识，是对言语声和非言语声的普遍感知能力；语音处理则是针对言语声的感知处理，是基于语音特征（如声学特征）的感知，对语音学上的范畴边界具有敏感性，是由底层到高层的加工；而音位处理则是语言相关的感知，涉及语义知识的约束作用，是由高层到底层的加工。这三个感知要素是递进式的分布关系，恰好反映了婴幼儿语言发展所经历的不同阶段，涉及知觉重组和功能重组的过程。

语言模式的二重性理论（Hockett，1960）指出，言语可以被分解成一系列具有意义的单元（语素，如汉语中的音节），而这些具有意义的单元又可以被进一步分解为无意义的元素（音位，如辅音音位、元音音位和声调调位）。本研究认为，由音位、语素和词汇语义所构成的层级结构，可以很好地反映大脑对语音信息和语义信息的加工机制。因此，掌握并学会应用语言模式二重性的原理，对婴幼儿习得语言至关重要。

由于行为实验在实验方法上的局限性，研究者很难了解婴幼儿对语言信息的加工过程（如言语感知和言语产出路径）、婴幼儿对语言知识的存储和表征以及对知识的提取机制。在本研究中，以语言模式的二重性、知觉重组、功能重组、范畴学习、统计学习、社交学习等重要理论为理论依据，以大脑皮层中语言功能区的神经功能、各功能区之间的神经链接、记忆的存储和加工机制等重要生理构造和神经机能为生理依据，以模块化理论和联结主义理论为模型设计依据，我们采用神经计算建模的手段研究并探讨了婴幼儿习得语言过程中对语音和语义信息的处理机制，以及对相应知识的存储和表征机制，观测了婴幼儿建立母语音位范畴的过程。在这一章中，我们将对本研究的结论进行总结并提出对未来研究的展望。

第一节　音位范畴习得及语义的约束作用

在本研究中，利用 I-GSOM 和 DI-GSOM 模型以及相关的训练算法，我们分别模拟了婴幼儿对标准德语和汉语普通话中部分音位范畴的习得过程，并对婴幼儿习得音位范畴过程中所涉及的对语音信息和语义信息的加工机制及对相关知识的存储机制进行了讨论。

通过对标准德语音位习得的模拟实验我们得出以下 5 点结论。（1）婴幼儿有能力通过自己的感官反馈来对词汇的语义知识进行加工，并根据词汇之间的意义关系来对词汇的语义知识进行归类和存储。（2）通过对语音声学信息的加工，婴幼儿有能力在一定程度上构建元音音位在声学空间内的分布关系。（3）通过对辅音本身以及辅音与元音过渡段的频谱特征信息的加工，婴幼儿有能力习得辅音发音方法的基本范畴。（4）婴幼儿有能力同时处理词汇的语音信息和语义信息，并将两类信息进行关联，进而习得词汇的声音和意义之间的对应关系。（5）家长通过有针对性的重复和强化，可以帮助婴幼儿逐渐完善自己对词汇语音特征的感知和语义特征的理解，并在词汇的声音和意义之间建立准确而稳定的联系。

在对汉语普通话音位习得的模拟实验中,我们通过对语言模式二重性的模拟,验证了婴幼儿需要借助比音节更为精细的语音处理单元(音位)才可以习得接近母语水平的音位范畴。我们在 DI-GSOM 模型的各个音位网络中观察到了婴幼儿由普遍的语音处理感知向母语相关的音位处理感知的转变,见证了 Werker 和 Tees(1984)所描述的知觉重组在母语音位范畴习得中所发挥的作用。通过引入基于语义的由高层到底层的加工机制,我们发现,知觉重组实际上是一个由语音处理感知向音位处理感知转变的过程,而引起知觉重组的原因是母语的语义知识对音位范畴习得的约束作用。与此同时,我们还观察到了 Stager 和 Weker(1997)所描述的功能重组现象。我们发现,当婴幼儿将词汇的意义与语音形式进行关联时,他们便可以逐渐在语义信息和语音信息之间建立稳定的对应关系,并形成基于母语的音位处理感知能力。除此之外,我们还观察到了由语义混淆所引起的对音位感知的干扰。从习得的整体过程来看,语义知识的约束作用在婴幼儿习得母语音位范畴过程中所体现出的积极效应要远大于其干扰损耗。

本研究对婴幼儿语言习得早期语言现象的研究具有重要的理论价值。通过基于神经计算建模的模拟实验,本研究验证了知觉重组、功能重组等学习机制,证明了语言模式二重性对婴幼儿语言习得的重要性,并验证了语义知识的约束作用对音位范畴习得的影响;可以为婴幼儿语言习得的相关研究提供有价值的参考。本研究还从知识的存储机制方面探讨了婴幼儿对语言知识的存储和表征,模拟了婴幼儿对词汇语义知识、辅音音位、元音音位和声调调位可能的存储模式,并强调了适当的遗忘对知识学习的作用;可以在一定程度上帮助人们了解婴幼儿在习得语言的过程中,大脑获取、存储和加工语言学知识的机制,对婴幼儿语言习得的行为实验研究具有实际的理论贡献和指导意义。

由于本研究对音位范畴习得的模拟只限于特定的词类、音位组合和音节形式，所以模拟所得的结果尚不能完全反映目标语言真实的语言学现象。在未来的研究中，我们可以尝试覆盖更广泛的词类、音位组合和音节形式，从而尽可能真实地反映婴幼儿习得目标语言的情况。此外，我们可以通过加入更多年龄段的数据来更为立体地模拟婴幼儿的语言发展过程。

婴幼儿对母语音位范畴的习得需要经历由对音素的普遍感知到归并音位变体、划分音位范畴的过程。虽然本研究还存在一定的局限性，但根据现有的研究成果，我们认为，在语言习得的过程中，婴幼儿由普遍的基于语音特征的感知向语言相关的基于音位范畴的感知的转变，并不是一个由单一因素（如语音学习）所决定的过程。婴幼儿对母语音位范畴的习得以及对母语音系的建立，至少需要心理词汇层级和语音知识层级的共同参与。语义加工对婴幼儿形成正确的母语音位范畴感知发挥着至关重要的作用。

第二节　神经计算模型及神经网络算法设计

在综合涉及语言处理和语言习得的神经计算模型中，以 DIVA 模型（Guenther，2006；Guenther，Ghosh and Tourville，2006；Guenther and Vladusich，2012）和 Kröger 语言处理神经模型（Kröger，Birkholz and Neuschaefer-Rube，2011；Kröger，Birkholz，Kannampuzha，Kaufmann and Neuschaefer-Rube，2011）最具代表性。DIVA 模型的贡献更多是对语音产出机制的描写，但尚不能模拟婴幼儿在习得语言过程中对语音刺激的感知机制、对语音知识的加工和存储机制、对词汇语义信息的加工机制以及语音加工和语义加工之间的交互作用。而 Kröger 模型则引入了相关的语义知识存储和处理模块，强调了语音的感知和产出在更高层级（语义层级）的加工。虽然 Kröger 模型对语言处理的整个过程有较为全面的模拟，但该模型对认知词汇部分及语音—语义交互机制的构想还停留在理论层面，并没有通过实际的建模实验予以验证。在本研究中，我们在 Kröger 现有模型框架的基础上，提出了联结可扩展的自组织神经网络模型（I-GSOM），以及以 I-GSOM 模型框架为基础的基于语言模式二重性的网络模型（DI-GSOM）。I-GSOM 模型对 Kröger 模型的语音和语义处理模块进行了建模实现，验证了语音—语义接口的建模思想；DI-GSOM 模型则对语言模式二重性这一理论作了建模实现，验证了由高层到底层的语义加工机制在音位范畴习得过程中所发挥的约束作用。

  针对本研究提出的神经计算模型，在 GSOM 的基础上，我们设计了符合语言习得任务要求的改进的可扩展自组织网络结构和相应的训练算法。自组织网络模型可以很好地模拟语言习得过程中，神经元的激活、对周围神经元的抑制、学习的促进与制约等生理现象，可以模拟知识的自组织过程以及由特征到知识的浮现过程，具有较强的生理合理性。

  本研究中，我们设计的基本训练算法可以模拟婴幼儿语言习得的不同阶段。（1）模型的初始化阶段模拟了婴幼儿出生前在大脑中构建的与语言处理相关的神经网络。初始化使婴幼儿大脑中与语言相关的神经网络处于待激活状态，婴儿出生以后，外界产生的语言刺激便会激活这个网络，并促使婴幼儿开始对语言进行感知和学习。（2）自适应阶段模拟了婴幼儿在语言习得早期的咿呀学语阶段接受语言刺激的过程。在这个阶段，通过接受环境中的语音刺激，婴幼儿大脑皮层中与语言处理相关的神经网络得到激活，使婴幼儿的感知系统对声音的感知和处理由听觉处理感知向语音处理感知进行转变。（3）增长阶段模拟了随着语言习得的进行，婴幼儿扩大大脑中语言相关神经网络激活范围的过程。在这个过程中，婴幼儿大脑中负责语言处理的区域被外界的语言刺激所激发，面对复杂的语言处理任务，不断有越来越多的神经元被激活。而这种机制在本研究的网络模型中便体现为网络结构的增长。

  与此同时，本研究还模拟了语言习得过程中的一些复杂的加工处理机制。（1）我们模拟了语音—语义映射链接的建立和遗忘过程。对映射链接的建立，使模型中的不同知识网络之间可以协同处理信息，相互影响相互作用。映射链接模拟了联结大脑中不同神经网络区域的神经纤维束，例如联结布罗卡区和韦尼克区的弓状束。模型建立的映射链接遗忘机制，使我们可以更加真实地反映大脑对长时记忆的处理机制，通过适当的遗忘（对已有知识的弱化）帮助婴幼儿构建更为完善的语言系统。（2）我们模拟了基于语义知识的由高层到底层的加工。通过对由高层到底层加工机制的模拟，习得语言过程中所获得的语义知识对音位范畴的习得形成了约束作用，进而可以帮助婴幼儿建立母语的音位范畴。（3）我们还模拟了语言习得过程中交互学习的作用，模拟家长通过对某些婴幼儿不理解的词进行有针对性的重复（由家长主导的一种对学习目标的优化选择），进而帮助婴幼儿逐渐完善自己对语音的感知和对语义的理解的过程。

此外，在联结主义理论的指导下，我们在模型中应用分布式的表征去描写语音和语义知识，提出了基于量化的语音频谱图对语音特征进行表征的描写方式，实现了对时长信息和频谱信息的统一编码以及对元音和辅音音质特征的综合表征。

目前，本研究对音位范畴习得相关加工过程的模拟还存在一些局限性，有待我们在以后的研究中继续完善。（1）不同说话人的声音（声学特征）之间存在很大的区别（如声音的音色、音高，语速的快慢等）。导致这些区别的因素有很多，主要包括生理因素（如性别、年龄、体型等）、个性因素（如性格、思维等）、语境因素（如情绪、场合等）等。在习得音位范畴的过程中，婴幼儿不但需要建立自己的音位系统，他们还必须学会处理和理解其他人的语音中所存在的各种语音变化。本研究所提出的 I-GSOM 模型和 DI-GSOM 模型目前关注的是后端的知识处理和学习机制，仅以同一词对应多个语音实现样本的方式在一定程度上体现语音的变化，但并没有对语音的多样性做详细的模拟。因此，本研究目前还没有加入前端的说话人规整（Speaker Normalization）模块。（2）在真实的语言中，词通常由一个或多个音节组成。在本研究中，我们只模拟了婴幼儿对单音节（且符合特定音位组合）词的加工。所以本研究在目前阶段还无法模拟婴幼儿对多音节词甚至短语或者句子的处理和加工机制，因此也没有讨论协同发音等语流音变现象对音位习得的影响。并且我们也没有模拟婴幼儿对多音词和多义词的处理。在未来的研究中，在现有模型框架的基础上，我们可以通过加入相应的处理模块来实现对上述处理过程的模拟。（3）婴幼儿在习得语言的过程中会接触到无穷无尽的语音刺激。无论是刺激的数量还是这些刺激中所可能包含的各种各样的语言学特征，本研究的模型都没有进行精确的模拟。但是由于本研究提出的改进的可扩展自组织神经网络具有良好的扩展特性，并采用基于分布式特征的表征方法，我们认为，研究中提出的神经计算模型和学习算法将来可以胜任大规模模拟实验的需求。

  本研究所提出的 I-GSOM 模型和 DI-GSOM 模型兼具联结主义模型和计算模型的特点。一方面，模型网络中的模型神经元模拟的是一系列生理皮层神经元在空间分布上和功能性上的集合。因此，我们可以将模型网络中的每个模型神经元看作是生理结构中的一个皮质柱。另一方面，心理词汇层级和语音知识层级之间的语音—语义链接采用的是简单的数学运算规则，而不是对网络中模型神经元激活的扩散。我们认为，本研究所提出的 I-GSOM 模型和 DI-GSOM 模型是受生理机制启发的神经计算模型。虽然模型有很高的抽象性，但是已经足以描述基本的神经系统原理，并且可以模拟自组织、关联学习、自适应、神经可塑性等生理机制。因此，这种在表示微观生理构造及神经功能上所表现出的抽象性，使我们可以以一定的神经功能性为基础，宏观地模拟像语言习得这样的大脑高级功能。

  本研究率先将语言模式的二重性理论应用到语言习得的建模研究中，通过模型的层级结构反映了音位、语素和词汇语义这三个语言加工层级，并模拟了语言的形式与意义之间的关联关系。语言模式的二重性理论是婴幼儿习得母语中所蕴含的语言学范畴（如音位范畴）的重要途径，因此本研究对语言模式二重性的建模实现有很重要的理论价值，具有开创性。在当前研究领域，还没有研究将婴幼儿对语音和语义信息的加工及存储结合起来进行建模实验。因此，本研究所提出的 I-GSOM 和 DI-GSOM 神经计算模型通过对语音—语义接口的模拟，填补了学术界在建模研究上的空白（见图 2-8），具有重要的理论意义和应用价值。

此外，本研究针对汉语普通话的特点，详细模拟了婴幼儿对声调的习得机制。基于语言模式的二重性理论，我们将声调看作与元音和辅音类似的不具有独立意义的元素单位；通过加入声调处理模块，本研究模拟了婴幼儿对声调信息的加工和对声调特征知识的存储。因此，本研究填补了现有模型声调处理模块的缺失，并在声调语言中实现了对语言模式二重性理论的拓展。通过对声调辨认和区分实验的模拟，我们验证了模型不仅可以通过网络中模型神经元的聚类分布情况反映对音位知识的范畴性表征和存储，还同时具备行为上的范畴感知能力。

本研究所提出的模型和算法可以弥补行为实验在实验方法上的不足，帮助研究者了解婴幼儿习得语言过程中对语音和语义信息的处理机制，以及对相应知识的存储和表征机制，探索婴幼儿建立母语音位范畴的过程。利用本研究提出的模型和算法，相关研究者可以更加灵活地对各种实验情况进行观察，从而快速地验证相应的假设和理论。此外，本研究产出的模型及相关算法并不局限于本研究涉及的话题和领域。模型的建模思想和算法实现都可以由其他研究人员自由地改进和拓展，并应用到各自相关的学术领域，为更多的研究提供便利。

第三节 未来研究展望

综上所述，本研究对婴幼儿语言习得机制的研究，不仅有助于我们探讨语言和大脑之间的关系，还可以帮助我们宏观地了解人类认知能力的本质。以上所总结的研究成果会直接影响未来的儿童及社会，将有益于父母对婴幼儿语言能力的培养和社会关于幼儿语言教育政策的制定。从应用角度来看，本研究的研究成果可以为语言评测和语言康复方案的设计提供重要的参考信息，帮助有语言缺陷或障碍的儿童，使潜在的儿童患者得到及时有效的诊断和治疗。对于婴幼儿语言习得机制的研究还可以帮助我们对第二语言学习的过程有更为深入的了解（如对声调特征的加工和存储机制），帮助相关研究者设计更为有效的教学方案或计算机辅助学习软件，同时也可以为语音合成和语音识别领域提供重要的信息和数据。

受本研究中种种设定条件的制约，我们所模拟的情况尚不能全面地反映目标语言中的真实语言学现象。因此，在未来的研究中，我们将首先从这一角度进行突破，改进模型的结构和相关算法，设计覆盖语言学现象更为丰富的训练数据，以全面地模拟婴幼儿对不同词类、不同音位的习得情况。其中一个最基本研究方向就是，基于标准英语和汉语普通话数据构建普遍模型，然后利用标准英语数据进行母语学习的训练，以验证在标准英语音位范畴习得中所出现的知觉重组及功能重组过程；从而与本研究中对汉语普通话音位范畴习得的模拟实验形成互补关系，全面验证本研究的结论。除此之外，本研究只模拟了婴幼儿对语音和语义信息的加工，没有对发音动作控制的习得进行模拟。发音动作的习得是语言习得十分重要的一部分，与语音和语义的习得同时进行。因此在未来的研究中，我将尝试把与发音控制相关的模块加入到现有的模型中，对婴幼儿习得发音动作的过程进行模拟。与此同时，神经计算建模的模拟应该以行为实验和生理机制为理论基础，并相互验证。相关研究者对婴幼儿语言习得进行的行为实验研究有很多，但通过脑成像技术来观察语言习得相关生理机制的研究才刚刚起步。如果未来的科研条件允许，我们将尝试利用脑成像技术来探索婴幼儿语言习得过程中的生理机制，并为未来更加复杂的神经计算建模研究提供理论依据。

基于本研究目前所取得的研究成果，我们可以对以下三个研究方向提出展望。

第一，相关研究者可以尝试将语言模式的二重性理论应用到对汉语普通话婴幼儿语言习得的行为实验研究中。Hockett（1960）指出，根据语言模式的二重性，言语可以被分解成一系列具有意义的单元，而这些具有意义的单元又可以被进一步分解为无意义的元素。我们通过建模研究发现，在婴幼儿习得语言的过程中，语言模式的二重性既体现了婴幼儿对语音信息精细的加工机制，又体现了语义知识对音位习得的约束作用。因此对语言模式二重性的掌握对婴幼儿习得语言至关重要。对于汉语普通话而言，婴幼儿对声调的习得是非常有特色的研究问题。我们可以将声调看作与辅音和元音类似的不具有意义的元素，进而可以在声调语言中对语言模式的二重性理论进行拓展。但是目前还鲜有研究将语言模式二重性理论应用到婴幼儿语言习得的行为实验研究中。因此我们认为，相关研究者应该去探索这个研究方向，从而为语言模式的二重性理论提供更多的行为实验证据。

第二，相关研究者可以尝试在对汉语普通话婴幼儿的语言习得研究中，通过行为实验验证功能重组现象。功能重组的现象由Stager和Werker（1997）提出，他们指出，婴幼儿在语言发展中存在一段对语音细节的不敏感期，在这个时期，婴幼儿将精力集中在学习词汇本身的意义上，而忽略了对母语语音细节的感知。相关研究者分别通过行为实验（Werker，Fennell，Corcoran and Stager，2002）和脑电实验（Mills et al.，2004）验证了功能重组现象在英语儿童中的存在。本研究通过建模实验发现，婴幼儿这段对语音细节的不敏感期恰是他们由语音处理感知向音位处理感知转变的过渡期，是形成母语音系的重要时期。因此，与知觉重组类似，功能重组同样是婴幼儿语言习得发展的必经过程。但是，目前对汉语普通话婴幼儿语言习得的行为实验中还鲜有研究涉及这一现象。因此我们认为，相关研究者应该去探索这个研究方向，观察功能重组现象在汉语普通话婴幼儿中的具体表现。

第三，相关研究者可以以本研究所提出的神经计算模型和相关的训练算法为基础，利用神经计算建模手段来研究语言的病理机制。研究者对语言病理的研究以生理解剖和脑成像研究为主。但是生理解剖研究会给患者带来创伤，并有可能导致二次损伤；而脑成像研究对实验环境要求较高，且想同时获得较高的时空分辨率十分困难。因此我们认为，与研究婴幼儿对语言的习得相似，在一定的理论基础上，相关研究者可以构建针对语言病理的神经计算模型，模拟相关的病理情况，进而从建模的角度来探索语言病理的机制。而在语言病理模型的基础上，相关研究者可以利用病人的语言数据对病人进行病理诊断，或者为病人的语言康复提供指导，具有很高的应用价值和巨大的社会效益。因此我们认为，相关研究者应该去探索这个研究方向，推动语言病理研究的发展，造福社会。

参考文献

一　中文文献

鲍怀翘、林茂灿：《实验语音学概要》（增订版），北京大学出版社2014年版。

陈默：《无声调语言母语者汉语声调浮现过程的实验和模拟研究》，博士学位论文，北京语言大学，2009年。

陈默：《汉语作为第二语言的声调认知发展模拟》，《清华大学学报》（自然科学版）2011年第9期。

陈默：《第二语言学习者汉语声调范畴浮现的模拟研究》，《中文信息学报》2012年第1期。

陈永朝：《基于现代汉语和中介语语料的复合词语义提取和自组织聚类分析研究》，硕士学位论文，北京语言大学，2007年。

李平：《语言习得的联结主义模式》，《当代语言学》2002年第3期。

李晟熏：《韩国普通话学习者阳平和上声习得的语音研究》，硕士学位论文，中国社会科学院研究生院，2010年。

李嵬、祝华、Barbara Dodd、姜涛、彭聃龄、舒华：《说普通话儿童的语音习得》，《心理学报》2000年第2期。

李宇明：《儿童语言的发展》，华中师范大学出版社2004年版。

刘春燕：《18—23个月儿童普通话的语音发展（上海地区）》，硕士学位论文，上海师范大学，2004年。

刘文理、杨玉芳、伊廷伟：《婴儿期母语音位范畴习得：来自言语知觉的证据》，《心理科学进展》2008年第1期。

祁文慧：《三岁幼儿语言的语义研究》，世界图书出版公司2011年版。

司玉英：《普通话儿童语音习得的个案研究》，《当代语言学》2006年第1期。

王建勤：《外国学生汉字构形意识发展的模拟研究——基于自组织特征映射网络的汉字习得模型》，博士学位论文，北京语言大学，2005年。

武宁宁、舒华：《Gatting技术与汉语听觉词汇加工》，《心理学报》2003年第5期。

邢红兵：《小学语文教材形声字表音情况统计分析及小学生形声字命名的自组织模型》，博士学位论文，北京师范大学，2002年。

邢红兵、舒华、李平：《小学儿童词汇获得的自组织模型》，《当代语言学》2007年第3期。

杨挈：《普通话儿童声调获得研究》，硕士学位论文，湖南大学，2006年。

杨先明：《0—5岁汉语儿童语言发展的认知研究》，博士学位论文，武汉大学，2010年。

杨玉芳：《心理语言学》，科学出版社2015年版。

张云秋：《汉语儿童早期语言的发展》，商务印书馆2014年版。

周晓林、汪默、庄捷：《汉语言语产生中声调信息的独立表征与激活》，第九届全国心理学学术会议文集，广州，2001年。

二 外文文献

Alahakoon, D., Halgamuge, S. K. and Srinivasan, B., "Dynamic

Self-Organizing Maps with Controlled Growth for Knowledge Discovery", *IEEE Transactions on Neural Networks*, Vol. 11, No. 3, 2000.

Amarasiri, R., Alahakoon, D. and Smith, K., "Applications of the Growing Self Organizing Map in High Dimensional Data", in *Proceedings of the International Information Technology Conference*, 2004.

Anderson, M. C., Bjork, R. A. and Bjork, E. L., "Remembering Can Cause Forgetting: Retrieval Dynamics in Long-term Memory", *Journal of Experimental Psychology: Learning, Memory, and Cognition*, Vol. 20, No. 5, 1994.

Andrew, C.-M., *The Origins of Complex Language: An Inquiry into the Evolutionary Beginnings of Sentences, Syllables, and Truth*. New York: Oxford University Press, 1999.

Anglin, J. M., Miller, G. A. and Wakefield, P. C., "Vocabulary Development: A Morphological Analysis", *Monographs of the Society for Research in Child Development*, 1993.

Asanuma, H., "Recent Developments in the Study of the Columnar Arrangement of Neurons Within the Motor Cortex", *Physiological Reviews*, Vol. 55, No. 2, 1975.

Atkinson, R. C. and Shiffrin, R. M., "Human Memory: A Proposed System and Its Control Processes", in K. W. Spence and J. T. Spence, eds. *The Psychology of Learning and Motivation: Advances in Research and Theory*, New York: Academic Press, 1968.

Baddeley, A. D. and Warrington, E. K., "Amnesia and the Distinction Between Long- and Short-term Memory", *Journal of Verbal Learning and Verbal Behavior*, Vol. 9, No. 2, 1970.

Baldwin, D. A., "Infants' Contribution to the Achievement of Joint

Reference", *Child Development*, Vol. 62, No. 5, 1991.

Baldwin, D. A., "Infants' Ability to Consult the Speaker for Clues to Word Reference", *Journal of Child Language*, Vol. 20, No. 2, 1993.

Baldwin, D. A., Markman, E. M., Bill, B., Desjardins, R. N., Irwin, J. M. and Tidball, G., "Infants' Reliance on a Social Criterion for Establishing Word–Object Relations", *Child Development*, Vol. 67, No. 6, 1996.

Barrett, J. and Zollman, K. J., "The Role of Forgetting in the Evolution and Learning of Language", *Journal of Experimental and Theoretical Artificial Intelligence*, Vol. 21, No. 4, 2009.

Bates, E. and Carnevale, G. F., "New Directions in Research on Language Development", *Developmental Review*, Vol. 13, No. 4, 1993.

Bauer, H.-U. and Pawelzik, K., "Quantifying the Neighborhood Preservation of Self-Organizing Feature Maps", *IEEE Transactions on Neural Networks*, Vol. 3, No. 4, 1992.

Bauer, H.-U. and Villmann, T., "Growing a Hypercubical Output Space in a Self-Organizing Feature Map", *IEEE Transactions on Neural Networks*, Vol. 8, No. 2, 1997.

Blevins, J., "Duality of Patterning: Absolute Universal or Statistical Tendency?", *Language and Cognition*, Vol. 4, No. 4, 2012.

Broca, P., "Nouvelle Observation d'aphémie Produite par une Lésion de la Moitié Postérieure des Deuxième et Troisième Circonvolutions Frontales", *Bulletins de la Société Anatomique de Paris*, Vol. 36, 1861.

Bruske, J. and Sommer, G., "Dynamic Cell Structures", *Advances in Neural Information Processing Systems*, 1994.

Bruske, J. and Sommer, G., "Dynamic Cell Structure Learns Perfectly Topology Preserving Maps", *Neural Computation*, Vol. 7, No. 4,

1995.

Burzevski, V. and Mohan, C. K., "Hierarchical Growing Cell Structures", in *Proceedings of the IEEE International Conference on Neural Networks*, Vol. 3, 1996.

Calvin, W. H. and Ojemann, G. A., *Conversations with Neil's Brain: The Neural Nature of Thought and Language*, Reading, MA: Addison-Wesley, 1994.

Carey, S. and Bartlett, E., "Acquiring a Single New Word", *Papers and Reports on Child Language Development*, Vol. 15, 1978.

Charles, S., *Introduction to Psychology*, FlatWorld Education, Inc., 2015.

Chen, M. Y., *Tone Sandhi: Patterns Across Chinese Dialects*, Cambridge, UK: Cambridge University Press, 2000.

Cheng, G. and Zell, A., "Multiple Growing Cell Structures", *Neural Network World*, Vol. 9, No. 5, 1999.

Cheng, G. and Zell, A., "Externally Growing Cell Structures for Pattern Classification", in *Proceedings of the Second International Symposium on Neural Computation*, 2000.

Chiarello, C., "On Codes of Meaning and the Meaning of Codes: Semantic Access and Retrieval Within and Between Hemispheres", in M. Beeman and C. Chiarello, eds., *Right Hemisphere Language Comprehension: Perspectives from Cognitive Neuroscience*, Mahwah, NJ: Lawrence Erlbaum Associates, 1998.

Chomsky, N., *Syntactic Structures*, The Hague: Mouton, 1957.

Chomsky, N., *Aspects of the Theory of Syntax*, Cambridge: MIT Press, 1965.

Chomsky, N., *Lectures on Government and Binding*, Dordrecht: Foris, 1981.

Cowan, N., "What Are the Differences Between Long-term, Short-term, and Working Memory?", *Progress in Brain Research*, Vol. 169, 2008.

da Costa, N. M. and Kevan, K. C., "Whose Cortical Column Would That Be?", *Frontiers in Neuroanatomy*, Vol. 4, 2010.

Daniel, E. L., *Language: The Cultural Tool*, London: Profile Books, 2012.

Deacon, T. W., *The Symbolic Species: The Co-Evolution of Language and the Brain*, New York: W. W. Norton & Company, 1998.

Dromi, E., "Early Lexical Development", in M. Barrett, eds., *The Development of Language*, New York: Psychology Press, 1999.

Ebbinghaus, H., *Ueber das Gedächtnis: Untersuchen zur Experimentellen Psychologie*, 1885.

Eckers, C., Kröger, B. J. and Wolff, M., "Semantic, Phonetic, and Phonological Knowledge in a Neurocomputational Model of Speech Acquisition", *Studientexte zur Sprachkommunikation: Elektronische Sprachsignalverarbeitung*, 2012.

Eilers, R. E. and Oller, D. K., "The Role of Speech Discriminations in Developmental Sounds Substitutions", *Journal of Child Language*, Vol. 3, 1975.

Eimas, P. D., Siqueland, E. R., Jusczyk, P. and Vigorito, J., "Speech Perception in Infants", *Science*, Vol. 171, 1971.

Farkas, I. and Li, P., "A Self-Organizing Neural Network Model of the Acquisition of Word Meaning", in *Proceedings of the 4th International Conference on Cognitive Modeling*, 2001.

Fodor, J. A., *The Modularity of Mind: An Essay on Faculty Psychology*, Cambridge: MIT Press, 1983.

Foster-Cohen, S. H., *An Introduction to Child Language Development*, Pearson Education, 1999.

French, R. M., "Catastrophic Forgetting in Connectionist Networks",

Trends in Cognitive Sciences, Vol. 3, No. 4, 1999.

Fritzke, B., "Growing Cell Structures – A Self-Organizing Network for Unsupervised and Supervised Learning", *Neural Networks*, Vol. 7, No. 9, 1994.

Fritzke, B., "A Growing Neural Gas Network Learns Topologies", in G. Tesauro, D. S. Touretzky and T. K. Leen, eds., *Advances in Neural Information Processing Systems*, Cambridge: MIT Press, 1995a.

Fritzke, B., "Growing Grid – A Self-Organizing Network with Constant Neighborhood Range and Adaptation Strength", *Neural Processing Letters*, Vol. 2, No. 5, 1995b.

Fromkin, V., Krashen, S., Curtiss, S., Rigler, D. and Rigler, M., "The Development of Language in Genie: A Case of Language Acquisition Beyond the 'Critical Period'", *Brain and Language*, Vol. 1, No. 1, 1974.

Gaillard, W. D., Balsamo, L. M., Ibrahim, Z., Sachs, B. C. and Xu, B., "fMRI Identifies Regional Specialization of Neural Networks for Reading in Young Children", *Neurology*, Vol. 60, No. 1, 2003.

Gall, F. J. and Spurzheim, J. G., *Recherches sur le Système Nerveux en Général et sur Celui du Cerveau en Particulier*, Paris: J. B. Baillière, 1809.

Gandour, J. T., "The Perception of Tone", in V. A. Fromkin ed., *Tone, A Linguistic Survey*, Cambridge, MA: Academic Press, 1978.

Gandour, J. T. and Harshman, R. A., "Cross-Language Difference in Tone Perception: A Multidimensional Scaling Investigation", *Language Speech*, Vol. 21, No. 1, 1978.

Gandour, J., Tong, Y., Wong, D., Talavage, T., Dzemidzic, M., Xu, Y., Li, X. and Lowe, M., "Hemispheric Roles in the Perception of Speech Prosody", *Neuroimage*, Vol. 23, No. 1, 2004.

Gao, J. and Li, A., "Production of Neutral Tone on Disyllabic Words by

Two-Year-Old Mandarin-Speaking Children", in Fang Q., Dang J., Perrier P., Wei J., Wang L. and Yan N., eds., *Studies on Speech Production, ISSP 2017, Lecture Notes in Computer Science*, Vol. 10733, Cham: Springer, 2018.

Gao, J., Li, A. and Xiong, Z., "Mandarin Multimedia Child Speech Corpus: CASS_CHILD", in *Proceedings of 15th Oriental-COCOSDA*, Macau, 2012.

Gao, J., Li, A., Xiong, Z., Shen, J. and Pan, Y., "Normative Database of Word Production of Putonghua-Speaking Children – Beijing Articulation Norms Project: CASS_CHILD_WORD", in *Proceedings of 16th Oriental- COCOSDA*, Noida, 2013.

Gao, J., Li, A. and Zhang, Y., "The Production of Tones in Monosyllabic and Disyllabic Words by Mandarin-Speaking Children", in *Proceedings of the International Seminar on Speech Production*, Tianjin, 2017.

Garagnani, M., Wennekers, T. and Pulvermüller, F., "A Neuroanatomically Grounded Hebbian-Learning Model of Attention-Language Interactions in The Human Brain", *European Journal of Neuroscience*, Vol. 27, No. 2, 2008.

Gauthier, B., Shi, R. and Xu, Y., "Learning Phonetic Categories by Tracking Movements", *Cognition*, Vol. 103, No. 1, 2007a.

Gauthier, B., Shi, R. and Xu, Y., "Simulating the Acquisition of Lexical Tones from Continuous Dynamic Input", *The Journal of the Acoustical Society of America*, Vol. 121, No. 5, 2007b.

Gauthier, B., Shi, R. and Xu, Y., "Learning Prosodic Focus from Continuous Speech Input: A Neural Network Exploration", *Language Learning and Development*, Vol. 5, No. 2, 2009.

George, Y., *The Study of Language (3rd ed.)*, New York: Cambridge University Press, 2006.

Geschwind, N., *Selected Papers on Language and the Brain*, Dordrecht: D. Reidel Publishing Company, 1974.

Giobergia, F. and Piccolo, E. "Reduction of the Dimensionality of the Input Space Through the Usage of Self-Organizing Maps", *Artificial Intelligence Report*, Politecnico di Torino, 2017.

Giraud, A.-L. and Poeppel, D., "Cortical Oscillations and Speech Processing: Emerging Computational Principles and Operations", *Nature Neuroscience*, Vol. 15, No. 4, 2012.

Gogate, L. J. and Bahrick, L. E., "Intersensory Redundancy and 7-Month-Old Infants' Memory for Arbitrary Syllable-Object Relations", *Infancy*, Vol. 2, No. 2, 2001.

Goodhill, G. J. and Carreira-Perpinan, M. A., "Cortical Columns", in *Encyclodedia of Cognitive Science*. John Wiley & Sons Ltd., 2006.

Griggs, R. A., *Psychology: A Concise Introduction*, New York: Worth Publishers, 2006.

Guenther, F. H., "Cortical Interaction Underlying the Production of Speech Sounds", *Journal of Communication Disorders*, Vol. 39, No. 5, 2006.

Guenther, F. H. and Vladusich, T., "A Neural Theory of Speech Acquisition and Production", *Journal of Neurolinguistics*, Vol. 25, No. 5, 2012.

Guenther, F. H., Ghosh, S. S. and Tourville, J. A., "Neural Modeling and Imaging of the Cortical Interactions Underlying Syllable Production", *Brain and Language*, Vol. 96, No. 3, 2006.

Harrison, P., "Acquiring the Phonology of Lexical Tone in Infancy", *Lingua*, Vol. 110, No. 8, 2000.

Hatsopoulos, N. G., "Columnar Organization in the Motor Cortex", *Cortex*, Vol. 46, No. 2, 2010.

Hayes, B., *Introductory Phonology*, Oxford: Blackwell, 2009.

Hellige, J. B., *Hemispheric Asymmetry: What's Right and What's Left*, Cambridge, MA: Harvard University Press, 1993.

Hernandez, A. E. and Li, P., "Age of Acquisition: Its Neural and Computational Mechanisms", *Psychological Bulletin*, Vol. 133, No. 4, 2007.

Hickok, G. and Poeppel, D., "The Cortical Organization of Speech Processing", *Nature Reviews Neuroscience*, Vol. 8, No. 5, 2007.

Hockett, C. F., "The Origin of Speech", *Scientific American*, Vol. 203, No. 3, 1960.

Horton, J. C. and Adams, D. L., "The Cortical Column: A Structure Without a Function", *Philosophical Transactions of the Royal Society B*, Vol. 360, No. 1456, 2005.

Howe, M. L. and Courage, M. L., "Independent Paths in the Development of Infant Learning and Forgetting", *Journal of Experimental Child Psychology*, Vol. 67, No. 2, 1997.

Hubel, D. H. and Wiesel, T. N., "Ferrier Lecture – Functional Architecture of the Macaque Monkey Visual Cortex", *Proceedings of the Royal Society of London – Series B: Biological Sciences*, Vol. 198, No. 1130, 1977.

Ingram, J. C., *Neurolinguistics: An Introduction to Spoken Language Processing and Its Disorders*, New York: Cambridge University Press, 2007.

Izhikevich, E. M., "Solving the Distal Reward Problem Through Linkage of STDP and Dopamine Signaling", *Cerebral Cortex*, Vol. 17, No, 10, 2007.

James, D. L. and Miikkulainen, R., "SARDNET: A Self-Organizing Feature Map for Sequences", in G. Tesauro, D. S. Touretzky and T. K. Leen, eds., *Advances in Neural Processing Systems*, 1995.

James, W., *The Principles of Psychology*, New York: Henry Holt, 1890.

Johnson, E. K. and Jusczyk, P. W., "Word Segmentation by 8-Month-Olds: When Speech Cues Count More than Statistics", *Journal of Memory and Language*, Vol. 44, No. 4, 2001.

Jusczyk, P. W. and Aslin, R. N., "Infants' Detection of Sound Patterns of Words in Fluent Speech", *Cognitive Psychology*, Vol. 29, No. 1, 1995.

Kannampuzha, J., Eckers, C. and Kröger, B. J., "Training einer sich selbst organisierenden Karte im neurobiologischen Sprachverarbeitungsmodell MSYL", in B. J. Kröger and P. Birkholz, eds., *Studientexte zur Sprachkommunikation: Elektronische Sprachsignalverarbeitung*, Dresden: TUDpress, 2011.

Kasabov, N., "To Spike or Not to Spike: A Probabilistic Spiking Neuron Model", *Neural Networks*, Vol. 23, No. 1, 2010.

Kohonen, T., "Self-Organized Formation of Topologically Correct Feature Maps", *Biological Cybernetics*, Vol. 43, No. 1, 1982.

Kohonen, T., "The Self-Organizing Map", in *Proceedings of the IEEE*, Vol, 78, No. 9, 1990.

Kohonen, T., *The Self-Organizing Maps (3rd ed.)*, Berlin: Springer, 2001.

Kröger, B. J. and Bekolay, T., *Neural Modeling of Speech Processing and Speech Learning: An Introduction*, Cham: Springer, 2019.

Kröger, B. J. and Birkholz, P., "A Gesture-Based Concept for Speech Movement Control in Articulatory Speech Synthesis", in A. Esposito, M. Faundez-Zanuy, E. Keller and M. Marinaro, eds., *Verbal and Nonverbal Communication Behaviours*, Belin: Springer, 2007.

Kröger, B. J., Birkholz, P. and Neuschaefer-Rube, C., "Towards an Articulation-Based Developmental Robotics Approach for Word Processing in Face-to-Face Communication", *PALADYN Journal of Behavioral Robotics*, Vol. 2, No. 2, 2011.

Kröger, B. J., Birkholz, P., Kannampuzha, J. and Neuschaefer-Rube, C., "Learning to Associate Speech-Like Sensory and Motor States During Babbling", in *Proceedings of the 7th International Seminar on Speech Production*, Belo Horizonte, 2006a.

Kröger, B. J., Birkholz, P., Kannampuzha, J. and Neuschaefer-Rube, C., "Modeling Sensory-to-Motor Mappings Using Neural Nets and a 3D Articulatory Speech Synthesizer", *Proceedings of the 9th International Conference on Spoken Language Processing*, Pittsburgh, 2006b.

Kröger, B. J., Birkholz, P., Kannampuzha, J., Kaufmann, E. and Neuschaefer- Rube, C., "Towards the Acquisition of a Sensorimotor Vocal Tract Action Repository Within a Neural Model of Speech Processing", in A. Esposito, A. Vinciarelli, K. Vicsi, C. Pelachaud and A. Nijholt, eds., *Analysis of Verbal and Nonverbal Communication and Enactment: The Processing Issues*, Berlin: Springer, 2011.

Kröger, B. J., Kannampuzha, J. and Kaufmann, E., "Associative Learning and Self-Organization as Basic Principles for Simulating Speech Acquisition, Speech Production, and Speech Perception", *EPJ Nonlinear Biomedical Physics*, Vol. 2, No. 1, 2014.

Kröger, B. J., Kannampuzha, J. and Neuschaefer-Rube, C., "Towards a Neurocomputational Model of Speech Production and Perception", *Speech Communication*, Vol. 51, No. 9, 2009.

Kuhl, P. K., "Early Linguistic Experience and Phonetic Perception: Implications for Theories of Developmental Speech Perception", *Journal of Phonetics*, Vol. 21, 1993.

Kuhl, P. K., "Early Language Acquisition: Cracking the Speech Code", *Nature Reviews Neuroscience*, Vol. 15, No. 11, 2004.

Kuhl, P. K. and Miller, J. D., "Discrimination of Auditory Target

Dimensions in the Presence or Absence of Variation in a Second Dimension by Infants", *Perception and Psychophysics*, Vol. 31, No. 3, 1982.

Kuhl, P. K., Stevens, E., Hayashi, A., Deguchi, T., Kiritani, S. and Iverson, P., "Infants Show a Facilitation Effect for Native Language Phonetic Perception Between 6 and 12 Months", *Developmental Science*, Vol. 9, No. 2, 2006.

Kuhl, P. K., Tsao, F.-M. and Liu, H.-M., "Foreign-Language Experience in Infancy: Effects of Short-term Exposure and Social Interaction on Phonetic Learning", in *Proceedings of the National Academy of Sciences of the United States of America*, Vol. 100, No. 15, 2003.

Kuhl, P. K., Williams, K. A., Lacerda, F., Stevens, K. N. and Lindblom, B., "Linguistic Experience Alters Phonetic Perception in Infants by 6 Months of Age", *Science*, Vol. 225, No.5044, 1992.

Kuremoto, T., Komoto, T., Kobayashi, K. and Obayashi, M., "Parameterless- Growing-SOM and Its Application to a Voice Instruction Learning System", *Journal of Robotics*, Vol. 10, 2010.

Lacerda, F., "The Perceptual Magnet Effect: An Emergent Consequence of Exemplar-Based Phonetic Memory", in *Proceedings of the International Congress of Phonetic Sciences*, Stockholm, 1995.

Ladd, D. R., "What is Duality of Patterning, Anyway?", *Language and Cognition*, Vol. 4, No. 4, 2012.

Ladd, D. R., "An Integrated View of Phonetics, Phonology, and Prosody", in A. A. Michael ed., *Language, Music, and the Brain: A Mysterious Relationship*, MIT Press, 2013.

Ladefoged, P. and Johnson, K., *A Course in Phonetics (7th ed.)*, Stamford: Cengage learning, 2014.

Lei, M. K. Y., "Discrimination of Level Tones in Cantonese-Learning Infants", in *ICPhS*, 2007.

Levitt, A., Jusczyk, P. W., Murray, J. and Carden, G., "The Perception of Place of Articulation Contrasts in Voiced and Voiceless Fricatives by Two-Month-Old Infants", *Journal of Experimental Psychology: Human Perception and Performance*, Vol. 14, 1988.

Li, C. N. and Thompson, S. A., "The Acquisition of Tone in Mandarin-Speaking Children", *Journal of Child Language*, Vol. 4, No. 2, 1977.

Li, P., "Lexical Organization and Competition in First and Second Languages: Computational and Neural Mechanisms", *Cognitive Science*, Vol. 33, No. 4, 2009.

Li, P. and MacWhinney, B., "PatPho: A Phonological Pattern Generator for Neural Networks", *Behavior Research Methods, Instruments and Computers*, Vol. 34, No. 3, 2002.

Li, P. and Zhao, X., "Self-Organizing Map Models of Language Acquisition", *Frontiers in Psychology*, Vol. 4, 2013.

Li, P., Farkas, I. and MacWhinney, B., "Early Lexical Development in a Self-Organizing Neural Network", *Neural Networks*, Vol. 17, 2004.

Li, P., Zhao, X. and MacWhinney, B., "Dynamic Self-Organization and Early Lexical Development in Children", *Cognitive Science*, Vol. 31, No. 4, 2007.

Lisker, L. and Abramson, A. S., "A Cross-Language Study of Voicing in Initial Stops: Acoustical Measurements", *Word*, Vol. 20, No. 3, 1964.

Liu, L., Peng, D., Ding, G., Jin, Z., Zhang, L., Li, K. and Chen, C., "Dissociation in the Neural Basis Underlying Chinese Tone and Vowel Production", *Neuroimage*, Vol. 29, No. 2, 2006.

Luo, H., Ni, J., Li, Z., Li, X., Zhang, D., Zeng, F. and Chen, L., "Opposite Patterns of Hemisphere Dominance for Early Auditory Processing of Lexical Tones and Consonants", *Proceedings of the*

National Academy of Sciences, Vol. 103, No. 51, 2006.

Marsland, S., Shapiro, J. and Nehmzow, U., "A Self-Organizing Network that Grows when Required", *Neural Networks*, Vol. 15, 2002.

Martinet, A., "Arbitraire Linguistique et Double Articulation", *Cahiers Ferdinand de Saussure*, Vol. 15, 1957.

Martinetz, T. M., Berkovich, S. G. and Schulten, K. J., "Neural-Gas Network for Vector Quantization and its Application to Time-series Prediction", *IEEE Transactions on Neural Networks*, Vol. 4, No. 4, 1993.

Mattock, K. and Burnham, D., "Chinese and English Infants' Tone Perception: Evidence for Perceptual Reorganization", *Infancy*, Vol. 10, No. 3, 2006.

Mattock, K., Molnar, M., Polka, L. and Burnham, D., "The Developmental Course of Lexical Tone Perception in the First Year of Life", *Cognition*, Vol. 106, No. 3, 2008.

Maye, J., Werker, J. F. and Gerken, L., "Infant Sensitivity to Distributional Information Can Affect Phonetic Discrimination", *Cognition*, Vol. 82, No. 3, 2002.

McClelland, J. L. and Elman, J. L., "The TRACE Model of Speech Perception", *Cognitive Psychology*, Vol. 18, No. 1, 1986.

McClelland, J. L. and Rumelhart, D. E., "An Interactive Activation Model of Context Effects in Letter Perception: I. An Account of Basic Findings", *Psychological Review*, Vol. 88, No. 5, 1981.

Miikkulainen, R., *Subsymbolic Natural Language Processing: An Integrated Model of Scripts, Lexicon, and Memory*, Cambridge, MA: MIT Press, 1993.

Miikkulainen, R. "Dyslexic and Category-Specific Aphasic Impairments in a Self-Organizing Feature Map Model of Lexicon", *Brain and*

Language, Vol. 59, No. 2, 1997.

Mikolov, T., Sutskever, I., Chen, K., Corrado, G. S. and Dean, J., "Distributed Representations of Words and Phrases and Their Compositionality", in *Advances in Neural Information Processing Systems*, 2013.

Miller, C. L., "Developmental Changes in Male/Female Voice Classification by Infants", *Infant Behavior and Development*, Vol. 6, 1983.

Mills, D. L., Prat, C., Zangl, R., Stager, C. L., Neville, H. J. and Werker, J. F., "Language Experience and the Organization of Brain Activity to Phonetically Similar Words: ERP Evidence from 14- and 20-Month-Olds", *Journal of Cognitive Neuroscience*, Vol. 16, No. 8, 2004.

Mitton, R., *English Spelling and the Computer*, Harlow, Essex: Longman Group, 1996.

Miyawaki, K., Jenkins, J. J., Strange, W., Liberman, A. M., Verbrugge, R. and Fujimura, O., "An Effect of Linguistic Experience: The Discrimination of [r] and [l] by Native Speakers of Japanese and English", *Perception and Psychophysics*, Vol. 18, No. 5, 1975.

Moore, C. and Dunham, P. J., eds., *Joint Attention: Its Origins and Role in Development*, New York: Psychology Press, 2014.

Morillon, B., Liégeois-Chauvel, C., Arnal, L. H., Bénar, C.-G. and Giraud, A.-L. "Asymmetric Function of Theta and Gamma Activity in Syllable Processing: An Intra-Cortical Study", *Frontiers in Psychology*, Vol. 3, 2012.

Mountcastle, V. B., "Modality and Topographic Properties of Single Neurons of Cat's Somatic Sensory Cortex", *Journal of Neurophysiology*, Vol. 20, No. 4, 1957.

Mountcastle, V. B., "The Columnar Organization of the Neocortex",

Brain, Vol. 120, No. 4, 1997.

Mumford, D., "On the Computational Architecture of the Neocortex. II: The Role of Cortico-Cortical Loops", *Biological Cybernetics*, Vol. 66, No. 3, 1992.

Mundy, P. and Gomes, A., "Individual Differences in Joint Attention Skill Development in the Second Year", *Infant Behavior and Development*, Vol. 21, No. 3, 1998.

Newell, A., "Physical Symbol Systems", *Cognitive Science*, Vol. 4, No. 2, 1980.

Nowak, M. A., *Evolutionary Dynamics: Exploring the Equations of Life*, Harvard University Press, 2006.

Oberlaender, M., de Kock, C. P., Bruno, R. M., Ramirez, A., Meyer, H. S., Dercksen, V. J., ... and Sakmann, B., "Cell Type – Specific Three-Dimensional Structure of Thalamocortical Circuits in a Column of Rat Vibrissal Cortex", *Cereb Cortex*, Vol. 22, No. 10, 2012a.

Oberlaender, M., Narayanan, R., Egger, R., Meyer, H., Baltruschat, L., Dercksen, V., ... and Sakmann, B., "Beyond the Cortical Column – Structural Organization Principles in Rat Vibrissal Cortex", *Neuroinformatics*, Vol. 52, 2012b.

Obleser, J., Boecker, H., Drzezga, A., Haslinger, B., Hennenlotter, A., Roettinger, M., ... and Rauschecker, J. P., "Vowel Sound Extraction in Anterior Superior Temporal Cortex", *Human Brain Mapping*, Vol. 27, No. 7, 2006.

Obleser, J., Lahiri, A. and Eulitz, C., "Magnetic Brain Response Mirrors Extraction of Phonological Features from Spoken Vowels", *Journal of Cognitive Neuroscience*, Vol. 16, No. 1, 2004.

Obleser, J., Leaver, A., Van Meter, J. and Rauschecker, J. P., "Segregation of Vowels and Consonants in Human Auditory

Cortex: Evidence for Distributed Hierarchical Organization", *Frontiers in Psychology*, Vol. 1, 2010.

Okabe, A., Boots, B. and Sugihara, K., *Spatial Tesselations, Concepts and Applications of Voronoi Diagrams*, New York: Wiley, 2000.

Pasley, B. N., David, S. V., Mesgarani, N., Flinker, A., Shamma, S. A., Crone, N. E., ... and Chang, E. F. "Reconstructing Speech from Human Auditory Cortex", *PLoS Biol*, Vol. 10, No. 1, 2012.

Pick, A., *Aphasia*, Springfield, IL: Thomas, 1973.

Plunkett, K., Bailey, T. and Bryant, P. E., "Phonological Representation and Word Recognition", in *International Society on Infant Studies*, Brighton, UK, 2000.

Polka, L. and Werker, J. F., "Developmental Changes in Perception in Nonnative Vowel Contrasts", *Journal of Experimental Psychology: Human Perception and Performance*, Vol. 20, No. 2, 1994.

Rauber, A., Merkl, D. and Dittenbach, M., "The Growing Hierarchical Self-Organizing Map: Exploratory Analysis of High-Dimensional Data", *IEEE Transactions on Neural Networks*, Vol. 13, No. 6, 2002.

Reetz, H. and Jongman, A., *Phonetics: Transcription, Production, Acoustics, and Perception*, Chichester: JohnWiley & Sons, 2011.

Riecker, A., Mathiak, K., Wildgruper, D., Erb, M., Hertrich, I., Grodd, W. and Ackermann, H., "fMRI Reveals Two Distinct Cerebral Networks Subserving Speech Motor Control", *Neurology*, Vol. 64, No. 4, 2005.

Ritter, H. and Kohonen, T., "Self-Organizing Semantic Maps", *Biological Cybernetics*, Vol. 61, No. 4, 1989.

Rivera-Gaxiola, M., Silva-Pereyra, J. and Kuhl, P. K., "Brain Potentials to Native and Non-Native Speech Contrasts in 7- and 11-Month-Old American Infants", *Developmental Science*, Vol. 8, No. 2, 2005.

Roach, P., "British English: Received Pronunciation", *Journal of the International Phonetic Association*, Vol. 34, No. 2, 2004.

Rumelhart, D. E. and McClelland, J. L., "Interactive Processing Through Spreading Activation", in A. M. Lesgold and C. A. Perfetti, eds., *Interactive Processes in Reading*, Hillsdale: Erlbaum, 1981.

Rumelhart, D. E. and McClelland, J. L., "On Learning the Past Tenses of English Verbs: Implicit Rules or Parallel Distributed Processing?", in D. E. Rumelhart, J. L. McClelland and PDP Research Group, eds., *Parallel Distributed Processing: Explorations in the Microstructure of Cognition*, Cambridge: MIT Press, 1986.

Saffran, J. R., "Constraints on Statistical Language Learning", *Journal of Memory and Language*, Vol. 47, No. 1, 2002.

Saffran, J. R. and Thiessen, E. D., "Pattern Induction by Infant Language Learners", *Developmental Psychology*, Vol. 39, No. 3, 2003.

Saffran, J. R., Aslin, R. N. and Newport, E. L., "Statistical Learning by 8-Month Old Infants", *Science*, Vol. 274, No. 5294, 1996.

Sandler, W. and Lillo-Martin, D., *Sign Language and Linguistic Universals*, Cambridge: Cambridge University Press, 2006.

Sandler, W., Aronoff, M., Meir, I. and Padden, C., "The Gradual Emergence of Phonological Form in a New Language", *Natural Language and Linguistic Theory*, Vol. 29, No. 2, 2011.

Scharinger, M., Isardi, W. J. and Poe, S., "A Comprehensive Three-Dimensional Cortical Map of Vowel Space", *Journal of Cognitive Neuroscience*, Vol. 23, No. 12, 2011.

Schreiner, C. E., "Order and Disorder in Auditory Cortical Maps", *Current Opinion in Neurobiology*, Vol. 5, No. 4, 1995.

Schreiner, C. E. and Winer, J. A., "Auditory Cortex Mapmaking:

Principles, Projections, and Plasticity", *Neuron*, Vol. 56, No. 2, 2007.

Shen, X. and Lin, M., "A Perceptual Study of Mandarin Tones 2 and 3", *Language and Speech*, Vol. 32, No. 2, 1991.

Shestakova, A., Brattico, E., Soloviev, A., Klucharev, V. and Huotilainen, M., "Orderly Cortical Representation of Vowel Categories Presented by Multiple Exemplars", *Cognitive Brain Research*, Vol. 21, No. 3, 2004.

Silver, M. A. and Kastner, S., "Topographic Maps in Human Frontal and Parietal Cortex", *Trends in Cognitive Sciences*, Vol. 13, No. 11, 2009.

Siok, W. T., Niu, Z., Jin, Z., Perfetti, C. A. and Tan, L. H., "A Structural–Functional Basis for Dyslexia in the Cortex of Chinese Readers", *Proceedings of the National Academy of Sciences*, Vol. 105, No. 14, 2008.

Siok, W. T., Perfetti, C. A., Jin, Z. and Tan, L., "Biological Abnormality of Impaired Reading Is Constrained by Culture", *Nature*, Vol. 431, No. 7004, 2004.

Siok, W. T., Spinks, J. A., Jin, Z. and Tan, L. H., "Developmental Dyslexia Is Characterized by the Co-Existence of Visuospatial and Phonological Disorders in Chinese Children", *Current Biology*, Vol. 19, No. 19, 2009.

So, C. K., "Perception of Non-Native Tonal Contrasts: Effects of Native Phonological and Phonetic Influences", in *Proceedings of the 11th Australian International Conference on Speech Science and Technology*, 2006.

So, C. K. and Best, C. T., "Cross-language Perception of Non-native Tonal Contrasts: Effects of Native Phonological and Phonetic Influences", *Language and Speech*, Vol. 53, No. 2, 2010.

Stager, C. L. and Werker, J. F., "Infants Listen for More Phonetic Detail in Speech Perception Than in Word-Learning Tasks", *Nature*, Vol. 388, No. 6640, 1997.

Swingley, D. and Aslin, R. N., "Spoken Word Recognition and Lexical Representation in Very Young Children", *Cognition*, Vol. 76, No. 2, 2000.

Swingley, D., Pinto, J. P. and Fernald, A., "Continuous Processing in Word Recognition at 24 Months", *Cognition*, Vol. 71, No. 2, 1999.

Tai, W. S. and Hsu, C. C., "A Growing Mixed Self-Organizing Map", in *Proceedings of the 6th International Conference on Natural Computation*, Vol. 2, Yantai, 2010.

Tai, W. S. and Hsu, C. C., "Growing Self-Organizing Map with Cross Insert for Mixed-Type Data Clustering", *Applied Soft Computing*, Vol. 12, No. 9, 2012.

Tincoff, R. and Jusczyk, P. W., "Some Beginnings of Word Comprehension in 6-Month-Olds", *Psychological Science*, Vol. 10, No. 2, 1999.

Tsushima, T., Takizawa, O., Sasaki, M., Shiraki, S., Nishi, K., Kohno, M., ... and Best, C. T., "Discrimination of English /rl/ And /wy/ by Japanese Infants at 6-12 Months: Language-Specific Developmental Changes in Speech Perception Abilities", in *3rd International Conference on Spoken Language Processing*, Yokohama, Japan, 1994.

Van Essen, D. E. and Drury, H. A., "Structural and Functional Analyses of Human Cerebral Cortex Using a Surface-Based Atlas", *The Journal of Neuroscience*, Vol. 17, No. 18, 1997.

Villmann, T. and Bauer, H.-U., "Applications of the Growing Self-Organizing Map", *Neurocomputing*, Vol. 21, 1998.

Wang, S.-Y. W. and Li, K.-P., "Tone 3 in Pekinese", *Journal of Speech and Hearing Research*, Vol. 10, No. 3, 1967.

Warlaumont, A. S., "A Spiking Neural Network Model of Canonical Babbling Development", in *Proceedings of the IEEE International Conference on Development and Learning and Epigenetic Robotics*, 2012.

Warlaumont, A. S., Westermann, G., Buder, E. H. and Oller, D. K., "Prespeech Motor Learning in A Neural Network Using Reinforcement", *Neural Networks*, Vol. 38, 2013.

Waugh, N. C. and Norman, D. A., "Primary Memory", *Psychological Review*, Vol. 72, No. 2, 1965.

Wennekers, T., Garagnani, M. and Pulvermüller, F., "Language Models Based on Hebbian Cell Assemblies", *Journal of Physiology-Paris*, Vol. 100, 2006.

Werker, J. F. and Logan, J. S., "Cross-Language Evidence for Three Factors in Speech Perception", *Perception and Psychophysics*, Vol. 37, No. 1, 1985.

Werker, J. F. and Tees, R. C., "Cross-Language Speech Perception: Evidence for Perceptual Reorganization During the First Year of Life", *Infant Behavior and Development*, Vol. 7, No. 1, 1984.

Werker, J. F., Fennell, C. T., Corcoran, K. M. and Stager, C. L., "Infants' Ability to Learn Phonetically Similar Words: Effects of Age and Vocabulary Size", *Infancy*, Vol. 3, No, 1, 2002.

Wernicke, K., "The Aphasia Symptom Complex: A Psychological Study on an Anatomic Basis", in G. E. Eggert ed., *Wernicke's Works on Aphasia: A Sourcebook and Review*. The Hague: Mouton, 1874.

Whitaker, H. A., "On the Representation of Language in the Human Brain: Problems in the Neurology of Language and the Linguistic Analysis of Aphasia", *Linguistic Research*, 1971.

Wise, R. J., Greene, J., Buechel, C. and Scott, S. K., "Brain Regions

Involved in Articulation", *The Lancet*, Vol. 353, No. 9158, 1999.

Yang, B., A Model of Mandarin Tone Categories – A Study of Perception and Production, Ph.D. dissertation, University of Iowa, 2010.

Zhao, X. and Li, P., "A Self-Organizing Connectionist Model of Early Word Production", in *Proceedings of the 27th Annual Conference of the Cognitive Science Society*, 2005.

Zhao, X. and Li, P., "Bilingual Lexical Representation in a Self-Organizing Neural Network Model", in *Proceedings of the 29th Annual Conference of the Cognitive Science Society*, Vol. 29, No. 29, 2007.

Zhao, X. and Li, P., "Vocabulary Development in English and Chinese: A Comparative Study with Self-Organizing Neural Networks", in *Proceedings of the 30th Annual Conference of the Cognitive Science Society*, 2008.

Zhao, X. and Li, P., "Acquisition of Aspect in Self-Organizing Connectionist Models", *Linguistics*, Vol. 47, No. 5, 2009a.

Zhao, X. and Li, P., "An Online Database of Phonological Representation for Mandarin Chinese", *Behavior Research Methods*, Vol. 41, No. 2, 2009b.

Zhao, X. and Li, P., "Computational Modeling of The Expression of Time", in W. Klein and P. Li, eds., *The Expression of Time*, Berlin & New York: Mouton de Gruyter, 2009c.

Zhao, X. and Li, P., "Bilingual Lexical Interactions in an Unsupervised Neural Network Model", *International Journal of Bilingual Education and Bilingualism*, Vol. 13, No. 5, 2010.

Zhao, X., Li, P. and Kohonen, T., "Contextual Self-Organizing Map: Software for Constructing Semantic Representations", *Behavior Research Methods*, Vol. 43, No. 1, 2011.

Zhu, H., *Phonological Development in Specific Contexts: Studies of Chinese- Speaking Children.* Multilingual Matters Ltd., 2002.

Zinszer, B. and Li, P., "A SOM Model of First Language Lexical Attrition", in *Proceedings of the 32nd Annual Conference of the Cognitive Science Society*, Vol. 32, No. 32, 2010.

附 录 一

标准德语词汇及语音—语义对

频度排序	标准德语词汇	配对语音音节	中文翻译
1	Mama	[ma]	妈妈
2	Bär	[be]	熊
3	Papa	[pa]	爸爸
4	Mond	[mo]	月亮
5	Kinder	[ki]	孩子们（孩子的复数）
6	Katze	[ka]	猫
7	Frau	[a]	女人
8	Bett	[pe]	床
9	Mädchen	[me]	女孩
10	Wasser	[la]	水
11	Vogel	[ko]	鸟
12	Tag	[ta]	（一）天
13	Haus	[u]	房子
14	Weg	[e]	小路
15	Baum	[bu]	树
16	Tür	[tu]	门
17	zwei	[te]	二
18	Wald	[da]	森林

续表

频度排序	标准德语词汇	配对语音音节	中文翻译
19	Ball	[ba]	球
20	Tisch	[ti]	桌子
21	Fee	[de]	小精灵
22	Fenster	[do]	窗子
23	Junge	[o]	男孩
24	Ente	[ne]	鸭子
25	Hase	[ga]	兔子
26	Hund	[gu]	狗
27	Nacht	[na]	晚上
28	Jäger	[ge]	猎人
29	Schwein	[pla]	猪
30	Hand	[bi]	手
31	Lilli	[di]	莉莉（人名）
32	Kopf	[ko]	头
33	Opa	[bo]	外公
34	Fuchs	[pu]	狐狸
35	Kind	[gi]	孩子
36	Puppe	[pi]	娃娃
37	Delfin	[du]	海豚
38	Hause	[nu]	家
39	Kissen	[no]	枕头
40	Frosch	[klo]	青蛙
41	Mann	[mi]	男人
42	Hut	[mu]	帽子
43	Oma	[ni]	外婆
44	Augen	[po]	眼睛

续表

频度排序	标准德语词汇	配对语音音节	中文翻译
45	Baby	[go]	宝宝
46	Maus	[bla]	老鼠
47	drei	[kla]	三
48	Teddy	[to]	泰迪熊
49	Angst	[lo]	害怕
50	Elefant	[ple]	大象
51	Meer	[le]	大海
52	Sterne	[glu]	星星
53	Stuhl	[plu]	椅子
54	Käfer	[ke]	甲虫
55	Prinzessin	[pli]	王子
56	Specht	[kli]	啄木鸟
57	Idee	[ku]	主意
58	Sonne	[li]	太阳
59	Buch	[lu]	书
60	Delfine	[gli]	海豚们（海豚的复数）
61	Zeit	[glo]	时间
62	Eimer	[ble]	桶
63	Tasche	[blo]	包
64	Teller	[plo]	盘子
65	Fahrrad	[bli]	自行车
66	Hexe	[kle]	女巫
67	Himmel	[klu]	天空
68	Igel	[gla]	刺猬
69	Julia	[blu]	茱莉亚（人名）
70	Bild	[gle]	图片

附 录 二

标准德语词汇的语义表征

标准德语词汇	语义表征
Mama	hat Busen, hat Haare, hat Kinder, hat eine Haut, hat eine Nase, hat einen Kopf, hat einen Mund, hat zwei Arme, hat zwei Augen, hat zwei Beine, ist ein Elternteil, ist ein Kosewort, ist ein Mensch, ist emotional, ist erziehend, ist fürsorglich, ist gebärend, ist geschlechtsreif, ist liebevoll, ist sanft, ist weiblich.
Bär	frisst Fleisch, hat Haare, hat Tatzen, hat ein Fell, hat eine Nase, hat eine Schnauze, hat einen Kopf, hat runde Ohren, hat vier Beine, hat zwei Augen, ist beängstigend, ist braun, ist ein Tier, ist gefährlich, ist groß, ist kräftig, ist wild, kann fressen.
Papa	hat Haare, hat Kinder, hat eine Haut, hat eine Nase, hat einen Bart, hat einen Kopf, hat einen Mund, hat zwei Arme, hat zwei Augen, hat zwei Beine, ist ein Elternteil, ist ein Kosewort, ist erziehend, ist fürsorglich, ist geschlechtsreif, ist kräftig, ist männlich, ist streng.
Mond	Teil der Natur, ist am Himmel, ist im Sonnensystem, ist im Universum, ist nachts sichtbar, ist rund, ist uneben, kann leuchten.
Kinder	Plural, hat Haare, hat eine Haut, hat eine Nase, hat einen Kopf, hat einen Mund, hat zwei Arme, hat zwei Augen, hat zwei Beine, ist ein Mensch, ist frech, ist in der Entwicklung, ist jung, ist nicht geschlechtsreif, ist verspielt, nicht Volljährig, wird Erwachsen werden.
Katze	fängt Mäuse, frisst Fleisch, hat Barthaare, hat Fell, hat Krallen, hat eine Nase, hat einen Kopf, hat einen Schwanz, hat spitze Ohren, hat vier Beine, hat vier Pfoten, hat zwei Augen, ist ein Haustier, ist ein Säugetier, ist ein Tier, ist nachtaktiv, ist weiblich, kann fressen, kann jagen, kann klettern, kann knurren, kann laufen, kann miaün, kann springen, kann trinken, putzt sich selbst, trinkt Milch.
Frau	hat Busen, hat Haare, hat eine Haut, hat eine Nase, hat einen Kopf, hat einen Mund, hat zwei Arme, hat zwei Augen, hat zwei Beine, ist ein Mensch, ist emotional, ist erziehend, ist gebärend, ist geschlechtsreif, ist hübsch, ist liebevoll, ist sanft, ist weiblich, ist zart.

续表

标准德语词汇	语义表征
Bett	hat Beine, hat ein Gestell, hat vier Beine, ist aus Holz, ist aus Metall, ist breit, ist eckig, ist ein Gegenstand, ist ein Möbelstück, ist gemütlich, ist im Haus, ist im Hotel, ist im Krankenhaus, ist im Schlafzimmer, ist lang, ist rechteckig, ist zum Schlafen.
Mädchen	hat Haare, hat eine Haut, hat eine Nase, hat einen Kopf, hat einen Mund, hat zwei Arme, hat zwei Augen, hat zwei Beine, ist ein Mensch, ist hübsch, ist liebevoll, ist nicht geschlechtsreif, ist süß, ist weiblich, ist zart.
Wasser	Teil der Natur, ist durchsichtig, ist feucht, ist flüssig, ist gesund, ist lebensnotwendig.
Vogel	es gibt verschiedene Arten, frisst Brot, frisst Käfer, frisst Würmer, hat Federn, hat Flügel, hat Krallen, hat einen Kopf, hat einen Schnabel, hat einen Schwanz, hat zwei Augen, hat zwei Beine, ist ein Tier, ist wild, kann Eier legen, kann fliegen, kann fressen, lebt auf Bäumen, lebt in einem Nest.
Tag	hat Minuten, hat Sekunden, hat Stunden, ist eine Zeiteinheit, ist im Jahr, ist im Kalender, ist im Monat.
Haus	hat Fenster, hat Möbel, hat Türen, hat Zimmer, hat ein Kinderzimmer, hat ein Schlafzimmer, hat ein Wohnzimmer, hat eine Küche, hat einen Garten, hat einen Keller, ist ein Lebensraum, ist eine Unterkunft, ist eine Wohnung, ist für Lebewesen, ist für Menschen, ist gemütlich.
Weg	ist aus Asphalt, ist aus Erde, ist aus Steinen, ist für Autos, ist für Fahrräder, ist für Menschen.
Baum	Teil der Natur, hat Blätter, hat Blüten, hat Früchte, hat Knospen, hat Rinde, hat Wurzeln, hat Zweige, hat äste, hat einen Baumstamm, ist ein Lebensraum, ist pflanzlich.
Tür	hat einen Griff, hat einen Rahmen, ist aus Holz, ist aus Metall, ist ein Gegenstand, ist in der Wand, ist rechteckig, kann man öffnen, kann man schließen.
zwei	ist ein Numeral, ist ein Wert, ist eine Mengenangabe, ist eine Zahl, ist zwei.
Wald	Teil der Natur, hat Bäume, hat Blumen, hat Früchte, hat Pflanzen, ist ein Lebensraum.
Ball	ist bunt, ist ein Gegenstand, ist ein Spielzeug, ist rund.
Tisch	hat vier Beine, ist aus Glas, ist aus Holz, ist aus Metall, ist ein Gegenstand, ist ein Möbelstück, ist zum Essen.
Fee	ist ein Fabelwesen, ist hübsch, ist süß, kann fliegen, kann zaubern.

续表

标准德语词汇	语义表征
Fenster	hat einen Griff, hat einen Rahmen, ist aus Glas, ist aus Kunststoff, ist durchsichtig, ist ein Gegenstand, ist im Haus, ist in der Wand, ist rechteckig, ist zerbrechlich, kann man öffnen, kann man schließen.
Junge	hat Haare, hat eine Nase, hat einen Kopf, hat einen Mund, hat zwei Arme, hat zwei Augen, hat zwei Beine, ist ein Mensch, ist frech, ist männlich, ist nicht geschlechtsreif, ist süß, ist verspielt.
Ente	frisst Brot, frisst Pflanzen, hat Federn, hat Flügel, hat Schwimmhäute, hat einen Schnabel, hat einen Schwanz, hat zwei Beine, ist ein Tier, ist ein Vogel, ist wild, kann Eier legen, kann fliegen, kann fressen, kann man braten, kann man essen, kann schwimmen, kann watscheln, lebt am Wasser, lebt an Land.
Hase	frisst Möhren, frisst Pflanzen, hat Barthaare, hat Pfoten, hat Zähne, hat ein Fell, hat ein gutes Gehör, hat eine Nase, hat einen Schwanz, hat lange Ohren, ist ein Haustier, ist ein Nagetier, ist ein Säugetier, ist ein Tier, ist wild, kann fressen, kann man braten, kann man essen, kann springen, lebt im Wald, wird gejagt.
Hund	es gibt verschiedene Arten, frisst Fleisch, hat Pfoten, hat Zähne, hat ein Fell, hat ein Maul, hat ein gutes Gehör, hat eine Schnauze, hat einen Kopf, hat einen Schwanz, hat einen guten Geruchssinn, hat spitze Ohren, hat vier Beine, ist ein Haustier, ist ein Säugetier, ist ein Tier, ist gefährlich, ist gelehrig, ist intelligent, kann beißen, kann jagen.
Nacht	hat Sterne, hat einen Mond, hat einen Sternenhimmel, ist dunkel, ist eine Tageszeit.
Jäger	hat eine Nase, hat einen Kopf, hat einen Mund, hat zwei Augen, hat zwei Beine, ist ein Fabelwesen, ist ein Mensch, kann jagen, kann laufen.
Schwein	hat Hufe, hat eine Nase, hat einen Schwanz, hat einen guten Geruchssinn, hat spitze Ohren, hat vier Beine, hat zwei Augen, ist dreckig, ist ein Haustier, ist ein Nutztier, ist ein Säugetier, ist ein Tier, kann fressen, kann man braten, kann man essen, lebt auf dem Baürnhof, lebt im Stall.
Hand	hat Finger, hat Fingerabdrücke, hat Gelenke, hat Haare, hat Knochen, hat Knorpel, hat Nägel, hat eine Haut, ist ein Körperteil, ist ein Werkzeug, kann fühlen, kann greifen, kann schreiben.
Lilli	ist ein Kosewort, ist ein Mädchenname, ist ein Name.
Kopf	hat Haare, hat Ohren, hat eine Haut, hat eine Nase, hat einen Mund, hat zwei Augen, ist ein Körperteil.
Opa	erzählt Geschichten, hat einen Bart, hat einen Buckel, hat einen Kopf, hat grau Haare, hat keine Zähne, hat zwei Arme, hat zwei Beine, hört schlecht, ist alt, ist ein Mensch, ist kränklich, ist männlich, ist schrumpelig, ist senil, sieht schlecht.

续表

标准德语词汇	语义表征
Fuchs	frisst Fleisch, hat Pfoten, hat ein Maul, hat eine Nase, hat eine Schnauze, hat einen Schwanz, hat spitze Ohren, hat vier Beine, hat zwei Augen, ist ein Fabelwesen, ist ein Säugetier, ist ein Tier, ist intelligent, ist nachtaktiv, ist rot, kann jagen, lebt im Wald.
Kind	hat Haare, hat eine Haut, hat eine Nase, hat einen Kopf, hat einen Mund, hat zwei Arme, hat zwei Augen, hat zwei Beine, ist ein Mensch, ist frech, ist in der Entwicklung, ist jung, ist nicht geschlechtsreif, ist verspielt, nicht Volljährig, wird Erwachsen werden.
Puppe	hat Haare, hat Kleider, hat eine Nase, hat einen Kopf, hat zwei Arme, hat zwei Augen, hat zwei Beine, ist ein Gegenstand, ist ein Spielzeug, ist hübsch, kann man anziehen, kann man frisieren, kann man füttern.
Delfin	frisst Fische, hat Flossen, hat ein Echolot, hat eine Haut, hat zwei Augen, ist ein Säugetier, ist ein Tier, ist grau, ist hilfsbereit, ist intelligent, ist verspielt, kann schwimmen, lebt im Meer, lebt im Wasser, spritzt Wasser.
Hause	hat Fenster, hat Möbel, hat Türen, hat Zimmer, hat ein Kinderzimmer, hat ein Schlafzimmer, hat ein Wohnzimmer, hat eine Küche, hat einen Garten, hat einen Keller, ist ein Lebensraum, ist eine Unterkunft, ist eine Wohnung, ist für Lebewesen, ist für Menschen, ist gemütlich, hat Kontext.
Kissen	hat Federn, ist Bettwäsche, ist ein Gegenstand, ist für den Kopf, ist gemütlich, ist weich, ist zum Schlafen.
Frosch	frisst Insekten, hat Schwimmhäute, hat eine Haut, hat vier Beine, hat zwei Augen, ist ein Tier, ist eine Amphibie, ist glitschig, ist grün, kann fressen, kann man essen, kann schwimmen, kann springen, lebt am Wasser.
Mann	hat eine Haut, hat eine Nase, hat einen Bart, hat einen Kopf, hat einen Mund, hat zwei Arme, hat zwei Augen, hat zwei Beine, ist ein Mensch, ist geschlechtsreif, ist groß, ist männlich, ist stark.
Hut	es gibt verschiedene Arten, ist braun, ist ein Accessoire, ist ein Gegenstand, ist ein Kleidungsstück, ist für den Kopf, schützt vor Sonne, tragen Menschen.
Oma	erzählt Geschichten, hat eine Haut, hat eine Nase, hat einen Buckel, hat einen Kopf, hat einen Mund, hat graü Haare, hat keine Zähne, hat zwei Arme, hat zwei Augen, hat zwei Beine, hört schlecht, ist alt, ist ein Mensch, ist erziehend, ist kränklich, ist schrumpelig, ist senil, sieht schlecht.
Augen	Plural, hat Wimpern, hat ein Mensch, hat ein Tier, ist bunt, ist ein Körperteil, ist ein Sinnesorgan.

续表

标准德语词汇	语义表征
Baby	hat eine Haut, hat eine Nase, hat einen Kopf, hat einen Mund, hat zwei Arme, hat zwei Augen, hat zwei Beine, ist ein Mensch, ist gelehrig, ist in der Entwicklung, ist jung, ist klein, ist nicht geschlechtsreif, ist verspielt, kann man füttern, riecht gut, trinkt Milch, wird Erwachsen werden.
Maus	hat ein Fell, hat eine Nase, hat einen Kopf, hat einen Schwanz, hat runde Ohren, hat vier Beine, hat zwei Augen, ist ein Haustier, ist ein Nagetier, ist ein Tier, ist grau, ist klein, ist schnell, ist weich, kann fressen, kann trinken, wird gejagt.
drei	ist ein Numeral, ist ein Wert, ist eine Mengenangabe, ist eine Zahl.
Teddy	hat Tatzen, hat ein Fell, hat eine Nase, hat runde Ohren, hat zwei Arme, hat zwei Augen, hat zwei Beine, ist aus Kunststoff, ist aus Stoff, ist ein Gegenstand, ist ein Kosewort, ist ein Spielzeug.
Angst	ist beängstigend, ist eine Empfindung, macht depressiv.
Elefant	es gibt verschiedene Arten, frisst Pflanzen, hat eine Haut, hat einen Kopf, hat einen Schwanz, hat lederartige Haut, hat vier Beine, hat zwei Augen, ist beängstigend, ist ein Säugetier, ist ein Tier, ist grau, ist groß, ist stark, kann fressen, kann trinken, lebt im Zoo, wird gejagt.
Meer	Teil der Natur, hat Fische, hat einen Grund, ist ein Lebensraum, ist feucht, ist flüssig, ist groß.
Sterne	Plural, Teil der Natur, ist am Himmel, ist im Sonnensystem, ist im Universum, ist nachts sichtbar, kann leuchten.
Stuhl	hat Armlehnen, hat eine Lehne, hat eine Sitzfläche, hat vier Beine, ist aus Holz, ist aus Kunststoff, ist aus Metall, ist beqüm, ist eckig, ist ein Gegenstand, ist ein Möbelstück, ist für Menschen, ist gepolstert, ist im Haus, ist im Hotel, ist im Krankenhaus, ist in der Wohnung, ist kantig, ist zum Sitzen, steht am Tisch.
Käfer	es gibt verschiedene Arten, hat Augen, hat Flügel, hat Fühler, hat einen Panzer, hat sechs Beine, ist ein Insekt, ist ein Tier, kann Eier legen, kann fliegen, kann fressen.
Prinzessin	hat Haare, hat eine Krone, hat eine Nase, hat einen Kopf, hat einen Mund, hat zwei Arme, hat zwei Augen, hat zwei Beine, ist ein Fabelwesen, ist ein Mensch, ist hübsch, ist süß, ist weiblich.
Specht	es gibt verschiedene Arten, frisst Brot, frisst Insekten, frisst Käfer, frisst Würmer, hat Federn, hat Flügel, hat Krallen, hat einen Kopf, hat einen Schnabel, hat zwei Augen, hat zwei Beine, ist ein Tier, ist ein Vogel, ist eine Vogelart, ist wild, kann Eier legen, kann fliegen, lebt auf Bäumen, lebt im Wald, lebt in einem Nest.

续表

标准德语词汇	语义表征
Idee	ist eine Empfindung.
Sonne	Teil der Natur, ist am Himmel, ist gelb, ist heiß, ist im Sonnensystem, ist im Universum, ist lebensnotwendig, ist rund, ist tagsüber sichtbar, ist uneben, ist warm, kann brennen, kann leuchten.
Buch	besteht aus Bäumen, besteht aus Papier, es gibt verschiedene Arten, hat Buchstaben, hat Geschichten, hat Märchen, hat Seiten, hat Texte, ist ein Gegenstand, ist zum Lesen, kann bilden, kann informieren.
Delfine	Plural, frisst Fische, hat Flossen, hat ein Echolot, hat eine Haut, hat zwei Augen, ist ein Säugetier, ist ein Tier, ist grau, ist hilfsbereit, ist intelligent, ist verspielt, kann schwimmen, lebt im Meer, lebt im Wasser, spritzt Wasser.
Zeit	hat Minuten, hat Monate, hat Sekunden, hat Stunden, hat Tage, hat Wochen, ist Geld, ist im Jahr, ist im Kalender, ist im Monat.
Eimer	hat einen Griff, ist aus Kunststoff, ist aus Metall, ist ein Behälter, ist ein Gegenstand, ist ein Transportmittel.
Tasche	es gibt verschiedene Arten, hat einen Griff, ist aus Kunststoff, ist aus Leder, ist aus Stoff, ist bunt, ist ein Behälter, ist ein Gegenstand, ist ein Transportmittel, ist für den Einkauf, ist zum Einkaufen, ist zum Tragen, kann aufbewahren, kann man tragen.
Teller	es gibt verschiedene Arten, ist aus Glas, ist aus Kunststoff, ist aus Porzellan, ist eckig, ist ein Gegenstand, ist flach, ist in der Küche, ist rund, ist tief.
Fahrrad	braucht einen Fahrer, dient der Fortbewegung, es gibt verschiedene Arten, hat Bremsen, hat Gänge, hat Katzenaugen, hat Pedale, hat ein Lenkrad, hat eine Beleuchtung, hat eine Kette, hat eine Klingel, hat einen Gepäckträger, hat einen Rahmen, hat einen Sattel, hat einen Schlauch, hat zwei Räder, ist ein Fahrzeug, ist ein Gegenstand, ist ein Transportmittel, ist ein Verkehrsmittel, ist für Menschen, ist gefährlich, ist gesund, ist schnell, ist umweltfreundlich, ist zum Fahren, ist zum Sitzen, kann Stützräder haben, kann fahren, wird mit den Füssen angetrieben.
Hexe	hat eine Warze, hat eine spitze Nase, hat einen Besen, hat einen Hut, hat einen spitzen Hut, hat krausige Haare, ist böse, ist ein Fabelwesen, ist schwarz gekleidet, kann fliegen, kann hexen, kann zaubern, lebt im Hexenhaus.
Himmel	Teil der Natur, hat Sterne, ist dunkel, ist im Universum, ist schwarz, ist tagsüber sichtbar.

续表

标准德语词汇	语义表征
Igel	es gibt verschiedene Arten, frisst Insekten, hält Winterschlaf, hat Krallen, hat ein Fell, hat vier Beine, hat zwei Augen, ist braun, ist ein Säugetier, ist ein Tier, ist klein, kann fressen, kann rollen, lebt im Wald.
Julia	ist ein Mädchenname, ist ein Name.
Bild	es gibt verschiedene Arten, hat einen Rahmen, ist Dekoration, ist Kunst, ist an der Wand, ist auf Leinwand, ist auf Papier, ist auf einer Leinwand, ist aus Farben, ist bunt, ist dekorativ, ist ein Abbild, ist ein Gegenstand, ist hinter Glas, ist im Haus, ist in der Wohnung, ist künstlerisch, ist phantasievoll, ist schön, kann hängen, kann man aufhängen.

附 录 三

标准德语词汇语义特征频度排序

频度	标准德语描述	中文翻译
27	hat zwei Augen	有两只眼睛
21	hat eine Nase	有一只鼻子
21	hat einen Kopf	有一个头
18	hat zwei Beine	有两条腿
16	ist ein Gegenstand	是一个物体
16	ist ein Tier	是一种动物
15	hat eine Haut	有皮肤的
14	hat zwei Arme	有两只胳膊
13	hat einen Mund	有一张嘴
12	es gibt verschiedene Arten	有不同的类型
12	hat Haare	有头发的
12	hat vier Beine	有四条腿
12	ist ein Mensch	是人类
10	kann fressen	是可以吃的
9	hat einen Schwanz	有尾巴的
9	ist ein Säugetier	是哺乳动物
8	Teil der Natur	是大自然的一部分
6	hat ein Fell	有皮毛的

续表

频度	标准德语描述	中文翻译
6	ist aus Kunststoff	是由塑料做成的
6	ist verspielt	是调皮的
6	kann fliegen	是可以飞的
5	ist aus Metall	是由金属做成的
5	ist ein Fabelwesen	是一种神秘的生物
5	ist ein Haustier	是一只宠物
5	ist ein Lebensraum	是一个栖息地
5	ist fuer Menschen	是对人的
5	ist huebsch	是漂亮的
5	ist nicht geschlechtsreif	是不成熟的
5	ist weiblich	是女性
5	ist wild	是野生的
4	Plural	是复数的
4	frisst Fleisch	吃肉的
4	hat Federn	有羽毛的
4	hat Krallen	有爪子的
4	hat einen Griff	有一个把手
4	hat einen Rahmen	有一个框架
4	hat spitze Ohren	有一双尖的耳朵
4	ist aus Holz	是木制的
4	ist bunt	是彩色的
4	ist ein Kosewort	是亲切的
4	ist erziehend	是父母
4	ist gemuetlich	是舒适的
4	ist geschlechtsreif	是性成熟的
4	ist grau	是灰色的

续表

频度	标准德语描述	中文翻译
4	ist gross	是大的
4	ist im Haus	是在房子里的
4	ist im Universum	是在宇宙中的
4	ist intelligent	是聪明的
4	ist männlich	是男性
4	ist rund	是圆的
4	ist süß	是甜的
4	kann Eier legen	可以下蛋的
4	kann jagen	可以追求的
4	kann man essen	可以吃的
4	kann schwimmen	可以游泳的
4	lebt im Wald	住在森林里的
3	frisst Brot	吃面包的
3	frisst Insekten	吃昆虫的
3	frisst Pflanzen	吃植物的
3	hat Fluegel	有一对翅膀
3	hat Pfoten	有一对爪子
3	hat eine Schnauze	有一个大鼻子
3	hat einen Bart	有胡子的
3	hat einen Schnabel	有喙的
3	hat runde Ohren	有圆形的耳朵
3	ist am Himmel	是天空中的
3	ist aus Glas	是由玻璃制造的
3	ist beängstigend	是可怕的
3	ist braun	是棕色的
3	ist eckig	是有角的

续表

频度	标准德语描述	中文翻译
3	ist ein Körperteil	是身体的一部分
3	ist ein Möbelstueck	是一件家具
3	ist ein Spielzeug	是一件玩具
3	ist ein Transportmittel	是一种交通工具
3	ist frech	是顽皮的
3	ist gefährlich	是危险的
3	ist im Sonnensystem	是在太阳系的
3	ist in der Entwicklung	是正发展中的
3	ist jung	是年轻的
3	ist klein	是小的
3	ist liebevoll	是热爱的
3	ist rechteckig	是矩形的
3	kann leuchten	可以闪光的
3	kann man braten	可以飞的
3	kann springen	可以跳的
3	kann trinken	可以喝的
3	wird Erwachsen werden	将成年的
3	wird gejagt	被追求的
2	erzählt Geschichten	讲故事的
2	frisst Fische	吃鱼的
2	frisst Käfer	吃甲虫的
2	frisst Würmer	吃虫子的
2	hat Barthaare	有胡须的
2	hat Busen	有乳房的
2	hat Fenster	有窗户的
2	hat Flossen	有鱼鳍的

续表

频度	标准德语描述	中文翻译
2	hat Früchte	有果实的
2	hat Kinder	有孩子的
2	hat Minuten	有分钟的
2	hat Möbel	有家具的
2	hat Schwimmhäute	有蹼的
2	hat Sekunden	有秒的
2	hat Sterne	有星星的
2	hat Stunden	有小时的
2	hat Tatzen	有爪子的
2	hat Türen	有门的
2	hat Zähne	有牙的
2	hat Zimmer	有屋子的
2	hat ein Echolot	有回声探测器的
2	hat ein Kinderzimmer	有苗圃的
2	hat ein Maul	有一张嘴
2	hat ein Schlafzimmer	有一间卧室
2	hat ein Wohnzimmer	有一间客厅
2	hat ein gutes Gehör	有很好的听力
2	hat eine Küche	有一个厨房
2	hat einen Buckel	有座头的
2	hat einen Garten	有一个花园
2	hat einen Keller	有一间地下室
2	hat einen guten Geruchssinn	有很好的嗅觉
2	hat graue Haare	有花白的头发
2	hat keine Zähne	没有牙齿
2	hört schlecht	听不见的

续表

频度	标准德语描述	中文翻译
2	ist alt	是老的
2	ist aus Stoff	是布制的
2	ist dunkel	是黑暗的
2	ist durchsichtig	是透明的
2	ist ein Behälter	是一个容器
2	ist ein Elternteil	是父亲（或母亲）
2	ist ein Mädchenname	是一个女孩的名字
2	ist ein Nagetier	是一种啮齿类动物
2	ist ein Name	是一个名字
2	ist ein Numeral	是一个数字
2	ist ein Vogel	是一只鸟
2	ist ein Wert	是有价值的
2	ist eine Empfindung	是一种感觉
2	ist eine Mengenangabe	是一个定量的标识
2	ist eine Unterkunft	是一个住处
2	ist eine Wohnung	是一个公寓
2	ist eine Zahl	是一个值
2	ist emotional	是有情感的
2	ist feucht	是潮湿的
2	ist flüssig	是液体
2	ist für Lebewesen	是有生命的
2	ist für den Kopf	是与头部有关的
2	ist fürsorglich	是关心的
2	ist gebärend	是可以生孩子的
2	ist gelehrig	是温顺的
2	ist gesund	是健康的

续表

频度	标准德语描述	中文翻译
2	ist hilfsbereit	是有帮助的
2	ist im Hotel	是在旅店中的
2	ist im Jahr	是在一年中的
2	ist im Kalender	是在日历上的
2	ist im Krankenhaus	是在医院里的
2	ist im Monat	是在一个月中的
2	ist in der Wand	是在墙上的
2	ist in der Wohnung	是在公寓中的
2	ist kräftig	是强壮的
2	ist kränklich	是体弱多病的
2	ist lebensnotwendig	是至关重要的
2	ist nachtaktiv	是昼伏夜出的
2	ist nachts sichtbar	是在夜间可以看到的
2	ist sanft	是温柔的
2	ist schnell	是很快的
2	ist schrumpelig	是褶皱的
2	ist senil	是高龄的
2	ist stark	是强壮的
2	ist tagsueber sichtbar	是在白天是可以看到的
2	ist uneben	是不平整的
2	ist weich	是柔软的
2	ist zart	是嫩的
2	ist zum Schlafen	是可以睡觉的
2	ist zum Sitzen	是可以坐的
2	kann laufen	可以跑的
2	kann man füttern	可以喂的

续表

频度	标准德语描述	中文翻译
2	kann man öffnen	可以被打开的
2	kann man schließen	可以得出结论的
2	kann zaubern	可以变戏法的
2	lebt am Wasser	住在水上的
2	lebt auf Bäumen	住在树上的
2	lebt im Meer	住在海里的
2	lebt im Wasser	住在水下的
2	nicht Volljährig	不在法定年龄的
2	sieht schlecht	看起来不好的
2	spritzt Wasser	泼水
2	trinkt Milch	吃奶的
1	besteht aus Bäumen	由树组成的
1	besteht aus Papier	由纸制成的
1	braucht einen Fahrer	需要有人驾驶的
1	dient der Fortbewegung	提供动力的
1	fängt Mäuse	捉老鼠的
1	frisst Möhren	吃胡萝卜的
1	hält Winterschlaf	冬眠的
1	hat Armlehnen	有扶手的
1	hat Augen	有眼睛的
1	hat Bäume	有树的
1	hat Beine	有腿的
1	hat Blätter	有叶子的
1	hat Blüten	有花的
1	hat Blumen	有像花一样的
1	hat Bremsen	有刹车的

续表

频度	标准德语描述	中文翻译
1	hat Buchstaben	有字母的
1	hat Fell	有皮毛的
1	hat Finger	有手指的
1	hat Fingerabdrücke	有指纹的
1	hat Fische	有鱼的
1	hat Flügel	有翅膀的
1	hat Fühler	有传感器的
1	hat Gänge	有课程的
1	hat Gelenke	有接头的
1	hat Geschichten	有故事的
1	hat Hufe	有蹄子的
1	hat Katzenaugen	有猫的眼睛
1	hat Kleider	有连衣裙的
1	hat Knochen	有骨头的
1	hat Knorpel	有软骨的
1	hat Knospen	有芽的
1	hat Märchen	有童话的
1	hat Monate	有月份的
1	hat Nägel	有指甲的
1	hat Ohren	有耳朵的
1	hat Pedale	有踏板的
1	hat Pflanzen	有植物的
1	hat Rinde	有树皮的
1	hat Seiten	有面的
1	hat Tage	有日子的
1	hat Texte	有歌词的

续表

频度	标准德语描述	中文翻译
1	hat Wimpern	有睫毛的
1	hat Wochen	有星期的
1	hat Wurzeln	有根的
1	hat Zweige	有嫩枝的
1	hat äste	有树枝的
1	hat ein Gestell	有一个框架
1	hat ein Lenkrad	有一个方向盘
1	hat ein Mensch	人有的
1	hat ein Tier	动物有的
1	hat eine Beleuchtung	有照明的
1	hat eine Kette	有一条链条
1	hat eine Klingel	有一个铃铛
1	hat eine Krone	有一个王冠
1	hat eine Lehne	有一个靠背
1	hat eine Sitzfläche	有一个座子
1	hat eine Warze	有一个疣
1	hat eine spitze Nase	有一个尖鼻子
1	hat einen Baumstamm	有一个树干
1	hat einen Besen	有一把扫帚
1	hat einen Gepäckträger	有一个行李架
1	hat einen Grund	有一个基础
1	hat einen Hut	有一顶帽子
1	hat einen Mond	有一个月亮
1	hat einen Panzer	有一个硬壳
1	hat einen Sattel	有一个马鞍
1	hat einen Schlauch	有一个管子

续表

频度	标准德语描述	中文翻译
1	hat einen Sternenhimmel	有一个星空
1	hat einen spitzen Hut	有一顶尖尖帽子的
1	hat krausige Haare	有卷发的
1	hat lange Ohren	有长耳朵的
1	hat lederartige Haut	有粗糙皮肤的
1	hat sechs Beine	有六条腿的
1	hat vier Pfoten	有四只爪子的
1	hat zwei Räder	有两个轮子的
1	ist Bettwäsche	是床上用品
1	ist Dekoration	是装饰的
1	ist Geld	是值钱的
1	ist Kunst	是艺术的
1	ist an der Wand	是在墙上的
1	ist auf Leinwand	是在画布上的
1	ist auf Papier	是在纸上的
1	ist auf einer Leinwand	是在一块画布上的
1	ist aus Asphalt	是由沥青制造的
1	ist aus Erde	是在地球上的
1	ist aus Farben	是有颜色的
1	ist aus Leder	是由皮制成的
1	ist aus Porzellan	是由瓷制成的
1	ist aus Steinen	是由石头制成的
1	ist bequem	是舒适的
1	ist böse	是邪恶的
1	ist breit	是宽的
1	ist dekorativ	是装饰的

续表

频度	标准德语描述	中文翻译
1	ist dreckig	是肮脏的
1	ist ein Abbild	是一个图像
1	ist ein Accessoire	是一件配饰
1	ist ein Fahrzeug	是一种车辆
1	ist ein Insekt	是一只昆虫
1	ist ein Kleidungsstück	是一种服装
1	ist ein Nutztier	是一只牲畜
1	ist ein Sinnesorgan	是一种感觉器官
1	ist ein Verkehrsmittel	是一种交通工具
1	ist ein Werkzeug	是一种工具
1	ist eine Amphibie	是一种两栖动物
1	ist eine Tageszeit	是白天的
1	ist eine Vogelart	是一种鸟
1	ist eine Zeiteinheit	是一个时间单位
1	ist flach	是平的
1	ist fuer Autos	是关于汽车的
1	ist fuer Fahrräder	是关于自行车的
1	ist fuer den Einkauf	是用于购买的
1	ist gelb	是黄色的
1	ist gepolstert	是有棉衬的
1	ist glitschig	是很滑的
1	ist grün	是绿色的
1	ist heiß	是热的
1	ist hinter Glas	是在玻璃后面的
1	ist im Schlafzimmer	是在卧室中的
1	ist in der Küche	是在厨房里的

续表

频度	标准德语描述	中文翻译
1	ist kantig	锋利的
1	ist künstlerisch	是有艺术性的
1	ist lang	是长的
1	ist pflanzlich	是蔬菜
1	ist phantasievoll	是想象的
1	ist rot	是红色的
1	ist schön	是美丽的
1	ist schwarz	是黑色的
1	ist schwarz gekleidet	是身着黑色的
1	ist streng	是严格的
1	ist tief	是深的
1	ist umweltfreundlich	是环保的
1	ist warm	是暖和的
1	ist zerbrechlich	是脆弱的
1	ist zum Einkaufen	是用来购买的
1	ist zum Essen	是用来吃的
1	ist zum Fahren	是用来驾驶的
1	ist zum Lesen	是用来阅读的
1	ist zum Tragen	是可以携带的
1	kann Stützräder haben	可能有辅助轮
1	kann aufbewahren	可以存储的
1	kann beißen	可以咬的
1	kann bilden	可以组成的
1	kann brennen	可以燃烧的
1	kann fahren	可以驾驶的
1	kann fressen	可以食用的

续表

频度	标准德语描述	中文翻译
1	kann fühlen	可以感受的
1	kann greifen	可以抓住的
1	kann hängen	可能依靠的
1	kann hexen	可以施法的
1	kann informieren	可以通知的
1	kann klettern	可以攀爬的
1	kann knurren	可以咆哮的
1	kann man anziehen	可以吸引的
1	kann man aufhängen	可以挂的
1	kann man frisieren	可以调整的
1	kann man tragen	可以穿的
1	kann miauen	可以喵喵叫的
1	kann rollen	可以滚动的
1	kann schreiben	可以书写的
1	kann watscheln	可以摇摇摆摆地走的
1	lebt an Land	生活在陆地上的
1	lebt auf dem Bauernhof	住在农场里的
1	lebt im Hexenhaus	住在魔法屋里的
1	lebt im Stall	住在棚子里的
1	lebt im Zoo	住在动物园的
1	lebt in einem Nest	住在巢里的
1	macht depressiv	会郁闷的
1	putzt sich selbst	会打扮自己的
1	riecht gut	闻起来好的
1	schützt vor Sonne	遮阳的
1	steht am Tisch	立在桌子旁的

续表

频度	标准德语描述	中文翻译
1	tragen Menschen	人们穿的
1	wird mit den Füßen angetrieben	用脚来驱动、驾驶的
1	hat Kontext	有语境的
1	ist zwei	是两个的

附 录 四

标准英语录音词表

元音对						
[ɑ:]	[ʌ]	[i:]	[ɪ]	[u:]	[ʊ]
baas	buzz	bead	bid	buhl	bull
balm	bum	beaker	bicker	cooed	could
barbel	bubble	bean	bin	fool	full
barge	budge	beat	bit	who'd	hood
bark	buck	beater	bitter	lucre	looker
barn	bun	beef	biff	Luke	look
barter	butter	been	bin	pool	pull
calf	cuff	bees	biz	pooled	pulled
calm	come	beet	bit	pooling	pulling
can't	cunt	deal	dill	pools	pulls
card	cud	dean	din	shooed	should
Carl	cull	deed	did	suit	soot
carp	cup	deem	dim	suited	sooted
carpal	couple	deep	dip	suiting	sooting
cart	cut	keel	kill	suits	soots
carver	cover	keen	kin	wooed	wood
dance	dunce	keep	kip	stoop	
dark	duck	keyed	kid	do	
darn	done	peace	piss	boo	
garner	gunner	peach	pitch	two	

续表

元音对					
[ɑː]	[ʌ]	[iː]	[ɪ]	[uː]	[ʊ]
garter	gutter	peak	pick	goo	
park	puck	peal	pill	rule	
part	putt	peat	pit	lose	
pass	pus	peek	pick	boot	
tarn	ton	peel	pill	blue	
tarsal	tussle	peep	pip	clue	
tart	tut	piece	piss	glue	
task	tusk	teak	tic	mood	
far		teal	till	noon	
bar		team	Tim	soon	
car		teat	tit	moon	
tar		lee		cool	
	but	tea			cook
		sea			book
		see			good
		he			bush
		she			foot
			dig		hook
					put
					took
					wool
					wooden
					puss
					stood

续表

辅音对					
[b]	[p/pʰ]	[d]	[t/tʰ]	[g]	[k/kʰ]
amble	ample	aboard	abort	anger	anchor
bad	pad	alder	altar	angle	ankle
bead	peed	banded	bandit	bag	back
beg	peg	bayed	bate	brogue	broke
bending	pending	bead	beet	bugged	bucked
big	pig	bidden	bitten	degree	decree
blade	played	bidder	bitter	digger	dicker
bleed	plead	bide	bite	disgust	discussed
blunder	plunder	burden	burton	dog	dock
bob	pop	dab	tab	gab	cab
bride	pried	dangle	tangle	gable	cable
brig	prig	dug	tug	gad	cad
brood	prude	grade	grate	gaud	cord
burble	purple	harden	hearten	giddy	kiddy
caber	caper	hardy	hearty	goading	coding
cobber	copper	indent	intent	gobble	cobble
lobe	lope	inside	incite	good	could
rabid	rapid	ladder	latter	grabbed	crabbed
rebel	repel	leader	litre	grate	crate
robe	rope	madder	matter	grumble	crumble
rumble	rumple	medal	metal	guard	card
stable	staple	ridden	written	gut	cut
symbol	simple	rider	writer	niggle	nickel
tabor	taper	sender	centre	tagged	tacked
tribe	tripe	trader	traitor	tagging	tacking

附 录 五

汉语普通话实验词表

12—18个月				19—36个月			
词频（%）	词	实验词频	词类	词频（%）	词	实验词频	词类
21.30	大	187	形	19.71	大	190	形
16.34	爸（爸）	143	名	8.26	兔	80	名
13.20	兔	116	名	7.50	爸（爸）	72	名
5.72	打（物体）	50	动	6.29	得（到）	61	动
3.90	哥（哥）	34	名	4.53	打（物体）	43	动
3.63	搁	31	动	4.36	搭（积木）	42	动
3.34	得（到）	29	动	4.04	搁	39	动
2.43	葡（萄）	21	名	3.21	地（面）	31	名
2.12	地（面）	18	名	3.20	可（爱）	31	形
1.88	屁	16	名	2.29	歌	22	名
1.85	鼓（掌）	16	动	2.28	故（事）	22	名
1.72	鼻（子）	15	名	2.05	土	19	名
1.68	哭	14	动	1.67	卡（片）	16	名
1.45	爬	12	动	1.61	怕	15	动
1.38	弟（弟）	12	名	1.56	比	15	动
1.37	怕	12	动	1.32	踢	12	动
1.32	笔	11	名	1.30	哭	12	动
1.17	搭（积木）	10	动	1.26	哥（哥）	12	名
1.07	踢	9	动	1.17	爬	11	动
0.95	比	8	动	1.01	肚（子）	9	名

续表

| 12—18个月 |||| 19—36个月 ||||
词频（%）	词	实验词频	词类	词频（%）	词	实验词频	词类
0.95	歌	8	名	0.99	笔	9	名
0.90	故（事）	7	名	0.97	读	9	动
0.57	苦	5	形	0.95	拔	9	动
0.55	皮（球）	4	名	0.87	底（下）	8	名
0.54	趴	4	动	0.86	鼻（子）	8	名
0.53	菠（萝）	4	名	0.82	特（别）	8	形
0.51	肚（子）	4	名	0.80	格（子）	7	名
0.48	拔	4	动	0.76	葡（萄）	7	名
0.48	底（下）	4	名	0.73	图（片）	7	名
0.48	读	4	动	0.69	蝌（蚪）	6	名
0.48	土	4	名	0.62	梯（子）	6	名
0.38	蝌（蚪）	3	名	0.61	屁	6	名
0.37	渴	3	形	0.56	弟（弟）	5	名
0.33	答	2	动	0.53	皮（球）	5	名
0.33	图（片）	2	名	0.38	裤（子）	3	名
0.31	卡（片）	2	名	0.38	客（人）	3	名
0.31	破	2	形	0.37	（身）体	3	名
0.28	咳（嗽）	2	动	0.35	菠（萝）	3	名
0.24	特（别）	2	形	0.35	姑（姑）	3	名
0.21	姑（姑）	1	名	0.31	替（代）	3	动
0.21	裤（子）	1	名	0.31	骨（头）	3	名
0.21	扒（拉）	1	动	0.30	破	3	形
0.21	（关）闭	1	动	0.30	胳（膊）	2	名
0.13	（外）婆	1	名	0.29	堵	2	动
0.11	波（浪）	1	名	0.26	提	2	动
0.11	拨	1	动	0.26	伯（伯）	2	名
0.11	客（人）	1	名	0.26	（鼻）涕	2	名
0.11	普通	1	形	0.25	咳（嗽）	2	动
0.11	梯（子）	1	名	0.24	磕（碰）	2	动

续表

| 12—18个月 |||| 19—36个月 ||||
词频(%)	词	实验词频	词类	词频(%)	词	实验词频	词类
				0.23	(贝)壳	2	名
				0.22	普(通)	2	形
				0.22	(程)度	2	名
				0.22	题	2	名
				0.22	苦	2	形
				0.22	(关)闭	2	动
				0.20	趴	2	动
				0.20	波(浪)	2	名
				0.20	低	2	形
				0.20	鼓(掌)	2	动
				0.19	布	1	名
				0.18	拨	1	动
				0.17	答	1	动
				0.17	部(分)	1	名
				0.17	渴	1	形
				0.15	(外)婆	1	名
				0.13	吐	1	动
				0.13	毒	1	形
				0.13	刻	1	动
				0.12	(光)顾	1	动
				0.11	扒(拉)	1	动
				0.11	塔	1	名
				0.11	脖(子)	1	名
				0.11	(车)库	1	名
				0.11	固(执)	1	形
				0.10	(到)达	1	动

注：括号外的字为实验中选用的单字词，括号内的字为括号外字的语境信息。实验词频为基于统计的词频百分比进行等比放大后所得结果。

附 录 六

汉语普通话词汇的语义表征

词	语义表征
爸（爸）	有两只脚，有两只胳膊，有两只手，有一个头，有两只眼睛，有两只眉毛，眉毛是黑色的，有喉结的，有一个嘴巴，有牙齿的，有舌头的，有一个鼻子，有两只耳朵，有头发的，头发短的，头发是黑的，有胡子的，胡子是黑的，有肌肉的，有肚脐的，高的，常见的，伴有声音的，声音粗的，有气味的，可触及的，摸起来柔软的，亲切的，喜欢的，会说话的，会吃东西的，会喝水的，会走的，会跑的，会坐的，会躺的，会流鼻涕的，会流血的，会疼的，会讲故事的，会教我东西的，要上班的，力气大的，爱护我的，动作灵活的，动作准确的，可直立的，直立行走的，可以写字的，可以画画的，可以哼唱的，可以骑的，与妈妈有关的，是一个整合体，有重量的，有体积的，有高矮的，有胖瘦的。
鼻（子）	有两个孔，肉色的，凸出的，三角形的，常见的，在脸正中间的，可触及的，摸起来柔软的，会流鼻涕的，会流血的，会疼的，用来闻气味的，用来呼吸的，是身体的一部分，有体积的。
笔	有芯的，有帽的，一头是尖的，各种颜色的，各式各样的，圆柱形的，常见的，固态的，木头做的，金属做的，塑料做的，可触及的，摸起来硬的，可拆解的，不能吃的，可以写字的，可以画画的，是一个整合体，有重量的，有体积的，有数量的，有长短的，有粗细的。
菠（萝）	有皮的，皮厚的，带刺的，有芯的，有叶子的，黄色的，圆柱形的，有气味的，气味香的，可触及的，摸起来硬的，表面粗糙的，酸的，甜的，可以吃的，可以做成饭菜的，有重量的，有体积的，有数量的。
波（浪）	有很多层的，一波一波的，白色的，蓝色的，透明的，各种形状的，好看的，面积大的，在海里有的，海滩上有的，液态的，伴有声音的，有气味的，有海味的，可触及的，摸起来柔软的，凉的，湿的，有面积的，有空间的。

续表

词	语义表征
伯（伯）	有两只脚，有两只胳膊，有两只手，有一个头，有两只眼睛，有两只眉毛，有喉结的，有一个嘴巴，有牙齿的，有舌头的，有一个鼻子，有两只耳朵，有头发的，头发短的，有胡子的，有肌肉的，有肚脐的，高的，伴有声音的，声音粗的，有气味的，可触及的，摸起来柔软的，会说话的，会吃东西的，会喝水的，会走的，会跑的，会坐的，会躺的，会流鼻涕的，会流血的，会疼的，力气大的，爱护我的，可直立的，直立行走的，可以写字的，是一个整合体，有重量的，有体积的，有高矮的，有胖瘦的。
脖（子）	有喉结的，肉色的，圆柱形的，常见的，在躯干和头中间的，可触及的，摸起来柔软的，会疼的，用来支撑头部的，用于支撑的，可以戴项链的，可以旋转的，是身体的一部分，有体积的，有长短的，有粗细的。
布	有不同等级的，一块一块的，各种颜色的，各种形状的，各式各样的，有花纹的，好看的，平面的，常见的，棉质的，可触及的，摸起来柔软的，干的，用来擦东西的，用来遮盖东西的，用来做衣服的，用来做床单的，可折叠的，可以保暖的，可踩在上面的，织出来的，有重量的，有面积的，有数量的，有长短的。
部（分）	一块一块的，尺寸小的，可组合的，可以构成新东西的，有重量的，有面积的，有体积的，有数量的，有长短的，有粗细的，有空间的。
底（下）	位置低的，光线暗的，物体的下方，近地的，可触及的，脏的，有面积的，有空间的。
地（面）	灰色的，黄色的，平面的，面积大的，位置低的，常见的，近地的，木头做的，水泥做的，柏油做的，土做的，可触及的，摸起来硬的，表面粗糙的，凉的，脏的，干的，湿的，可踩在上面的，有面积的。
弟（弟）	有两只脚，有两只胳膊，有两只手，有一个头，有两只眼睛，有两只眉毛，眉毛是黑色的，有牙齿的，有舌头的，有一个鼻子，有两只耳朵，有头发的，头发短的，头发是黑的，有肚脐的，伴有声音的，可触及的，摸起来柔软的，不听话的，亲切的，可爱的，会说话的，会吃东西的，会喝水的，会走的，会跑的，会坐的，会躺的，会流鼻涕的，会流血的，会疼的，结伴玩儿的，动作灵活的，可直立的，直立行走的，是一个整合体，有重量的，有体积的，有高矮的，有胖瘦的。
肚（子）	有肚脐的，肉色的，凸出的，圆鼓鼓的，常见的，有弹性的，伴有声音的，咕咕叫的，可触及的，摸起来柔软的，表面光滑的，会疼的，可以拍的，是身体的一部分，有体积的。
（程）度	有不同等级的，反映一种水平的，有高矮的，有胖瘦的，有长短的，有粗细的。

续表

词	语义表征
歌（曲）	伴有声音的，好听的，有旋律的，有节奏的，可以哼唱的，与妈妈有关的，睡前听的。
哥（哥）	有两只脚，有两只胳膊，有两只手，有一个头，有两只眼睛，有两只眉毛，眉毛是黑色的，有一个嘴巴，有牙齿的，有舌头的，有一个鼻子，有两只耳朵，有头发的，头发短的，头发是黑的，有肚脐的，伴有声音的，可触及的，摸起来柔软的，亲切的，会说话的，会吃东西的，会喝水的，会走的，会跑的，会坐的，会躺的，会流鼻涕的，会流血的，会疼的，会教我东西的，爱护我的，结伴玩儿的，动作灵活的，动作准确的，可直立的，直立行走的，是一个整合体，有重量的，有体积的，有高矮的，有胖瘦的。
胳（膊）	有肌肉的，肉色的，圆柱形的，长的，常见的，有两截的，连接手和肩膀的，可触及的，摸起来柔软的，会流血的，会疼的，用于抱的，用于抬举的，用于支撑的，可以弯曲的，是身体的一部分，有长短的，有粗细的。
格（子）	各种颜色的，方形的，尺寸小的，空心的，固态的，木头做的，塑料做的，摸起来硬的，表面光滑的，用于存放东西的，可组合的，不能吃的，可以堆砌的，有重量的，有体积的，有数量的，有空间的。
姑（姑）	有两只脚，有两只胳膊，有两只手，有一个头，有两只眼睛，有两只眉毛，眉毛是黑色的，有一个嘴巴，有牙齿的，有舌头的，有一个鼻子，有两只耳朵，有头发的，头发是黑的，有肚脐的，高的，伴有声音的，有气味的，气味香的，可触及的，摸起来柔软的，会说话的，会吃东西的，会喝水的，会走的，会跑的，会坐的，会躺的，会流鼻涕的，会流血的，会疼的，会讲故事的，要上班的，力气大的，爱护我的，动作灵活的，动作准确的，可直立的，直立行走的，可以戴项链的，可以穿裙子的，可以写字的，可以画画的，是一个整合体，有重量的，有体积的，有高矮的，有胖瘦的。
骨（头）	白色的，圆柱形的，空心的，固态的，可触及的，摸起来硬的，用于支撑的，可以吃的，可以做成饭菜的，狗爱吃的，是身体的一部分，有重量的，有体积的，有数量的，有长短的，有粗细的。
故（事）	有各种形象的，有情节的，在书里有的，伴有声音的，有意思的，会教我东西的，与妈妈有关的，睡前听的，有数量的。
卡（片）	有各种形象的，各种颜色的，好看的，方形的，平面的，尺寸小的，常见的，固态的，纸做的，塑料做的，可触及的，摸起来硬的，表面光滑的，锋利的，有意思的，干的，会教我东西的，不能吃的，可以写字的，可以画画的，可以用来刷的，有面积的，有数量的。

续表

词	语义表征
蝌（蚪）	有一个头，有一只尾巴，尾巴细的，黑色的，椭圆状的，尺寸小的，生长在水里的，可触及的，摸起来柔软的，表面光滑的，凉的，湿的，会吃东西的，会喝水的，动作灵活的，动作准确的，游着走的，不能吃的，是一个整合体，青蛙的幼体，有重量的，有体积的，有数量的。
（贝）壳	各种颜色的，各种形状的，各式各样的，有花纹的，好看的，扇形的，尺寸小的，生长在水里的，在海里有的，海滩上有的，固态的，有气味的，有海味的，可触及的，摸起来硬的，表面光滑的，表面粗糙的，凉的，有重量的，有体积的，有数量的。
客（人）	有两只脚，有两只胳膊，有两只手，有一个头，有两只眼睛，有两只眉毛，眉毛是黑色的，有一个嘴巴，有牙齿的，有舌头的，有一个鼻子，有两只耳朵，有头发的，高的，伴有声音的，客气的，会说话的，会吃东西的，会喝水的，会走的，会跑的，会坐的，会躺的，会流鼻涕的，会带礼物的，力气大的，可直立的，直立行走的，是一个整合体，有重量的，有体积的，有高矮的，有胖瘦的。
裤（子）	有口袋的，各种颜色的，各式各样的，圆柱形的，分叉的，长的，空心的，常见的，固态的，棉质的，可触及的，摸起来柔软的，干的，可折叠的，可以穿的，可以保暖的，穿在腿上的，织出来的，有重量的，有数量的，有胖瘦的，有长短的。
（车）库	有门的，有很多层的，有画线的，方形的，封闭的空间，平面的，面积大的，光线暗的，在地面以下的，水泥做的，有气味的，可触及的，表面粗糙的，凉的，脏的，干的，用于存车的，用于存放东西的，可踩在上面的，是一个整合体，有面积的，有数量的，有高矮的，有空间的。
皮（球）	各种颜色的，各式各样的，有花纹的，圆球状的，圆鼓鼓的，空心的，常见的，固态的，橡胶做的，有弹性的，有气味的，有橡胶味道的，可触及的，摸起来柔软的，表面光滑的，脏的，干的，不能吃的，可以拍的，可以踢的，可充气的，有重量的，有体积的，有数量的。
屁	无色的，体内排除的，气态的，伴有声音的，有气味的，气味臭的，感觉不好的。
（外）婆	有两只脚，有两只胳膊，有两只手，有一个头，有两只眼睛，有两只眉毛，有一个嘴巴，有牙齿的，有舌头的，有一个鼻子，有两只耳朵，有头发的，头发短的，有皱纹的，高的，伴有声音的，有气味的，可触及的，摸起来柔软的，亲切的，会说话的，会吃东西的，会喝水的，会走的，会跑的，会坐的，会躺的，会讲故事的，会教我东西的，力气大的，爱护我的，动作缓慢的，可直立的，直立行走的，可以戴项链的，可以穿裙子的，是一个整合体，有重量的，有体积的，有高矮的，有胖瘦的。

续表

词	语义表征
葡（萄）	有皮的，有籽的，有叶子的，一串一串的，紫色的，绿色的，圆球状的，椭圆状的，尺寸小的，有气味的，气味香的，可触及的，摸起来柔软的，表面光滑的，酸的，甜的，可以吃的，可酿酒的，有重量的，有体积的，有数量的。
塔	有尖顶的，有很多层的，下面宽上面窄的，一头是尖的，各种颜色的，各种形状的，各式各样的，高的，空心的，固态的，木头做的，金属做的，水泥做的，土做的，可触及的，摸起来硬的，表面粗糙的，凉的，可拆解的，可以往上爬的，是一个整合体，有重量的，有体积的，有数量的，有高矮的，有空间的。
梯（子）	有四条腿，有很多层的，下面宽上面窄的，灰色的，黄色的，高的，固态的，木头做的，金属做的，可触及的，摸起来柔软的，摸起来硬的，凉的，危险的，可直立的，用于支撑的，可折叠的，可拆解的，可以往上爬的，可踩在上面的，是一个整合体，有重量的，有体积的，有数量的，有高矮的。
题	难的，会教我东西的，需要思考的，需要答案的，有数量的。
（身）体	有两只脚，有两只胳膊，有两只手，有一个头，有两只眼睛，有两只眉毛，有喉结的，有一个嘴巴，有牙齿的，有舌头的，有一个鼻子，有两只耳朵，有头发的，有胡子的，有皱纹的，有肌肉的，有肚脐的，肉色的，常见的，可触及的，摸起来柔软的，可直立的，是一个整合体，有重量的，有体积的，有高矮的，有胖瘦的。
（鼻）涕	黄绿色的，透明的，液态的，有气味的，气味臭的，可触及的，摸起来柔软的，感觉不好的，黏的，脏的，湿的，不能吃的，从鼻子流出的。
图（片）	有各种形象的，各种颜色的，各式各样的，好看的，方形的，平面的，常见的，在书里有的，纸做的，可触及的，摸起来硬的，表面光滑的，有意思的，会教我东西的，不能吃的，可以写字的，可以画画的，有重量的，有面积的，有数量的。
土	黄色的，颗粒状的，常见的，近地的，固态的，有气味的，可触及的，表面粗糙的，脏的，干的，不能吃的，可以堆砌的，可以栽花的，和水后变成泥，可踩在上面的，有重量的，有面积的，有体积的，有空间的。
兔（子）	有四条腿，有一个头，有两只眼睛，眼睛是红色的，有一个嘴巴，有三角嘴的，有大门牙的，有牙齿的，有舌头的，有一个鼻子，有两只耳朵，耳朵长的，有一只尾巴，尾巴短的，有绒毛的，灰色的，白色的，黄色的，各式各样的，尺寸小的，近地的，有气味的，可触及的，摸起来柔软的，毛茸茸的，可爱的，会吃东西的，会喝水的，会走的，会跑的，会坐的，会躺的，会流血的，会疼的，爱吃胡萝卜的，动作灵活的，可直立的，蹦跳着走的，是一个整合体，有重量的，有体积的，有数量的，有高矮的，有胖瘦的。

续表

词	语义表征
扒（拉）	伴有声音的，用一只手的，用双手的，用胳膊的，不费力的，向外的，翻找东西，运动的，持续的，对物体的，有重量的，有数量的，有空间的。
拔	用双手的，用胳膊的，费力的，向外的，向上的，向后的，握拳，运动的，持续的，对物体的，有重量的，有体积的。
比	有不同等级的，做对照，找异同，持续的，对人的，对物体的，两个以上的事物，有重量的，有面积的，有体积的，有数量的，有高矮的，有胖瘦的，有长短的，有粗细的，有空间的。
（关）闭	光线暗的，伴有声音的，用一只手的，用双手的，用胳膊的，费力的，运动的，瞬时的，对物体的，不留缝隙的，将两个物体并在一起。
拨	伴有声音的，用一只手的，用胳膊的，不费力的，任意方向的，转动，运动的，瞬时的，对物体的，有重量的，有体积的。
搭（积木）	有很多层的，下面宽上面窄的，一块一块的，用双手的，用胳膊的，费力的，向上的，堆砌，构建结构，运动的，持续的，对物体的，两个以上的事物，小心地，从无到有，将两个物体并在一起，支撑物体的，有重量的，有面积的，有体积的，有数量的，有高矮的，有空间的。
答	伴有声音的，需要思考的，需要答案的，用嘴的，说话，回应，持续的，对人的，舌头运动的，喉部运动的。
（到）达	用全身的，运动的，瞬时的，位置移动的，一个地方到另一个地方，有空间的。
打（物体）	伴有声音的，疼的，用一只手的，用胳膊的，费力的，任意方向的，握拳，运动的，瞬时的，快速运动的，对人的，对物体的。
得（到）	获取，瞬时的，对物体的，从无到有，有数量的。
读	伴有声音的，用嘴的，说话，看文字，持续的，对人的，舌头运动的，喉部运动的。
堵	用一只手的，用双手的，用胳膊的，费力的，向里的，阻塞，运动的，瞬时的，对物体的，不留缝隙的，借助工具的，空隙被填住，将两个物体并在一起，有体积的，有粗细的，有空间的。
搁	平面的，用一只手的，用胳膊的，不费力的，任意方向的，瞬时的，位置移动的，对物体的，放置物体，有重量的。
鼓（掌）	伴有声音的，有节奏的，喜欢的，用双手的，用胳膊的，不费力的，手心相对的，运动的，持续的，快速运动的。

续表

词	语义表征
（光）顾	客气的，用全身的，去商店，运动的，瞬时的，位置移动的，一个地方到另一个地方，有空间的。
磕（碰）	伴有声音的，感觉不好的，危险的，疼的，用一只手的，用腿的，用脚的，用胳膊的，任意方向的，运动的，瞬时的，快速运动的，对物体的，使物体产生形变的，接触硬物的，有损伤的，有体积的。
咳	伴有声音的，感觉不好的，难受的，用嘴的，向外的，运动的，瞬时的，舌头运动的，喉部运动的，嗓子难受的。
刻	伴有声音的，用一只手的，用胳膊的，费力的，运动的，持续的，对物体的，借助工具的，尖锐的工具，使物体产生形变的，接触硬物的。
哭	伴有声音的，感觉不好的，难受的，用嘴的，持续的，舌头运动的，流眼泪的，眼睛变红。
趴	平面的，近地的，用双手的，用腿的，用脚的，用胳膊的，用全身的，不费力的，静止的，持续的，对物体的，身体正面朝下的，膝盖着地的，有面积的。
爬	平面的，近地的，脏的，用双手的，用腿的，用脚的，用胳膊的，用全身的，费力的，任意方向的，运动的，持续的，位置移动的，身体正面朝下的，膝盖着地的，有面积的。
踢	伴有声音的，用腿的，抬腿的，用脚的，费力的，任意方向的，运动的，瞬时的，快速运动的，对人的，对物体的，使物体产生形变的。
提	位置低的，用一只手的，垂手的，用胳膊的，费力的，向上的，运动的，持续的，对物体的，有重量的。
替（代）	瞬时的，持续的，对人的，对物体的，放弃原有的，更换。
吐	伴有声音的，感觉不好的，难受的，脏的，用嘴的，向外的，运动的，持续的，排除异物，舌头运动的。
低	近地的，可触及的，对物体的，从下到上距离小的，有空间的。
毒	不寻常的，危险的，有害的，不能吃的，对物体的，有损伤的。
固（执）	不听话的，不改变的，对人的。
可（爱）	好看的，尺寸小的，喜欢的，对人的，对物体的。
渴	感觉不好的，想喝水的，难受的，对人的，嘴唇干的。
苦	感觉不好的，味道不好的，吃药，对物体的。

续表

词	语义表征
怕	感觉不好的，慌张的，危险的，不安的，对人的，对物体的。
破	有洞的，不完整的，旧的，会流血的，对人的，对物体的，有损伤的。
普（通）	一般的，常见的，对人的，对物体的。
特（殊）	不寻常的，对人的，对物体的，超过一般的。
大	对人的，对物体的，超过一般的，有重量的，有面积的，有体积的，有数量的，有空间的。

附录七

汉语普通话词汇语义特征频度排序

频度	特征描述	频度	特征描述
32	可以触及的	10	可直立的
32	有重量的	9	有两只眼睛
31	有体积的	9	有牙齿
25	伴有声音的	9	有舌头
25	对物体的	9	有一个鼻子
24	有数量的	9	有两只耳朵
20	摸起来柔软的	9	各种颜色的
17	运动的	9	感觉不好的
15	常见的	9	会吃东西的
15	有高矮的	9	会喝水的
15	有空间的	9	会流血的
14	有气味的	9	不能吃的
14	是一个整合体	9	用一只手的
14	用胳膊	9	费力的
14	持续的	9	有长短的
14	对人的	8	有两只脚
14	有面积的	8	有两只胳膊
12	瞬时的	8	有两只手
12	有胖瘦的	8	有两只眉毛
10	有两条腿	8	有一个嘴巴
10	有一个头	8	有头发的
10	固态的	8	各式各样的
10	摸起来硬的	8	平面的
10	会疼的	8	尺寸小的

续表

频度	特征描述	频度	特征描述
8	表面光滑的	5	力气大的
8	脏的	5	爱护我的
8	会走的	5	可以画画的
8	会跑的	5	可踩在上面的
8	会坐的	5	是身体的一部分
8	会躺的	5	用嘴的
8	用双手的	5	不费力的
8	有粗细的	5	舌头运动的
7	有肚脐的	4	有喉结的
7	高的	4	头发是黑的
7	近地的	4	有肌肉的
7	凉的	4	各种形状的
7	干的	4	方形的
7	会说话的	4	危险的
7	会流鼻涕的	4	亲切的
7	会教我东西的	4	难受的
7	直立行走的	4	湿的
6	好看的	4	动作准确的
6	圆柱形的	4	用于支撑的
6	表面粗糙的	4	用腿的
6	动作灵活的	4	用脚的
6	可以写字的	4	用全身的
6	任意方向的	4	向外的
5	眉毛是黑色的	4	快速运动的
5	头发是短的	4	位置移动的
5	有很多层的	3	有胡子的
5	肉色的	3	下面宽上面窄的
5	黄色的	3	有各种形象的
5	空心的	3	有不同等级的
5	木头做的	3	一块一块的

续表

频度	特征描述	频度	特征描述
3	灰色的	2	透明的
3	白色的	2	凸出的
3	有花纹的	2	圆球状的
3	面积大的	2	椭圆状的
3	位置低的	2	圆鼓鼓的
3	光线暗的	2	长的
3	金属做的	2	不寻常的
3	塑料做的	2	生长在水里的
3	水泥做的	2	在海里有的
3	气味香的	2	海滩上有的
3	有意思的	2	在书里有的
3	喜欢的	2	液态的
3	会讲故事的	2	纸做的
3	可以戴项链的	2	土做的
3	可折叠的	2	棉质的
3	可拆解的	2	有弹性的
3	可以吃的	2	声音粗的
3	与妈妈有关的	2	有节奏的
3	向上的	2	气味臭的
3	将两个物体并在一起的	2	有海味的
3	使物体产生形变的	2	不听话的
3	喉部运动的	2	客气的
3	有损伤的	2	可爱的
2	有四条腿的	2	疼的
2	有皱纹的	2	酸的
2	有皮的	2	甜的
2	有一只尾巴	2	要上班的
2	有芯的	2	结伴玩儿的
2	有叶子的	2	用于存放东西的
2	一头是尖的	2	可以穿裙子的

续表

频度	特征描述	频度	特征描述
2	可以组合的	1	尾巴细的
2	可以做成饭菜的	1	有绒毛的
2	可以堆砌的	1	带刺的
2	可以拍的	1	有门的
2	可以哼唱的	1	有两个孔的
2	可以往上爬的	1	有尖顶的
2	可以保暖的	1	有帽的
2	睡前听的	1	有画线的
2	需要思考的	1	有口袋的
2	需要答案的	1	有情节的
2	织出来的	1	一串一串的
2	说话的	1	一波一波的
2	握拳的	1	黑色的
2	两个以上的事物	1	蓝色的
2	不留缝隙的	1	紫色的
2	一个地方到另一个地方	1	绿色的
2	从无到有	1	黄绿色的
2	超过一般的	1	无色的
2	借助工具的	1	扇形的
2	身体正面朝下的	1	三角形的
2	膝盖着地的	1	分叉的
2	接触硬物的	1	颗粒状的
1	眼睛是红色的	1	封闭的空间
1	有三角嘴的	1	有洞的
1	有大门牙的	1	不完整的
1	耳朵长的	1	旧的
1	胡子黑的	1	一般的
1	皮厚的	1	有两截的
1	有籽的	1	连接手和肩膀的
1	尾巴短的	1	在脸正中间的

续表

频度	特征描述	频度	特征描述
1	在躯干和头中间的	1	用于抬举的
1	物体的下方	1	用来擦东西的
1	在地面以下的	1	用来遮盖东西的
1	体内排除的	1	用来做衣服的
1	气态的	1	用来做床单的
1	橡胶做的	1	用于存车的
1	柏油做的	1	可以弯曲的
1	咕咕叫的	1	可以旋转的
1	好听的	1	可酿酒的
1	有旋律的	1	可以栽花的
1	有橡胶味道的	1	可以用来刷的
1	毛茸茸的	1	可以踢的
1	锋利的	1	可充气的
1	想喝水的	1	可以穿的
1	慌张的	1	可以骑的
1	有害的	1	狗爱吃的
1	不改变的	1	从鼻子流出的
1	不安的	1	和水后变成泥
1	难的	1	可以构成新东西的
1	黏的	1	穿在腿上的
1	味道不好的	1	反映一种水平
1	会带礼物的	1	青蛙的幼体
1	爱吃胡萝卜的	1	垂手的
1	动作缓慢的	1	抬腿的
1	蹦跳着走的	1	向里的
1	游着走的	1	向后的
1	用来闻气味的	1	转动
1	用来呼吸的	1	回应
1	用来支撑头部的	1	阻塞
1	用于抱的	1	看文字

续表

频度	特征描述	频度	特征描述
1	手心相对的	1	尖锐的工具
1	翻找东西	1	空隙被填住
1	找异同	1	放置物体
1	去商店	1	放弃原有的
1	吃药	1	更换
1	获取	1	支撑物体
1	堆砌	1	排除异物
1	做对照	1	嘴唇干的
1	构建结构	1	流眼泪的
1	静止的	1	眼睛变红
1	小心地	1	嗓子难受的
1	从下到上距离小的		

索 引

B

Bark 标度　73，75，79，81，84

C

侧向抑制　100
长时记忆　21，22，23，44，54，55，57，101，116，117，118，177
词汇爆发期　47，67，144
磁体感知效应　12

D

底层到高层　38，41，52，53，118，172
DIVA 模型　30，31，37，40，41，42，43，45，140，175
短时记忆　21，22，23，44，54，55

F

范畴化感知　2，11
分贝　81，84
分布式的表征　38，39，79，82，88，93，177

G

高层到底层　11，41，52，53，118，119，121，123，137，141，142，144，150，152，153，155，156，159，169，170，171，172，174，176，177
功能重组　3，15，28，30，31，35，36，169，171，172，173，174，180，181
共同关注　3，14，51，120，143
共同进化假设　16
关联学习　101，102，121，178

H

混合效应 9

J

基于语言模式二重性的网络模型 34，36，51，55，57，60，142，176

K

Kröger 语言处理模型 30，31，34，36，37，42，43，139

L

累积误 103，105，106，107，111，112，114
联结可扩展的自组织神经网络模型 34，36，51，53，54，60，122，176
联结主义 37，38，39，40，79，82，88，173，177，178
邻域 94，95，96，100，106，107，109，110，111，124，145，159

M

模仿发音期 14
模块化理论 37，38，39，40，173

模式的二重性 7，8，9，10，24，28，30，31，34，35，51，55，56，57，58，59，141，142，170，172，173，174，176，178，179，181
模型神经元 43，44，54，55，57，58，93，94，95，96，97，98，99，100，101，102，106，107，110，111，114，115，118，119，125，128，129，131，132，133，135，136，137，138，141，142，146，147，148，149，150，151，152，153，154，155，156，157，159，160，161，162，164，167，169，170，178，179
目标语音特征 118，119

N

内在语言 5，6

O

欧氏距离 94

P

皮尔逊相关系数 66
皮质柱 97，98，99，100，178
普遍感知 2，11，12，35，52，

60，63，85，143，150，162，168，172，175

凸显表征　114，125，136，151，156

Q

权值　39，44，55，58，94，95，96，116，118，119，130

W

外在语言　5
误差分发　106，113，114

S

三角注视模型　3，14，52，120
社交学习　14，15，30，31，35，173
神经的可塑性　99，101
神经计算模型　5，19，22，30，31，32，36，37，40，45，49，92，115，122，175，176，178，179，182
生理合理性　39，41，46，92，97，99，102，176

X

心理词典　7
学习率　96，104，107，110，111，120，121，124，145

Y

遗忘率　117，118
咿呀学语期　1，13，14，98，101，108，176
音位处理　11，14，28，53，85，110，144，171，172，174，181
映射链接　19，31，44，49，54，55，58，101，115，116，117，118，119，120，121，122，123，124，129，130，131，136，138，139，140，144，150，156，168，169，177
余弦距离　109，110
语言的任意性　53，63

T

特征向量　81，82，85，87，90，91，93，94，95，96，97，105，107，108，109，110，111，113，114，119，125，159，162
听觉处理　11，27，52，53，109，168，172，176
统计计算策略　12

语言感知处理单元 9

语音处理 12，27，28，52，53，85，109，143，168，172，174，176，181

原则和参数 2，5，109，143

Z

增长阈值 105，106，108，111，112，114，120，121，124，145

知觉重组 3，15，28，30，31，35，36，67，144，169，171，172，173，174，180，181

自组织网络 34，36，54，55，57，58，81，92，93，97，98，99，100，101，102，121，156，159，176

最佳匹配单元 94，104，112

最小对立对 14，63，64，65，158，171

后　　记

　　这本书是我在博士学位论文的基础上修改而成的。所以这份研究要算是 5 年前的成果了。在过去的 5 年中，无论是婴幼儿语言习得的研究、神经科学的研究，还是计算机建模算法的研究，都取得了长足的进步，涌现出诸多优秀成果。如此来看，书中的一些观点、方法和结论都还有继续推敲的余地。好在研究当初所探讨的本就是前沿问题，放置至今还未与时代脱节。现在得此机会，便将研究内容整理出来，默默立下一座里程碑，以见证那黄金 3 年的博士历程。

　　整理书稿的过程，是对博士研究重新梳理、重新审视的过程。在维持论文原貌的基础上，我对文字内容进行了全面的修订，以期为读者提供更好的阅读体验。同时，我也补充了小部分 2015 年以后发表的新鲜文献材料，以引入一些较新的研究成果。与博士学位论文原稿相比，为适应图书的出版，主要改动有以下两个方面。

　　第一，从内容布局上看，本书将原来三部分列于附录中的内容移入正文。（1）将"标准英语发音人及家庭背景信息"移至表 4-3；（2）将"量化的语音频谱表征的推导过程"移至第四章第三节第一部分之下，列作"（二）获得语音频谱量化表征的方法"；（3）将"SOM 的基本结构和原理"移至第五章第一节，列作"自组织网络的基本结构和原理"。如此调整之后，正文可直接为读者提供充分的背景知识，帮助读者更好地理解文中的相关论述；而附录部分现在则只用于列举材料。

第二，为适应黑白印刷的出版要求，我重制了所有图示。(1) 将原论文中所使用的大量彩色图示全部替换为符合科学出版规范的黑白图示。(2) 第五章第一节在介绍自组织网络的基本结构和原理时，原论文采用的是模型学习 RGB 颜色特征的例子，本书中已换为模型学习手写阿拉伯数字图形的例子。如此调整之后，可以在最大程度上保证本书的可读性。

书稿既成，回想在中国社会科学院语音研究室度过的 3 年时光，曾经的那些人、那些事都还历历在目。我很庆幸自己能在博士阶段进入语音室这样一个先进的科研团队，更庆幸自己遇到了李爱军研究员和方强副研究员这两位优秀的导师。

李老师的学术视野开阔，总是带领我们紧跟学界前沿。我在语音室的 3 年多时间里，李老师不放过任何一次让我参加国内外学术会议、研讨会、培训班、企业参观、学术调研甚至内部会议的机会。通过这些学术交流，我熟悉了学术发表规范，见识了学科前沿动态，不但显著提升了科研能力，更得到了与学界前辈和同行进行交流的机会。我虽然不是学术追星族，但是能亲眼见到论文中的各位大牛走出纸面，对于一个初涉学术圈的新人来说，已经足够震撼。

在多种交流场合，我结识了许多专家前辈和青年学者，包括祖漪清、郑秋豫、党建武、魏建国、杨玉芳、陶建华、李军峰、张劲松、曹文、李智强、翟红华、Bernd J. Kröger、敖敏、邵鹏飞等。他们在专业研究和日常生活中都给予我许多指点和鼓励，成为我的良师益友。博士毕业之后，多位专家和学者都一直牵挂我的发展，每逢见面都不忘关心我的近况。

身在中国社会科学院语言学系，我能有幸涉猎跨学科的综合性研究，离不开李老师对语音学研究新思路、新方法的重视，更离不开方老师和天津大学党建武教授的共同指导。在党老师和方老师的认可下，我参加了党老师主持的国家自然科学基金重点项目以及国家 973 项目。通过与项目组中各位老师和同学的交流，我对计算机学科、神经认知学科等尖端领域有了更为清晰的认识。

博士学位论文自选题开始，李老师在理论观点、实验设计、写作思路等方面给我提供了全面的指导。确定选题之后，2013 年夏天，在李老师的鼓励和资助下，我前往德国亚琛工业大学的神经语言学研究组，跟随 Kröger 教授进行短期的访学研究。Kröger 教授是一位很有个性的德国长者，开朗而热情，对待科研一丝不苟。在 Kröger 教授的指导下，我对神经计算模型和自组织网络算法有了深刻的认识。Kröger 教授走在语言建模研究领域的前沿，他为我博士学位论文的研究提供了许多重要的启示。与 Kröger 教授的合作也促成了我第一篇国际 SSCI 期刊论文的发表。

李老师对待学术是严谨的，但她对学生却总是宽容的。身为老师的学生，我深知许多方面做得还不能让老师满意，但老师却总是对我加以褒奖，总是满怀赞许地把我推介给其他学者。每逢困难，李老师也都是主动为学生分忧，帮学生出主意。身为老师的学生，颇为感动，无比幸福。

方老师对科研的要求十分严格，具有很强的批判性思维，能敏锐地发现研究中存在的不足。方老师的学术态度时刻鞭策着我踏踏实实地做科研。方老师对本研究中的模型和算法设计都提出了宝贵的意见，也对语言习得和认知领域的理论框架严格把关。方老师对写作思路和内容组织的把握也让本书增色不少。

博士研究最终得以顺利完成，离不开语音室各位老师和同学的帮助。高军副研究员长期从事儿童语言习得研究，她对本研究的语料设计提供了宝贵建议,而高老师前期辛苦建设的 CASS_CHILD 语料库也为本研究提供了重要的数据基础。梁红丽老师协助处理了论文中的部分语音数据。田国红老师为我的学习和研究提供了许多便利和支持。除此以外,还要感谢林茂灿和曹剑芬两位先生,以及胡方、熊子瑜、贾媛、殷治纲等各位老师多年来对我无私的培养与帮助。而陈曦、袁一等多位语音室的访问学生也为本研究贡献了力量。当然,还要感谢我的三位同门,范珊珊、柳雪飞和张良,他们在我博士期间的学习研究、论文的写作以及现在的工作中,都给了我真挚的帮助、支持和鼓励。很开心能与他们一起度过那还不算太老的青春。

如今这本书能够顺利出版,还要感谢参与博士论文评阅和答辩的各位专家对本研究的指导,要感谢中国社会科学出版社以及"中国社会科学博士论文文库"的专家评审对本研究出版的肯定,以及北京师范大学文学院对本书出版的经费支持。

专业上的成绩离不开家人的支持。父亲是一位汉语方言学专家。从小的耳濡目染,让我逐渐走上了学术的道路。父亲是我的领路人,也是我心中的榜样。母亲对我生活的照顾和精神的陪伴,让我能安心投身科研。母亲是我坚实的后盾。妻子对我的支持、照顾和陪伴一直支撑着我迎难而进。在博士论文写作最困难的时期,在书稿整理最疲乏的时期,妻子对我的鼓励和支持总能让我宽心。

学无止境,细水长流。离开了导师的指引,今后的学术道路更多要靠自己来摸索。对于卓越的追求,不在乎前方路有多远,而在乎离自己的初心有多近。

曹梦雪
2020 年 8 月 25 日